Laravel 웹 애플리케이션 개발

Laravel 웹 애플리케이션 개발

PHP 개발자를 위한 모던 웹 프레임워크

테리 마툴라 지음 | 오진석 옮김

BIRMINGHAM - MUMBAI - SEOUL

acorn+PACKT 시리즈를 시작하며

에이콘출판사와 팩트 출판 파트너십 제휴

첨단 IT 기술을 신속하게 출간하는 영국의 팩트 출판(PACKT Publishing, www.packtpub.com)이 저희 에이콘출판사와 2011년 5월 파트너십을 체결하고 전격 제휴함으로써 acorn+PACKT Technical Book 시리즈를 독자 여러분께 선보입니다.

2004년부터 전문 기술과 솔루션을 독자에게 신속하게 출간해온 팩트 출판은 세계 각지에서 시스템, 애플리케이션, 프레임워크 등을 도입한 유명 IT 전문가들의 경험과 지식을 책에 담아 새로운 소프트웨어와 기술을 업무에 활용하려는 독자들에게 전문 기술과 경쟁력을 공유해왔습니다. 특히 여타 출판사의 전문기술서와는 달리 좀 더 심도 있고 전문적인 내용으로 가득 채움으로써 IT 서적의 진정한 블루오션을 개척합니다. 따라서 꼭 알아야 할 내용은 좀 더 깊이 다루고, 불필요한 내용은 과감히 걸러냄으로써 독자들에게 꼭 필요한 심층 정보를 전달합니다.

남들이 하지 않는 분야를 신속하고 좋은 품질로 전달하려는 두 출판사의 기업 이념이 맞닿은 acorn+PACKT Technical Book 시리즈의 출범으로, 저희 에이콘출판사는 앞으로도 국내 IT 기술 발전에 보탬이 되는 책을 열심히 펴내겠습니다.

www.packtpub.com을 둘러보시고 번역 출간을 원하시는 책은 언제든 저희 출판사 편집팀(editor@acornpub.co.kr)으로 알려주시기 바랍니다.

감사합니다.

에이콘출판㈜ 대표이사
권 성 준

지은이 소개

테리 마톨라Terry Matula

라라벨을 지원하는 웹 개발자로, 텍사스 오스틴에서 활동한다. 애플 IIe 컴퓨터에서 오레곤 트레일Oregon Trail 게임을 처음 하던 시절부터 컴퓨터광이었다. 아주 어렸을 때 베이직 언어로 프로그래밍을 시작해, 스콧 애덤스Scott Adams와 같은 간단한 게임을 코모도어Commodore VIC-20 컴퓨터로 만들었다. 그 이후로도 줄곧 플래시/액션스크립트, ASP.NET, PHP와 수많은 PHP프레임워크를 이용해 개발자로 일해 왔는데, 그 중에 라라벨이 지금까지 가장 선호하는 PHP 프레임워크다. 웹 개발과 관련한 각종 팁을 다루는 개인 블로그 http://terrymatula.com를 운영한다.

이렇게 훌륭한 프레임워크를 만들어준 테일러 앗웰Taylor Otwell에게 고마움을 표한다. 그리고 지금까지 만나온 많은 웹 개발 커뮤니티 중에서도 가장 큰 도움들 주고 아낌없이 지원해주는 라라벨 커뮤니티의 모든 분께 감사를 드린다. 또한 이 책을 끝내느라 하루 열여덟 시간을 일할 때도 꾸준하게 격려하고 지원해준 아름다운 아내 미셸에게도 감사의 뜻을 전한다.

마지막으로 내 아들 에반에게도 삶의 평상심을 찾게 해주고, 내 인생의 빛이 돼줘 고맙다는 말을 전한다.

기술 감수자 소개

제이슨 루이스 Jason Lewis

호주에 사는 웹 개발자이자 디자이너다. 지난 7년 동안 다양한 웹 기술을 사용해 웹사이트들을 개발했고, 지금은 영향력이 있는 라라벨 전도자evangelist로 활동 중이다. 낮에는 전문 소방수로 일하면서 밤에는 열심히 프로그램을 개발해 코딩을 배우는 사람들에게도 도움을 준다. 항상 다른 사람을 잘 도와주고 교육적인 글을 쓰는 것을 좋아한다.

일랜 매리킷 Elan Marikit

PHP, 자바스크립트, MySQL, 리눅스, FreeBSD 등의 기술 경험이 많은 소프트웨어 엔지니어다. 일랜은 코드이그나이터CodeIgniter와 라라벨 같은 MVC 기반 프레임워크를 사용해 복잡한 웹 애플리케이션을 개발하는 일에 경험이 많다. 그는 PHP 5.3 Zend 공인 엔지니어이며, 현재 동남아를 주 목표로 삼는 여행 포털을 만드는 싱가폴 소재 스타트업 회사에서 일한다.

옮긴이 소개

오진석 jinseokoh@hotmail.com

미국 남가주 대학교University of Southern California 전산학 석사를 졸업하고 현재 웹 애플리케이션과 iOS 애플리케이션을 개발하고 있는 현업 LAMP/LEMP 기반 풀 스택full-stack 소프트웨어 엔지니어다. 애플리케이션 개발에 관심과 열정을 지 닌 다양한 분들과 교류하기 원하며, 개인 블로그(http://sagage.com)를 통해 연락 할 수 있다.

옮긴이의 말

이 책을 번역하는 데 가장 큰 동기를 부여해 준 사람은 laracasts.com이라는 라라벨 튜토리얼 서비스를 운영 중인 제프리 웨이Jeffrey Way다. 라라벨의 든든한 지원군이기도 한 그는, 직접 코딩을 하면서 명료한 발음으로 전개하는 천재적인 강의로 개발자들의 큰 사랑을 받는 신선하고 매력적인 개발자다. 무엇보다도 제프리 웨이를 통해 얻은 진정한 영감과 가치로는 그의 천재성이 열정적인 노력의 산물이라는 사실을 직접 확인할 수 있었다는 점과, 그로 인해 나도 생산적인 동기를 지니고 늘 새로운 목표를 세울 수 있었다는 점을 꼽을 수 있다.

라라벨은 루비 온 레일스의 액티브 레코드에 상응하는 Eloquent ORM을 지원하며, 루비 온 레일스에서 처음 대중화된 DB 마이그레이션과 시드seed 기능도 제공한다. 또한, 전체 프레임워크가 의존성 관리 도구dependency managing tool인 콤포저Composer의 패키지들로 모듈화되어 있어서, 콤포저 명령을 사용해 손쉽게 의존성 충돌 없이 업데이트할 수 있다. 그것뿐만 아니라 RESTful 라우팅 기능은 모바일용 API를 제작하는 데 최적의 환경을 제공하며, 뷰 작업을 간결하게 할 수 있는 블레이드Blade 템플릿 엔진도 라라벨의 또 다른 자랑거리다.

특히 손쉬운 의존성 주입dependency injection 기능으로 단위 테스트unit test를 할 수 있다는 점은 테스트 주도 개발TDD, test driven development에 유리하다. 아울러 이미 1,000개가 넘는 라라벨 전용 패키지들을 쉽게 자신의 프로젝트에 적용할 수 있다는, 간과할 수 없는 장점도 있다. 아마도 가장 대중적이고 유행하는 개발 패턴들을 적용하기에 적합한 최신 프레임워크를 찾는 PHP 개발자라면, 전 세계 PHP 개발자들이 열광하는 라라벨에 주목하기 바란다.

이전 직장에서 형제와 다름없는 애정을 보이며 물심양면으로 도와주신 제문종 팀장님, 마음 따뜻한 격려와 지지를 해주신 정찬우 이사님, 남다른 열정과 언제나 긍정적인 철학을 보여주시는 이판정 대표님, 어려울 때마다 자신을 추스를 수 있게 무한한 신뢰를 보여 준 아들 기택과 딸 지윤, 부족한 나로 인해 항상 어려움을 겪을 수밖에 없는 아내, 마지막으로 희생에 가까운 사랑을 전해 주신 부모님께 다시 한 번 이 지면을 통해 깊은 감사의 뜻을 전한다.

2014년은 개인적으로 유난히도 많은 일들을 겪게 되는 한 해인 듯하다. 처음으로 번역서를 써봤고, 직장을 옮기게 되었으며, 불과 몇 주 전에는 존경하는 아버지를 잃었다. 비록 고인이 되셨지만 당신께서 생전에 몸소 보여주신 굳건한 열정과 정의로운 가치관은 내가 살아가는 동안에도 무한한 발전의 원동력이 되어 주리라 믿어 의심치 않는다. 어디에 계시든 나는 멋진 스승이자 동반자로서 함께 할 수 있었음을 영광으로 기억하는 그분의 아들로, 그분의 변함없는 열렬한 지지자로 남을 것이다. 다시 만나게 될 그 순간까지 그분의 지혜와 노력을 이어가려 한다.

목차

들어가며

라라벨Laravel은 가장 빠르게 성장하는 PHP 프레임워크 중 하나다. 문법이 직관적이고 쉽게 읽을 수 있으며 훌륭한 문서도 갖추고 있으므로 무척 짧은 기간에 완벽하게 동작하는 웹 애플리케이션을 쉽게 구축할 수 있다. 또한 라라벨의 네 번째 버전이 최신 PHP 기능들을 제공하므로, 프로그래머는 다양한 요구사항에 아주 쉽게 맞출 수 있고, 필요할 때면 매우 복잡한 사이트도 쉽게 개발할 수 있다. 라라벨의 기술은 단순성과 고급성이 잘 조화를 이룬다.

이 책이 다루는 내용은 라라벨로 할 수 있는 일 중 일부에 지나지 않는다. 따라서 이 책을 다양한 업무 처리에 쓸 예제 코드가 있는 출발점으로 생각해 주길 바란다. 그런 다음에 예제들을 입맛에 맞게 고치거나 살을 붙이거나 조합해서 자신만의 애플리케이션을 만들어 보자. 가능성은 무한대이다.

라라벨의 가장 뛰어난 장점들 중 하나로는 의견 교환을 들 수 있다. 어떤 문제에 막혀있는 상황에서 구글 검색으로도 도움을 받지 못할 때가 있다. 라라벨 개발자 모임에는 항상 도와 줄 사람들이 있다. IRC(Freenode의 #laravel)나 포럼(http://forums.laravel.io)에서 도움을 줄 회원들을 만날 수 있고, 트위터로도 많은 라라벨 사용자와 연락할 수 있다.

라라벨 코딩으로 행복을 누리길!

이 책의 구성

1장, 라라벨 설정과 설치 라라벨을 설치해서 동작하게 하는 여러 방법을 다룬다.

2장, 폼 사용과 입력 값 수집 라라벨에서 폼을 사용하는 다양한 방법을 살펴본다.

라라벨의 폼 클래스 사용법과 몇 가지 기본 검증법을 다룬다.

3장, 애플리케이션 인증 사용자를 어떻게 인증하는지를 살펴본다. OAuth, OpenId, 그리고 여러 소셜 네트워크 서비스를 이용한 사용자 인증법을 다룬다.

4장, 데이터 저장과 사용 데이터에 관련된 모든 내용을 살펴본다. MySQL 데이터베이스가 아닌 그 밖의 데이터 소스를 사용하는 방법도 포함한다.

5장, URL과 API를 위한 컨트롤러와 라우트 사용 라라벨에서 하는 다양한 라우팅 방법과 API를 만드는 기초적인 방법을 소개한다.

6장, 뷰 출력 라라벨에서 뷰가 어떻게 동작하는지를 살펴본다. 트윅Twig 템플릿 시스템과 트위터 부트스트랩 사용법 등을 설명한다.

7장, 콤포저 패키지 생성과 사용 애플리케이션에서 패키지 사용법과 커스텀 패키지 생성법 등을 설명한다.

8장, 에이잭스와 제이쿼리 사용 라라벨에서 제이쿼리를 사용하는 방법과 비동기 호출 방법에 대한 다양한 예제를 제시한다.

9장, 보안과 세션의 효율적 사용 애플리케이션 보안 관련 주제와 세션 및 쿠키 사용법을 다룬다.

10장, 애플리케이션 테스트와 디버깅 PHPUnit과 코디셉션Codeception을 이용한 애플리케이션 테스트 방법을 다룬다.

11장, 애플리케이션에서 외부 서비스 활용 다양한 외부 서비스들을 소개하고 애플리케이션에서 활용하는 방법을 알아 본다.

준비물

이 책을 학습하는 데는 기본적으로 정상 동작하는 LAMP(Linux, Apache, MySQL, PHP) 스택이 필요하다. 웹서버는 Apache 2이며, 이는 http://httpd.apache.org 에 있다. 권장하는 데이터베이스 서버는 MySQL 5.6이며, 이는 http://dev.mysql.com/에서 내려받을 수 있다. 권장하는 PHP 버전은 최하 5.4이며, 이것은 http://php.net/downloads.php에 있다.

올인원all-in-one 솔루션을 원한다면, 윈도우의 경우 WAMP 서버(http://www.wampserver.com/en) 또는 XAMMP(http://www.apachefriends.org/en/xampp.html)를 사용할 수 있고, Mac OS X에는 MAMP(http://www.mamp.info/en/mamp-pro)가 있다.

대상 독자

이 책은 중급 PHP 개발자를 위한 것이다. 다양한 PHP 프레임워크나 라라벨 버전 3에 관한 기초 지식이 있다면 이 책을 읽는 데 도움이 되며, MVC 구조와 객체지향 프로그래밍에 대한 지식이 있다면 그 또한 유익할 것이다.

이 책의 편집 규약

이 책에서는, 유형이 다른 정보를 구분하려고 몇 가지 상이한 글자 모양을 사용한다. 이 모양의 예와 의미에 대한 설명은 다음과 같다.

글 속에 코드 단어, 데이터베이스 테이블명, 사용자 입력 값, 그리고 트위터 핸들명 등은 다음처럼 표시한다.

"마지막으로 해당 디렉터리를 라라벨의 ClassLoader에 추가한다."

코드 블럭은 다음처럼 표시한다.

```
Route::get('accounts', function()
{
  $accounts = Account::all();
  return View::make('accounts')->with('accounts', $accounts);
});
```

모든 명령 행 입력 또는 출력은 다음처럼 표시한다.

```
php artisan key:generate
```

예를 들어 메뉴나 다이얼로그 박스 안에 있는 화면에 보이는 단어는 문장 내에서 다음처럼 표시된다.

"파고다박스로 로그인 한 후에, New Application 탭을 클릭한다."

 경고 또는 중요한 내용 표시는 이와 같은 상자 안에 나타난다.

 유용한 팁과 요령을 이와 같이 표시한다.

독자 의견

독자 의견을 언제나 환영한다. 이 책에 대한 생각을 알려주기 바란다. 이 책의 좋은 점이나 싫었던 점을 가리지 않아도 된다. 독자에게 더욱 유익한 도서를 만들기 위해 무엇보다 독자 의견이 중요하다.

일반적인 의견이라면 도서 제목으로 이메일 제목을 적어서 feedback@packtpub. com으로 이메일을 보내면 된다.

자신의 전문 지식을 바탕으로 도서를 집필하거나 기여하는 데 관심이 있다면 http://www.packtpub.com/authors에 있는 저자 가이드를 읽어보기 바란다.

고객 지원

팩트 출판사는 책을 구매한 독자에게 다양한 방식으로 최대한 지원한다.

이 책에 사용된 예제 코드 내려받기

독자는 http://www.packtpub.com에 있는 자신의 계정을 통해, 구매한 모든 팩트 도서의 예제 코드 파일들을 내려받을 수 있다. 이 도서를 그 밖의 곳에서 구매한 경우에는 http://www.packtpub.com/support에 방문해 사용자 등록을 하면 해당 파일을 이메일로 직접 받을 수 있다. 에이콘출판사의 도서정보 페이지인 http://www.acornpub.co.kr/book/laravel-cookbook에서도 예제 코드를 다운로드할 수 있다.

오탈자

내용을 정확하게 전달하려고 최선을 다했지만 실수가 있을 수 있다. 팩트 출판사의 도서에서 문장이건 코드건 간에 문제를 발견해서 알려준다면, 매우 감사하게 생각할 것이다. 그러한 참여를 통해 그 밖의 독자에게 도움을 주고 다음 버전의 도서를 더 완성도 높게 만들 수 있다. 오자를 발견한다면 http://www.packtpub.com/submit-errata를 방문해 책을 선택하고, errata submission form 링크를 클릭해서 구체적인 내용을 입력해 주기 바란다. 보내 준 오류 내용이 확인되면, 웹사이트에 그 내용이 올라가거나 해당 서적의 정오표 부분에 그 내용이 추가될 것이다. http://www.packtpub.com/support에서 해당 도서명을 선택하면 기존 정오표를 확인할 수 있다. 한국어판은 에이콘출판사 도서정보 페이지 http://www.acornpub.co.kr/book/laravel-cookbook에서 찾아볼 수 있다.

저작권 침해

인터넷의 모든 매체에서 저작권 침해가 심각하게 벌어진다. 팩트 출판사에서는 저작권과 사용권 문제를 아주 심각하게 인식한다. 어떤 형태로든 팩트 출판사 서적의 불법 복제물을 인터넷에서 발견한다면 적절한 조치를 취할 수 있도록 해당 주소나 사이트명을 알려주길 부탁한다.

의심되는 불법 복제물의 링크를 copyright@packpub.com으로 보내주기 바란다.

저자와 더 좋은 책을 위한 팩트 출판사의 노력을 배려하는 마음에 깊은 감사의 마음을 전한다.

질문

이 책과 관련해 질문이 있다면 questions@packtpub.com으로 문의하기 바란다. 최선을 다해 질문에 답하겠다. 한국어판에 관한 질문은 이 책의 옮긴이나 에이콘출판사 편집 팀(editor@acornpub.co.kr)으로 문의해주길 바란다.

1

라라벨 설정과 설치

1장에서 다룰 내용은 다음과 같다.

- git 서브 모듈로 라라벨 설치
- 아파치에서 하는 가상 호스트와 개발환경 설정
- 클린 URL 만들기
- 라라벨 설정
- 라라벨을 서브라임 텍스트 2Sublime Text 2로 사용
- IDE에서 라라벨 자동 완성 기능 설정
- 클래스 이름과 파일을 매핑하는 오토로더 사용
- 네임스페이스와 디렉터리를 사용한 고급 오토로더 만들기

소개

1장에서는 라라벨을 작동하는 방법과 새로운 개정판이 나왔을 때에 간단하게 업데이트할 수 있는 방법을 설명한다. 이와 더불어 개발환경과 코딩환경을 아

주 효율적으로 설정해서 개발에만 집중할 수 있고 애플리케이션과 관련 없는 문제를 고민하지 않을 수 있는 환경을 구성한다. 마지막으로 라라벨이 몇 가지 업무를 자동으로 수행하게 만드는 식으로, 애플리케이션을 더 빠르게 개발할 수 있는 방법을 살펴본다.

git 서브 모듈로 라라벨 설치

라라벨을 설치할 때 애플리케이션 코드가 위치하는 public 디렉터리와 나머지 부분을 분리하고 싶을 때가 있다. 이런 경우라면 라라벨을 git 서브 모듈로 설치하는 방법을 추천한다. 그러면 이후에 애플리케이션 코드는 건들지 않고 git을 사용해 라라벨 파일만 업데이트할 수 있다.

준비

학습을 시작하기 전에 git 프로그램이 설치된 개발용 서버가 있어야 한다. 해당 서버의 웹 디렉터리에 애플리케이션 파일을 저장할 myapp 디렉터리를 만든다. 명령 행에서 모든 설치 작업을 한다.

예제 구현

이 해법을 완성하려면 다음 절차를 따른다.

1. 명령 행에서 myapp 디렉터리로 이동한다. 가장 먼저, git을 초기화한 다음에 라라벨 프레임워크 파일을 내려받는다.

```
$ git init
$ git clone git@github.com/laravel/laravel.git 1
```

---

1 퍼미션(permission)오류가 발생했다면 자신의 GitHub 계정에 ssh키를 등록하지 않아서다. ssh키 등록에 관한 자세한 내용을 https://help.github.com/articles/generating-ssh-keys에서 볼 수 있다. GitHub 계정이 없는 경우라면, git clone https://github.com/laravel/laravel.git라고 입력해도 무방하다. _ 옮긴이

2. public 디렉터리만 사용할 것이라서, /laravel 디렉터리로 이동 후 나머지 디렉터리를 모두 삭제한다.

```
$ cd laravel
$ rm -r app bootstrap vendor
```

3. 그런 다음, 루트 디렉터리로 되돌아가서 framework 디렉터리를 만들고 라라벨을 서브 모듈로 추가한다.

```
$ cd ..
$ mkdir framework
$ cd framework
$ git init
$ git submodule add https://github.com/laravel/laravel.git
```

4. 이제 다음 콤포저_{composer} 명령을 실행해 라라벨 프레임워크를 설치한다.

```
$ php composer.phar install
```

 콤포저 설치에 대한 자세한 설명이 http://getcomposer.org/doc/00-intro.md에 있다. 이 책에서는 콤포저를 로컬에 설치해 composer.phar를 이용하는 것으로 가정하지만, 콤포저를 글로벌하게 설치한 경우라면 간단히 composer라고 타이핑하는 방법만으로도 호출이 가능하다.

5. 이번에는 /laravel/public/index.php 파일을 열고 다음 내용이 있는 줄을 찾는다.

```
require __DIR__.'/../bootstrap/autoload.php';
$app = require_once __DIR__.'/../bootstrap/start.php';
```

6. 해당 내용을 아래와 같이 바꾼다.

```
require __DIR__.'/../../framework/laravel/bootstrap/autoload.php';
```

```
$app = require_once __DIR__.'/../../framework/laravel/bootstrap/
start.php';
```

대부분의 경우, git clone 실행만으로도 프로젝트를 진행하는 데 충분하지만
프레임워크를 서브 모듈처럼 동작시키고자 한다면, 프로젝트에서 프레임워크
파일을 분리해야 한다.

일단 프레임워크 파일을 깃허브GitHub에서 내려받는다. 하지만 이 구성에서
는 기본 위치에 존재하는 프레임워크 파일이 필요치 않으므로 public 폴더
만 남기고 모두 삭제한다. 그런 뒤에 framework 디렉터리 안에 서브 모듈을
생성하고, 그 곳에 프레임워크의 모든 파일을 내려받는다. 이 과정이 끝나면
composer install 명령을 실행해서 필요한 모든 벤더vendor 패키지를 설치한다.

애플리케이션에 프레임워크를 연결하려면, /laravel/public/index.php 파일을
수정해서 require 경로를 프레임워크가 위치한 디렉터리로 변경해야만 애플
리케이션이 프레임워크 파일의 위치를 정확히 알 수 있다.

그 밖의 대안으로는 해당 public 디렉터리를 서버의 웹 루트 디렉터리로 옮기
는 방법도 있다. 이 경우에 index.php 파일의 include 경로 부분을 __DIR__ .
'/../framework/laravel/bootstrap'로 변경해야만 모든 것이 정확히 로딩
될 수 있다.[2]

아파치에서 하는 가상 호스트 설정과 개발환경 설정

라라벨 애플리케이션을 개발해 실행하려면 웹 서버가 필요하다. PHP 5.4 이

---

2 라라벨 프레임워크 자체가 콤포저 패키지이므로 콤포저 명령만으로도 프레임워크의 설치와 업그레이드를 편리하게 할 수
   있다. 따라서 여기서 소개된 설치법을 반드시 따를 필요는 없다. _ 옮긴이

상에서는 내장 웹 서버 기능을 제공하지만 내장 웹 서버가 제공하는 기본적인 기능 이외의 추가 기능이 필요한 경우, 전체 웹 스택full web stack이 필요하다. 이번 해법에서는, 윈도우상에서 돌아가는 아파치 서버를 사용했다. 하지만 타 OS에서 돌아가는 아파치도 기본 원칙은 유사하다.

준비

이번 해법에는 http://wampserver.com에서 구할 수 있는 최신 WAMP 서버가 필요하다. 하지만 윈도우상의 어느 아파치 설정에서나 기본적인 원칙을 동일하게 적용할 수 있다.

예제 구현

이 해법을 완성하려면 다음 절차를 따른다.

1. WAMP 아파치의 httpd.conf 파일을 연다. 대부분의 경우 C:/wamp/bin/apache/Apache2.#.#/conf에 위치한다(#은 해당 버전의 숫자).

2. #Include conf/extra/httpd-vhosts.conf가 있는 줄을 찾아서 첫 글자인 해시 기호 #을 삭제한다.

3. extra 디렉터리로 이동해 httpd-vhosts.conf 파일을 연다. 그러고 나서 다음 코드를 추가한다.

```
<VirtualHost *:80>
  ServerAdmin {your@email.com}
  DocumentRoot "C:/path/to/myapp/public"
  ServerName myapp.dev
  <Directory "C:/path/to/myapp/public">
    Options Indexes FollowSymLinks
    AllowOverride all
    # onlineoffline tag - don't remove
    Order Deny,Allow
    Deny from all
```

```
        Allow from 127.0.0.1
    </Directory>
</VirtualHost>
```

4. 아파치 서비스를 재가동한다.

5. 텍스트 에디터에서 hosts 파일을 찾아서 연다. 대개 C:/Windows/System32/drivers/etc에 있다.

6. 해당 파일의 하단에 `127.0.0.1 myapp.dev` 라인을 추가한 뒤 저장한다.

예제 분석

우선 아파치 설정 파일인 httpd.conf 안에서 vhosts 설정 파일을 포함할 수 있도록 주석을 삭제한다. httpd.conf 파일 안에 직접 해당 코드를 삽입하기보다는 이 방식이 좀 더 정돈된 형태로 파일을 유지할 수 있다.

httpd-vhosts.conf 파일에 VirtualHost 코드를 추가한다. `DocumentRoot`는 파일의 위치를 서버에 알려주는 역할을 하며, `ServerName`은 해당 서버를 찾는 데 사용하는 기본 URL이다. 로컬 개발 환경으로만 사용할 것이므로, IP주소가 127.0.0.1인 로컬호스트localhost로 접속할 수 있게 한다.

hosts 파일은, 윈도우가 myapp.dev에 접속할 IP주소를 알 수 있게 설정한다. 이제 아파치와 브라우저를 재실행하고 http://myapp.dev에 접속하면 개발 중인 애플리케이션을 볼 수 있다.

부연 설명

이 해법은 윈도우와 WAMP에 특화된 내용이긴 하지만 동일한 내용이 그 밖에 대부분의 운영체제상의 아파치 설정에도 적용될 수 있다. 군이 차이점을 밝힌다면 httpd.conf 파일의 위치와 (리눅스의 경우 /etc/apache2) DocumentRoot를 위한 public 디렉터리로의 경로가 다른 정도다(Ubuntu의 경우 /var/www/myapp/public). hosts 파일의 경우 리눅스와 Mac OS X 모두 /etc/hosts에 존재한다.

클린 URL 만들기

라라벨을 설치하면 기본 URL은 http://{myapp.dev}/public이다. /public이라는 URI 부분을 없애고 싶다면 아파치의 `mod_rewrite`를 사용해서 URL을 변경할 수 있다. ({myapp.dev}은 접속할 서버 이름이다.)

준비

이 해법을 위해 올바르게 설정된 아파치 상에서 동작하는 표준 라라벨을 설치해야 한다.

예제 구현

이 해법을 완성하려면 다음 절차를 따른다.

1. 애플리케이션의 루트 디렉터리 안에서 .htaccess 파일을 만들고 다음 내용을 추가한다.

```
<IfModule mod_rewrite.c>
  RewriteEngine On
  RewriteRule ^(.*)$ public/$1 [L]
</IfModule>
```

2. http://{myapp.dev}에 접속해 애플리케이션을 확인한다.

예제 분석

이 간단한 코드만 가지고도 URL의 도메인 부분 뒤에 붙는 모든 내용을 /public 다음 위치로 그대로 이동시킬 수 있다. (예를 들어 http://localhost/abc를 입력하는 경우, 실제로는 http://localhost/public/abc로 이동한다.) 따라서 이렇게 하면 더 이상 /public을 입력할 필요가 없다.

애플리케이션을 프로덕션production 환경으로 옮기는 경우, 이런 식으로 클린 URL을 만드는 방법이 최선책은 아니다. 그런 경우라면, /public 디렉터리를 루트 디렉터리로 만들고 나머지 파일을 웹 루트 밖에 위치시키는 편이 낫다.

라라벨 설정

라라벨을 설치한 이후에 추가 설정을 거의 하지 않아도 되지만, 반드시 변경해야 할 설정 사항 몇 가지를 살펴본다.

이 해법에는 라라벨의 일반적인 설치가 필요하다.

이 해법을 완성하려면 다음 절차를 따른다.

1 /app/config/app.php 파일을 열어서 다음 세 줄을 변경한다.

```
'url' => 'http://localhost/,
'locale' => 'en',
'key' => 'Seriously-ChooseANewKey',
```

2. /app/config/database.php를 열어서 사용할 데이터베이스를 선택한다.
   (이 경우, mysql을 선택했다.)

```
'default' => 'mysql',
'connections' => array(
  'mysql' => array(
    'driver'    => 'mysql',
```

```
    'host'      => 'localhost',
    'database'  => 'database',
    'username'  => 'root',
    'password'  => '',
    'charset'   => 'utf8',
    'collation' => 'utf8_unicode_ci',
    'prefix'    => '',
  ),
),
```

3. 명령 행에서 애플리케이션의 root로 이동한 후, 모든 사용자가 storage 폴더 안에 파일을 쓸 수 있게 권한을 변경한다.

```
chmod -R 777 app/storage
```


예제 분석

라라벨 애플리케이션 설정 대부분은 /app/config/app.php 파일에서 이뤄진다. 설령 URL을 설정하지 않더라도 라라벨 스스로 잘 찾아내므로 반드시 필요하지는 않다. 하지만 할 수만 있다면 프레임워크의 부담을 조금이라도 줄여주는 편이 좋다. 다음으로 locale 내용을 설정한다. 애플리케이션이 다국어 지원을 하는 경우에 이 설정 내용을 기본 값으로 사용한다. 그 다음은, 애플리케이션 키key를 설정한다. 이것은 보안에 관련된 내용이므로 기본 값을 사용하지 않는 것이 최선이다. (자세한 설명은 9장의 '데이터 암호화와 복호화' 절을 참고하자.)

다음으로 사용할 데이터베이스 드라이버를 설정한다. 라라벨은 mysql, sqlite, sqlsrv(MS SQL Server), pgsql(Postgres)라는 네 가지 데이터베이스 드라이버를 기본으로 제공한다.

마지막으로 app/storage 디렉터리는 세션이나 캐쉬와 같은 임시 데이터를 저장하는 데 사용하므로, 이를 사용하려면 애플리케이션이 해당 디렉터리에 파일을 쓸 수 있게 해야 한다.

보안 애플리케이션의 키key를 쉽게 만들 수 있는 artisan 명령이 있다. 이를 사용하려면 애플리케이션 키의 기본 값을 삭제해 공백으로 비워놓고, 명령 행에서 애플리케이션의 루트 디렉터리로 이동 후 아래 명령을 입력한다.

```
php artisan key:generate
```

이 명령은 고유하고 안전한 애플리케이션 키를 만들어서 자동으로 설정 파일 (/app/config/app.php) 안에 저장한다.

라라벨을 서브라임 텍스트 2로 사용

코딩할 때 사용하는 인기 있는 텍스트 에디터 중 하나가 서브라임 텍스트 Sublime Text이다. 서브라임 텍스트는 코딩을 재밌게 하는 다양한 기능을 지니고 있을 뿐 아니라, 애플리케이션 개발 시 유용하게 쓰이는 라라벨에 특화된 추가 기능도 플러그인으로 설치할 수 있다.

준비

서브라임 텍스트 2는 인기가 많은 코드 에디터인데, 확장성이 좋으며 코드를 쉽게 작성할 수 있게 해준다. 이 에디터의 평가판을 http://www.sublimetext.com/2에서 내려받을 수 있다.

에디터를 설치하고 나서는 Package Control 패키지를 설치하고, 다시 에디터를 재실행해서 이 패키지를 활성화한다. Package Control 패키지는 https://sublime.wbond.net/installation에서 내려받을 수 있으며 현재 베타판으로 배포중인 서브라임 텍스트 3에 쓰이는 패키지도 함께 제공한다.

이 해법을 완성하려면 다음 절차를 따른다.

1. 메뉴 바에서, Preferences설정를 선택하고 패키지 Package Control컨트롤로 이동한다.

2. Install Package패키지 설치를 선택한다.

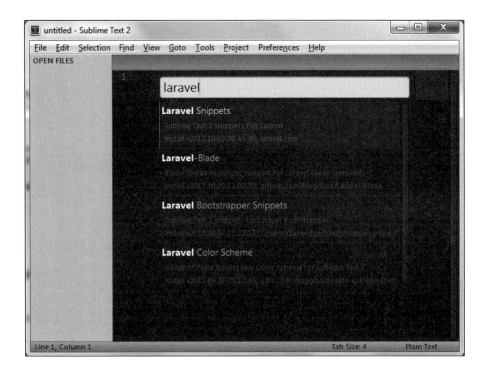

3. laravel을 입력해 관련 리스트를 살펴본다. Laravel Snippets을 선택해서 설치하고, Laravel-Blade도 선택해서 설치한다.

예제 분석

서브라임 텍스트 2의 라라벨 코드 조각snippet은 일상적인 코드를 작성할 때 그 과정을 상당히 단축시켜주며, 애플리케이션 개발에 필요한 거의 모든 내용이 들어있다. 예를 들어 라우트route를 생성할 때 Route라고 치면 원하는 내용을 선택할 수 있는 팝업 리스트가 열리고, 그 리스트에서 원하는 내용을 선택하면 선택과 동시에 필요한 나머지 코드 부분이 자동으로 완성된다.

```
34    Route::get('/', function()
35    {
36        return View::make('home.index');
37    });
38
39    Route
40        Route              Laravel: Route::any()
41        Route      Laravel: Route::controller()
42        Route        Laravel: Route::delete()
43        Route        Laravel: Route::filter()
44    App Route        Laravel: Route::get()
45        Route         Laravel: Route::group()
46
47    To  Route        Laravel: Route::group()
48    sys Route        Laravel: Route::post()
49    you Route         Laravel: Route::put()
50
51    Similarly, we use an event to handle the display of 500
52    within the application. These errors are fired when there
```

라라벨의 블레이드Blade 템플릿 시스템을 사용하는 경우 Laravel-Blade 패키지를 설치하는 것이 좋다. 이 패키지를 설치하면 파일 안에 블레이드 코드가 있는 것을 자동으로 감지해 구문 강조 기능을 활성화 시켜준다.

IDE에서 라라벨 자동 완성 기능 설정

대부분의 IDE(Integrated Development Environment, 통합 개발 환경)는 그 주요 기능 중 하나로 코드 완성 기능을 제공한다. IDE에서 라라벨 자동 완성 기능을 사용하려면 IDE가 라라벨의 네임스페이스를 인식할 수 있게 해야 한다.

이 해법에서는 넷빈즈NetBeans라는 IDE에 라라벨 네임스페이스를 추가하지만 그 밖의 IDE에서도 과정은 비슷하다.

이 해법을 완성하려면 다음 절차를 따른다.

1. 라라벨의 모든 네임스페이스를 나열하게 미리 만든 해당 파일을 다음 주 소에서 내려받는다.

   https://gist.github.com/barryvdh/5227822

2. 컴퓨터에 임의의 폴더를 생성 후 해당 파일을 저장한다. 이 예제에서는 C:/ide_helper/ide_helper.php 경로에 저장했다.

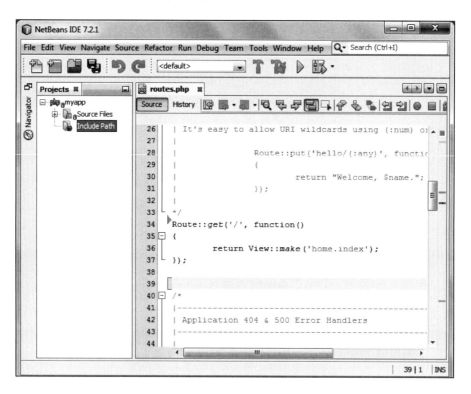

3. 라라벨 프레임워크로 프로젝트를 생성한 뒤, File > Project Properties > PHP
   Include Path로 이동한다.

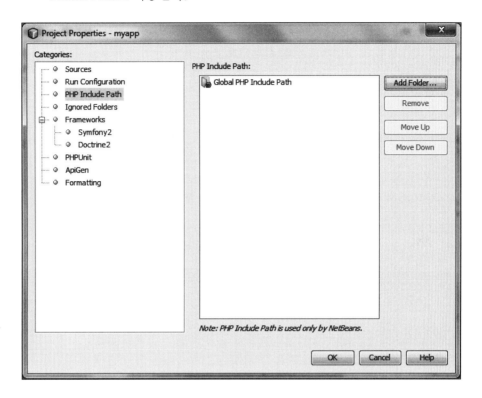

4. Add Folder 버튼을 클릭해 C:/ide_helper 폴더를 추가한다.

5. 이제 IDE에서 코딩을 하기 시작하면 자동으로 완성시킬 코드가 나타난다.

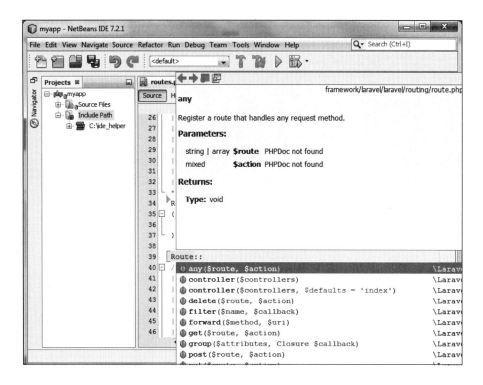

예제 분석

일부 IDE는 라라벨 프레임워크의 구문을 알 수 있게 설정해야 한다. 넷빈즈가 라라벨 구문을 알 수 있게 하려면, 라라벨의 모든 클래스와 옵션 리스트를 내려받아 해당 Include Path에 등록해야 한다. 그러면 넷빈즈는 자동으로 해당 파일을 체크해 사용자에게 자동 완성 옵션을 보여준다.[3]

부연 설명

라라벨 구문 파일을 콤포저를 이용해 내려받아 갱신하는 방법도 있다. 상세한

---

3 많이 사용하는 IDE 중 하나인 PhpStorm의 경우, 프로젝트의 루트 디렉터리에 _ide_helper.php 파일을 복사해 넣으면 된다. _ 옮긴이

설치법을 https://github.com/barryvdh/laravel-ide-helper에서 읽을 수 있다.

클래스 이름과 파일을 매핑하는 오토로더 사용

라라벨의 ClassLoader를 이용하면 사용자가 만든 클래스 라이브러리를 쉽게 포함include시켜서 언제든지 쓸 수 있게 만든다.

준비

이 해법에는 라라벨의 표준 설치가 필요하다.

예제 구현

이 해법을 완성하려면 다음 절차를 따른다.

1. 라라벨의 /app 디렉터리 안에 사용자가 만든 클래스를 저장할 custom이라는 새로운 디렉터리를 만든다.

2. 이 custom 디렉터리에 MyShapes.php라는 파일을 생성하고 다음과 같은 간단한 코드를 작성한다.

```php
<?php
class MyShapes {
  public function octagon()
  {
    return 'I am an octagon';
  }
}
```

3. /app/start 디렉터리에서 global.php 파일을 열고 ClassLoader를 다음처럼 변경한다.

```
ClassLoader::addDirectories(array(
  app_path().'/commands',
  app_path().'/controllers',
  app_path().'/models',
  app_path().'/database/seeds',
  app_path().'/custom',
));
```

4. 이제 애플리케이션에서 해당 클래스를 사용할 수 있다. 가령, 라우트를 만든다면 다음과 같다.

```
Route::get('shape', function()
{
  $shape = new MyShapes;
  return $shape->octagon();
});
```

예제 분석

애플리케이션에 패키지나 라이브러리를 추가할 때 대부분 콤포저composer를 사용한다. 하지만 콤포저를 이용할 수 없는 라이브러리도 있고, 별로도 관리하고 싶은 자체 제작 라이브러리를 갖고 있을 수도 있다. 그런 경우에는 해당 클래스 라이브러리를 저장할 장소가 필요한데 이 예제의 경우에는 app 디렉터리 안에 custom이라는 디렉터리를 만들었다.

그 다음으로 해당 디렉터리 안에 필요한 클래스 파일을 저장한다. 이때 파일 이름이 클래스 이름과 반드시 일치해야 한다. 이 클래스는 사용자가 만든 클래스일 수도 있고, 필요한 레거시 클래스legacy class[4]일 수도 있다.

마지막으로 해당 디렉터리를 라라벨의 ClassLoader에 추가한다. 이렇게 패키지를 추가한 뒤에는, 애플리케이션 어디에서든지 해당 클래스를 사용할 수 있다.

---

4 오래 전 개발되고 더 이상 업데이트 되지 않는 클래스 _ 옮긴이

'네임스페이스와 디렉터리를 사용한 고급 오토로더 만들기'절을 참고하자.

네임스페이스와 디렉터리를 사용한 고급 오토로더 만들기

사용자가 애플리케이션의 다른 클래스와 충돌하지 않는 클래스를 만들려면, PHP 네임스페이스에 클래스를 추가해야만 한다. PSR-0 표준과 콤포저를 사용하면, 이러한 클래스를 라라벨로 쉽게 오토로드_{autoload}할 수 있다.

이 해법에는 라라벨의 표준 설치가 필요하다.

이 해법을 완성하려면 다음 절차를 따른다.

1. /app 디렉터리 안에 custom이라는 새로운 디렉터리를 생성하고, 그 custom 디렉터리 안에는 Custom이라는 디렉터리, 또 그 Custom 디렉터리 안에는 Shapes라는 디렉터리를 생성한다.

2. /app/custom/Custom/Shapes 디렉터리 안에 MyShapes.php라는 파일을 만들고 다음 코드를 작성한다.

```php
<?php namespace Custom\Shapes;
class MyShapes {
  public function triangle()
  {
    return 'I am a triangle';
  }
}
```

3. 애플리케이션의 루트에서 composer.json 파일을 열고 autoload 항목을 찾아서 다음처럼 수정한다.

```
"autoload": {
  "classmap": [
    "app/commands",
    "app/controllers",
    "app/models",
    "app/database/migrations",
    "app/database/seeds",
    "app/tests/TestCase.php",
  ], "psr-0": {
    "Custom": "app/custom"
  }
}
```

4. 명령 행에서 다음처럼 콤포저 명령을 실행한다.

```
php composer.phar dump-autoload
```

5. 이제는 PHP 네임스페이스를 이용해서 해당 클래스를 호출할 수 있다. 가령, 라우트를 만든다면 다음과 같다.

```
Route::get('shape', function()
{
  $shape = new Custom\Shapes\MyShapes;
  return $shape->triangle();
});
```

예제 분석

PHP 네임스페이스는 PHP 5.3 이후 버전에 추가된 강력한 기능인데, 사용자가 만든 클래스가 기존의 다른 클래스 이름과 충돌하지 않게 해준다. 라라벨에서 PHP 네임스페이스를 오토로딩하면 복잡한 클래스 그룹을 만들 수 있고, 클래스 이름이 다른 클래스 이름과 충돌하는 일을 걱정하지 않아도 된다.

이 예제에서는 콤포저와 자동 로딩 표준인 PSR-0을 이용해 자체 제작한 클래스를 로딩했다.[5]

부연 설명

네임스페이스에 등록된 클래스를 사용할 때, IoC 컨테이너를 이용해서 애플리케이션에 해당 클래스를 바인딩binding할 수 있다. IoC 컨테이너에 대한 자세한 설명을 http://laravel.com/docs/ioc에 위치한 라라벨 문서에서 볼 수 있다.

참고 사항

'클래스 이름과 파일을 매핑하는 오토로더 사용'절을 참고하자.

---

5 2014년 초부터, 새로운 자동 로딩 표준인 PSR-4 또한 지원하게 콤포저가 개선되었고, 라라벨 4.1 이후 버전부터 PSR-0와 PSR-4를 공히 사용할 수 있다. ─ 옮긴이

2

폼 사용과 입력 값 수집

2장에서 다룰 내용은 다음과 같다.

- 간단한 폼 생성
- 폼 입력 값 수집 후 그 밖의 페이지에서 출력
- 사용자 입력 값 검증
- 파일 업로더 생성
- 업로드한 파일 검증
- 오류 메시지 변경
- 폼에 허니팟 삽입
- 리댁터Redactor를 사용한 이미지 업로드
- 제이크롭Jcrop으로 이미지 자르기
- 자동완성 텍스트 입력 필드 생성
- 캡차CAPTCHA 스타일 스팸방지기 만들기

소개

2장에서는 라라벨에서 폼을 사용하는 법과, 폼을 다룰 때 필요한 몇 가지 전형적인 업무를 어떻게 처리하는지 배우게 된다. 처음에는 간단한 사용자 입력 값 검사와 파일 업로드를 소개하고, 나중에 리댁터Redactor와 제이크롭jCrop 같은 프론트엔드 툴을 이용하는 법까지 소개한다.

간단한 폼 생성

웹 애플리케이션의 가장 기본적인 형태는 폼이다. 라라벨은 편리하게 폼을 만드는 방법을 제공한다.

준비

이 일을 시작하려면 라라벨을 새로 설치해야 한다.

예제 구현

이 해법을 완성하려면 다음 절차를 따른다.

1. app/views 폴더 안에, userform.php 파일을 생성한다.

2. app/routes.php 파일에서, 해당 뷰를 보여 주기 위한 라우트를 생성한다.

```
Route::get(userform, function()
{
  return View::make('userform');
});
```

3. userform.php 뷰에서, 다음 코드를 사용해 폼을 생성한다.

```
<h1>User Info</h1>
<?= Form::open() ?>
```

```
<?= Form::label('username', 'Username') ?>
<?= Form::text('username') ?>
<br>
<?= Form::label('password', 'Password') ?>
<?= Form::password('password') ?>
<br>
<?= Form::label('color', 'Favorite Color') ?>
<?= Form::select('color', array('red' => 'red',
  'green' => 'green', 'blue' => 'blue')) ?>
<br>
<?= Form::submit('Send it!') ?>
<?= Form::close() ?>
```

http://{example.com}/userform에 접속해 해당 웹 페이지의 폼을 살펴본
다. ({example.com}은 접속할 서버 URL이다.)

예제 분석

라라벨에서 제공하는 Form 클래스를 사용해서 간단한 폼을 생성했다. 라라벨
Form 클래스는 최소한의 코드를 가지고 폼 요소를 쉽게 생성할 수 있게 해줄
뿐만 아니라, W3C(World Wide Web Consortium) 표준을 준수한다.

우선, 폼을 연다. 이때 라라벨은 action, method, accept-charset 등의 인자를
포함하는 <form> 태그를 자동으로 생성하는데, 전달된 옵션 값이 없는 경우에
action의 기본 값은 현재 URL 이고, method의 기본 값은 POST이며, charset
은 애플리케이션 설정 파일로부터 그 값을 받아온다.

다음으로 레이블label과 함께 텍스트 입력 필드와 패스워드 입력 필드를 생성한
다. 레이블의 첫 번째 인자는 텍스트 필드의 이름이고, 두 번째 인자는 출력할
실제 텍스트 값이다.

Form 클래스의 select() 메소드의 경우, 두 번째 인자 값으로 드롭다운drop-
down 박스 안에서 표시되는 내용을 담은 배열이 필요하다. 이 예제에서는
'key' => 'value' 형식의 배열을 만들었다.

마지막으로 Submit 버튼을 만들고 close() 메소드를 사용해 폼을 닫는다.

라라벨의 거의 모든 폼 메소드에, 기본 값과 사용자가 정의한 속성(예를 들면 클래스나, 아이디 등)의 인자 값을 줄 수 있다.

또한 특정한 필드를 위한 메소드를 사용하지 않고도 Form::input() 메소드를 사용해서 다양한 필드를 만들 수 있는데 예를 들면 Form::submit() 메소드를 사용하는 대신에 Form::input('submit', NULL, 'Send It!')을 사용해도 된다.

'폼 입력 값 수집 후 그 밖의 페이지에서 출력' 절을 참고 하자.

폼 입력 값 수집 후 그 밖의 페이지에서 출력

사용자가 폼을 제출하면 그 정보를 받아서 그 밖의 페이지로 보낼 수 있어야 한다. 이 해법에서는 라라벨에서 제공하는 메소드를 이용해서 POST 데이터를 어떻게 처리하는지 살펴보겠다.

이 해법은 '간단한 폼 생성' 편에서 사용한 폼을 만드는 코드가 필요하다.

이 해법을 완성하려면 다음 절차를 따른다.

1. 폼으로부터 전송된 POST 데이터를 다루기 위한 라우트를 생성한다.

```
Route::post('userform', function()
{
  // 여기서 데이터를 처리
  return Redirect::to('userresults')->withInput(
    Input::only('username', 'color'));
});
```

2. 다음 페이지로 이동시킨 뒤, 데이터를 출력할 라우트를 생성한다.

```
Route::get('userresults', function()
{
  return 'Your username is: ' . Input::old('username')
    . '<br>Your favorite color is: '
    . Input::old('color');
});
```

예제 분석

이 예제의 폼은 동일한 URL주소에 사용자가 입력한 데이터를 POST 메소드 method로 보낸다. 따라서 동일한 경로path에서 POST 요청을 처리하는 라우트 생성이 필요하다. 이 라우트는 입력 값을 검증하거나, 데이터베이스에 저장하는 등의 데이터 처리를 한다.

이 예제에서는 간단히 다음 페이지로 해당 데이터를 전달했다. 이렇게 다음 페이지로 데이터를 전달하는 방법에는 몇 가지가 있는데, 예를 들어 다음처럼 Input 클래스의 flashOnly() 메소드를 사용하는 방법도 그 중 한 가지다.

```
Route::post('userform', function()
{
  Input::flashOnly('username', 'color');
  return Redirect::to('userresults');
});
```

하지만 이 예제에서는 라라벨에서 제공하는 withInput() 메소드를 체인 연결해서 조금 더 간단히 구현했고, Input::only() 메소드는 폼 필드 값 세 개 중지정된 값 두 개만 전달받겠다는 것을 명시하려고 사용했다.

다음 페이지를 보여 주는 라우트에서는, Input::old() 메소드를 사용해 플래시된 입력 값을 출력한다.[1]

참고 사항

'간단한 폼 생성' 절을 참조하자.

사용자 입력 값 검증

많은 웹 애플리케이션에는 폼을 처리할 때 반드시 입력해야 하는 필드가 있다. 또한 이메일 주소 형식에 맞는지 아니면 지정한 숫자만큼 문자가 입력되었는지 등의 검증이 필요한 경우도 있다. 라라벨의 Validator 클래스를 이용하면 이런 규칙을 검사해서 올바르지 않은 경우, 사용자에게 그 문제를 보고할 수 있다.

준비

이 해법에는 라라벨의 표준 설치가 필요하다.

예제 구현

이 해법을 완성하려면 다음 절차를 따른다.

1. 폼을 보여줄 라우트를 생성한다.

---

1 플래시됐다는 용어는, 화면에 잠깐 나왔다 사라지는 플래시 메시지처럼, 다음 요청까지만 사용할 어떤 값을 임시로 세션변수에 저장했다는 걸 의미한다. 실제 구현상으론 세션에 임시 저장한 뒤, 다음 요청에서 제거한다. 라라벨에서는 이와 같은 방식으로, 다음 요청까지만 유효한 데이터 전달이 가능하다. _ 옮긴이

```
Route::get('userform', function()
{
  return View::make('userform');
});
```

2. userform.php라는 뷰를 만들고, 폼을 추가한다.

```
<h1>User Info</h1>
<?php $messages = $errors->all('<p style="color:red">:message
  </p>') ?>
<?php
foreach ($messages as $msg)
{
  echo $msg;
}
?>
<?= Form::open() ?>
<?= Form::label('email', 'Email') ?>
<?= Form::text('email', Input::old('email')) ?>
<br>
<?= Form::label('username', 'Username') ?>
<?= Form::text('username', Input::old('username')) ?>
<br>
<?= Form::label('password', 'Password') ?>
<?= Form::password('password') ?>
<br>
<?= Form::label('password_confirm', 'Retype your Password')?>
<?= Form::password('password_confirm') ?>
<br>
<?= Form::label('color', 'Favorite Color') ?>
<?= Form::select('color', array('red' => 'red', 'green' =>
  'green', 'blue' => 'blue'), Input::old('color')) ?>
<br>
<?= Form::submit('Send it!') ?>
<?php echo Form::close() ?>
```

3. POST로 전달된 데이터를 처리하고 검증하는 라우트를 생성한다.

```
Route::post('userform', function()
{
  $rules = array(
    'email' => 'required|email|different:username',
    'username' => 'required|min:6',
    'password' => 'required|same:password_confirm'
  );
  $validation = Validator::make(Input::all(), $rules);

  if ($validation->fails())
  {
    return Redirect::to('userform')->withErrors($validation)
      ->withInput();
  }

  return Redirect::to('userresults')->withInput();
});
```

4. 폼 제출 시 정상적인 경우를 처리하는 라우트를 생성한다.

```
Route::get('userresults', function()
{
  return dd(Input::old());
});
```

예제 분석

이 예제의 폼 페이지를 보면 오류가 있는지를 검사하고, 오류가 있다면 그 내용을 출력하는 부분으로 시작한다. 그 오류 처리부분에서 각 오류 메시지를 위한 기본 스타일을 설정할 수 있다. 또한 $errors->get('email')와 같이 각 필드를 검사해 오류를 출력할 수 있다. 라라벨이 플래시된 오류를 감지하면 자동으로 $errors 변수를 생성한다.

다음으로 사용할 폼을 생성하는데, 폼 엘리먼트elements의 마지막 인자 값 안에

`Input::old()` 값이 들어있는 걸 주목해야 한다. 이런 식으로 폼을 만들면 입력 값에서 검증 오류가 발견되었을 때, 폼 전체를 처음부터 재입력해야만 하는 불편 없이도 자동으로 해당 필드의 이전 입력 값이 채워진다.

그런 다음에 해당 폼이 POST 요청을 처리할 라우트를 만들고 검증 규칙을 설정한다. 이 예제에서 사용한 검증규칙의 경우, `email`, `username`, `password` 필드에 모두 `required` 규칙을 사용했고, 이는 해당 필드 전부 무엇이든 입력 값이 있어야 한다는 걸 의미한다.

`email` 필드를 위한 규칙에는 `email`도 있는데, 이는 PHP가 제공하는 `filter_var()` 함수의 내장 필터인 `FILTER_VALIDATE_EMAIL`를 사용해 입력한 이메일이 형식에 맞는지를 검사한다. 또한 이 `email` 필드와 `username` 필드의 값이 달라야만 하는 규칙도 있다. `username` 필드에는 최소한 6자 이상 되는지 검사하는 길이 규칙이 있다. 그러고 나서 `password` 필드는 `password_confirm` 필드의 값을 점검해 규칙에 일치하는지 확인한다.

그런 다음에 라라벨 `validator` 객체를 생성하고 폼에서 입력한 모든 데이터를 전달한다. 규칙 중 하나라도 검사를 통과하지 못하면 사용자를 다시 입력 폼으로 돌려보내고, 오류 메시지와 이전의 사용자 입력 값을 함께 전달한다.

검증에 통과하면 라라벨의 `dd()` 헬퍼 함수를 사용하는 다음 페이지로 이동하는데, 이 라라벨 헬퍼 함수는 PHP의 `var_dump()` 함수를 사용해서 사용자 입력 값을 해당 페이지에 보여 주고 실행을 멈춘다.

참고 사항

'간단한 폼 생성'절을 참고하자.

파일 업로더 생성

사용자가 서버에 파일을 업로드할 수 있도록 만들어야 할 때가 있다. 이 해법은 라라벨이 웹 폼을 이용해서 파일 업로드upload를 어떻게 구현하는지 살펴본다.

파일 업로더를 만들려면, 라라벨의 표준 설치가 필요하다.

이 해법을 완성하려면 다음 절차를 따른다.

1. app/routes.php 안에 폼을 보여줄 라우트를 생성한다.

```
Route::get('fileform', function()
{
  return View::make('fileform');
});
```

2. fileform.php 뷰를 app/views 디렉터리 안에 만든다.

```
<h1>File Upload</h1>
<?= Form::open(array('files' => TRUE)) ?>
<?= Form::label('myfile', 'My File') ?>
<br>
<?= Form::file('myfile') ?>
<br>
<?= Form::submit('Send it!') ?>
<?= Form::close() ?>
```

3. 업로드하고 파일을 저장할 라우트를 추가한다.

```
Route::post('fileform', function()
{
  $file = Input::file('myfile');
  $ext = $file->guessExtension();
  if ($file->move('files', 'newfilename.' . $ext))
  {
    return 'Success';
  }
```

```
    else
    {
      return 'Error';
    }
  });
```

예제 분석

이 예제의 뷰를 살펴보면 Form::open() 메소드의 인자 값으로 'files' =>
TRUE라는 배열 값을 전달하는데, 이는 HTML <form> 태그의 enctype 인
자를 설정하게 만든다. 그런 다음에 파일을 처리할 폼 필드를 추가한다.
Form::open() 메소드에 다른 인자를 사용하지 않았으므로 해당 폼은 method
의 기본 값으로 POST를, action의 기본 값으로 현재 URL을 사용한다. 또한
Form::file()은 파일을 받기 위한 입력 필드를 나타낸다.

이 폼은 동일한 URL로 POST 요청을 보내므로 POST 입력을 받는 라우트를 만들
어야 했다. $file 변수에는 보낸 파일의 모든 정보가 담기게 된다.

다음으로 해당 파일을 다른 이름으로 저장하려면 우선 업로드된 파일의 확장
자를 알아내야 한다. 이를 위해 guessExtension() 메소드를 사용했고 그 결과
를 변수에 저장했다. 참고로 라라벨에서 파일 처리의 대부분은 심포니_{Symfony}
프레임워크의 파일 클래스 메소드들을 그대로 사용한다.

마지막으로 file 객체의 move() 메소드를 사용해서 해당 파일을 영구적인 장소
로 옮기는데, 여기서 사용하는 첫 번째 인자는 해당 파일을 저장할 위치이고,
두 번째 인자는 새로운 파일명이다.

모든 업로드가 정상적으로 처리되면 'Success' 메시지를 보여 주고, 그렇지
않으면 'Error' 메시지를 보여준다.

참고 사항

'업로드한 파일 검증' 절을 참고하자.

업로드한 파일 검증

웹 폼을 이용해서 사용자가 파일을 업로드할 수 있게 하려면 업로드할 수 있는 파일 유형을 제한해야 한다. 라라벨의 Validator 클래스를 사용하면 특정 파일 타입을 검사하는 것은 물론, 업로드를 허용하는 최대 파일 사이즈를 지정하는 것도 가능하다.

준비

이 해법을 위해선 라라벨의 표준 설치가 필요하고, 업로드 테스트용 샘플 파일이 필요하다.

예제 구현

이 해법을 완성하려면 다음 절차를 따른다.

1. app/routes.php 파일 안에 폼을 위한 라우트를 생성한다.

```
Route::get('fileform', function()
{
  return View::make('fileform');
});
```

2. 해당 폼의 뷰를 만든다.

```
<h1>File Upload</h1>
<?php $messages = $errors->all('<p style="color:red">:message</p>')
?>
<?php
foreach ($messages as $msg)
{
  echo $msg;
}
```

```
?>
<?= Form::open(array('files' => TRUE)) ?>
<?= Form::label('myfile', 'My File (Word or Text doc)') ?>
<br>
<?= Form::file('myfile') ?>
<br>
<?= Form::submit('Send it!') ?>
<?= Form::close() ?>
```

3. 파일을 검증하고 처리할 라우트를 생성한다.

```
Route::post('fileform', function()
{
  $rules = array(
    'myfile' => 'mimes:doc,docx,pdf,txt|max:1000'
  );

  $validation = Validator::make(Input::all(), $rules);
  if ($validation->fails())
  {
    return Redirect::to('fileform')->withErrors($validation)
      ->withInput();
  }
  else
  {
    $file = Input::file('myfile');
    if ($file->move('files', $file->getClientOriginalName()))
    {
      return "Success";
    }
    else
    {
      return "Error";
    }
  }
});
```

폼을 보여줄 라우트를 시작으로, 해당 폼의 HTML을 담당하는 뷰를 만든다. 해당 뷰의 상부에 검증 오류 메시지를 표시하는 내용을 넣었다. 폼은 `Form::open(array('files' => TRUE))`으로 만들고, 이것으로 HTML `<form>` 태그의 action, method, enctype등의 인자 값을 설정한다.

다음으로 입력 데이터를 POST로 받아서 검증하는 라우트를 생성했다. 배열로 설정한 $rules 변수에는 우선, 허용하는 mime 타입인지를 판단하는 규칙을 넣었고, 다음으로 해당 파일이 최대 1,000킬로바이트 다시 말해, 1메가바이트 크기까지만 허용된다는 규칙을 넣었다. (이 규정을 원하는 만큼 얼마든지 추가할 수 있다.)

입력한 파일이 검사를 통과하지 못하면, 사용자를 입력 폼으로 다시 돌려보내고 오류 메시지를 전달한다. 라라벨이 플래시된 오류 메시지를 감지하게 되면, 뷰 안에 $error 변수를 자동 생성한다. 검사가 통과하면, 영구적인 서버공간으로 저장을 시도하고, 제대로 저장된 경우 Success라는 문구나 Error라는 문구를 보여준다.

부연 설명

그 밖에 파일 업로드의 아주 일반적인 검증 규칙 중 하나는 image이다. 이 규칙은 업로드된 파일이 이미지인지를 검사하고, $rules 배열 안에서 다음처럼 사용한다.

```
'myfile' => 'image'
```

이 검증 규칙은 파일이 .jpg, .png, .gif, .bmp 중 하나인지를 검사한다.

참고 사항

'파일 업로더 생성'절을 참고하자.

오류 메시지 변경

라라벨에는 검증 규칙이 틀렸을 때 보여 주는 기본적인 오류 메시지가 있다. 하지만 고유한 애플리케이션을 만들기 위해서, 기본 오류 메시지 대신 사용자가 지정한 오류 메시지를 보여 주고 싶을 때가 있는데, 이 해법에서는 오류 메시지를 변경하는 몇 가지 방법을 살펴본다.

이 해법에는 라라벨의 표준 설치가 필요하다.

이 해법을 완성하려면 다음 절차를 따른다.

1. app/routes.php에 폼을 위한 라우트를 생성한다.

```
Route::get('myform', function()
{
  return View::make('myform');
});
```

2. myform.php라는 뷰를 생성하고 폼을 추가한다.

```
<h1>User Info</h1>
<?php $messages = $errors->all
  ('<p style="color:red">:message</p>') ?>
<?php
foreach ($messages as $msg)
{
  echo $msg;
}
?>
<?= Form::open() ?>
```

```php
<?= Form::label('email', 'Email') ?>
<?= Form::text('email', Input::old('email')) ?>
<br>
<?= Form::label('username', 'Username') ?>
<?= Form::text('username', Input::old('username')) ?>
<br>
<?= Form::label('password', 'Password') ?>
<?= Form::password('password') ?>
<br>
<?= Form::submit('Send it!') ?>
<?= Form::close() ?>
```

3. POST 데이터를 처리하고 검증할 수 있게 라우트를 생성한다.

```php
Route::post('myform', array('before' => 'csrf', function()
{
  $rules = array(
    'email'    => 'required|email|min:6',
    'username' => 'required|min:6',
    'password' => 'required'
  );

  $messages = array(
    'min' => 'Way too short! The :attribute must be at\
      least :min characters in length.',
    'username.required' => 'We really, really need a Username.'
  );

  $validation = Validator::make(Input::all(), $rules,$messages);

  if ($validation->fails())
  {
    return Redirect::to('myform')->withErrors($validation)
      ->withInput();
  }

  return Redirect::to('myresults')->withInput();
```

```
})));
```

4. app/lang/en/validation.php 파일을 연다. 여기서 en은 애플리케이션이
   지정한 기본 언어를 말하며, 이 경우는 영어English를 의미한다. 해당 파일
   하단부에 있는 attributes 배열을 다음처럼 수정한다.

```
attributes' => array(
    'password' => 'Super Secret Password (shhhh!)'
),
```

5. 정상적인 폼 입력을 처리하는 라우트를 생성한다.

```
Route::get('myresults', function()
{
    return dd(Input::old());
});
```

예제 분석

아주 단순한 폼을 생성하는 것부터 시작한다. Form::open() 메소드에서 아무
런 인자도 전달하지 않았으므로 POST되는 데이터는 동일한 URL로 전달된다.
따라서 POST로 전달받은 데이터를 검증할 라우트를 생성했다. 또, 폼 입력 값
처리시 반드시 적용해야 하는 csrf 필터를 post 라우트 바로 전에 실행하게
추가했다. 이 필터는 CSRF(cross-site request forgery) 공격을 무력화시키는 추가적
인 보안 기능을 제공한다.

이 예제의 post 라우트에서 설정한 첫 번째 $rules 변수에는 우리가 사용할
검증 규칙이 있다. 그 다음 $messages 변수에는 오류 발생 시 보일, 사용자가
새롭게 정의한 오류 메시지가 있다. 오류 메시지를 변경하는 방법에는 아래와
같이 몇 가지 다른 방법들이 있다.

첫 번째로 변경한 메시지는 최소 크기 규칙에 관한 내용이다. 최소 크기 규칙
에 어긋나는 모든 오류 상황에서 여기서 설정된 내용이 보여진다. 메시지 안에

:attribute와 :min이라는 자리표시자place holder는 해당 오류 메시지가 보여질 때, 그 폼 필드 이름과 검증 규칙에 지정한 최소 크기로 대체된다.

두 번째로 변경한 메시지는 검증규칙에서 지정한 폼 필드에만 적용된다. 이렇게 어떤 특정 필드를 지정할 때의 형식은 지정할 폼 필드의 이름을 처음에 적고, 점을 적고, 마지막으로 검증 규칙을 적는다. 이 예제(username.required)에서는, username 필드에서 입력한 값이 있는지 검사하고 그 결과에 따라 사용자가 지정한 에러 메시지를 보여 주게 된다.

세 번째로 변경한 메시지는 검증용 언어 파일 안에서 설정했다. validation.php 파일의 attributes 배열은 변경하고 싶은 폼 필드 이름과 메시지 내용을 설정하는 곳이다. 또한 애플리케이션 전체적으로 기본 오류 메시지들을 아예 바꿀 수도 있는데, 이 언어 파일 상단 부에 있는 기본 오류 메시지들을 직접 수정하면 그 변경된 내용이 애플리케이션에 바로 적용된다.

부연 설명

언어 파일이 있는 app/lang 디렉터리를 보면, 이미 상당부분의 번역 내용들이 라라벨 프레임워크의 일부분으로 기본 제공되는 것을 알 수 있다.[2] 다국어를 지원할 경우, 선택한 언어의 오류 메시지도 동일한 방식으로 변경할 수 있다.

참고 사항

'간단한 폼 생성' 절을 참고하자.

폼에 허니팟 삽입

인터넷의 안타까운 현실은 스팸을 배포하려고 불특정 폼을 찾아 다니는 무수한 '스팸 봇spam bots'이 존재한다는 것이다. 이에 대항할 수 있는 한 가지 방법

---

2 라라벨은 다국어 지원을 위해 별도의 리포(repository)를 운영하며, http://caouecs.github.io/Laravel4-lang/에서 그 내용을 볼 수 있다. _ 옮긴이

은 허니팟honey pot(꿀단지)이라 불리는 테크닉을 사용하는 것이다. 이 해법에서는 스팸을 판별하려고 커스텀custom 검증 규칙을 만들어 본다.

준비

이 해법에는 라라벨의 표준 설치가 필요하다.

예제 구현

이 해법을 완성하려면 다음 절차를 따른다.

1. app/routes.php에 폼을 보여줄 라우트를 생성한다.

```
Route::get('myform', function()
{
  return View::make('myapp');
});
```

2. app/view 디렉터리 안에 myform.php라는 뷰를 생성하고 다음 폼을 추가한다.

```
<h1>User Info</h1>
<?php $messages = $errors->all('<p style ="color:red">:message</p>')
?>
<?php
foreach ($messages as $msg)
{
  echo $msg;
}
?>
<?= Form::open() ?>
<?= Form::label('email', 'Email') ?>
<?= Form::text('email', Input::old('email')) ?>
<br>
<?= Form::label('username', 'Username') ?>
```

```
<?= Form::text('username', Input::old('username')) ?>
<br>
<?= Form::label('password', 'Password') ?>
<?= Form::password('password') ?>
<?= Form::text('no_email', '', array('style' => 'display:none')) ?>
<br>
<?= Form::submit('Send it!') ?>
<?= Form::close() ?>
```

3. app/routes.php에 POST로 보낸 데이터를 처리하고 검증하는 라우트를 생성한다.

```
Route::post('myform', array('before' => 'csrf', function()
{
  $rules = array(
    'email'    => 'required|email',
    'password' => 'required',
    'no_email' => 'honey_pot'
  );
  $messages = array(
    'honey_pot' => 'Nothing should be in this field.'
  );
  $validation = Validator::make(Input::all(), $rules, $messages);
  if ($validation->fails())
  {
    return Redirect::to('myform')->withErrors
      ($validation)->withInput();
  }
  return Redirect::to('myresults')->withInput();
}));
```

4. app/routes.php에 허니팟 검사를 위한 검증규칙을 생성한다.

```
Validator::extend('honey_pot', function($attribute, $value,
$parameters)
{
  return $value == '';
```

```
});
```

5. 성공 페이지를 위한 간단한 라우트를 생성한다.

```
Route::get('myresults', function()
{
  return dd(Input::old());
});
```

예제 분석

우선 비교적 간단한 폼을 생성한다. 이 예제에서는 Form::open() 메소드에 아무런 인자 값도 전달하지 않았으므로 동일한 URL로 POST 요청을 통해 데이터를 보낸다. 그 폼 안에 반드시 입력 값이 없어야 하는 특별한 필드를 만들었고, CSS를 사용해서 사용자에게 그 필드가 보이지 않게 했다. 이 필드의 이름을 email이란 말이 들어간 단어로 설정하면, 대부분의 스팸봇은 이것을 이메일 필드로 착각하고 적당한 값을 입력한다.

그런 다음에 POST 데이터를 받고 검사하는 라우트를 생성하는데, 이 라우트를 처리하기 바로 이전에 csrf 필터를 처리하게 추가해 넣었다. no_email 필드는 그 입력 값이 없어야 한다는 커스텀 검증 규칙을 추가했고 $messages 배열에 해당 규칙을 위한 오류 메시지도 만들어 넣었다.

라라벨이 제공하는 기본 검증 규칙이 아닌, 사용자가 Validator::extend() 메소드를 사용해 직접 만든 커스텀 검증 규칙 내용을 routes.php 파일 안에 추가했다. 이 규칙은 허니팟 필드의 입력 값이 없는 경우 TRUE 값을 반환한다.

이제 스팸봇이 폼에 있는 필드 전체를 채워서 보내면 검증에 통과되지 않는다. 허니팟 필드는 반드시 비어져 있어야만 하기 때문이다.

이 예제의 커스텀 검증 규칙 대신 size: 0라는 라라벨 기본 검증 규칙을 사용해도 된다. 이 규칙은 해당 honey_pot필드의 값이 정확히 문자 길이 0을 갖고 있어야 한다는 조건인데, 이 예제에서 만든 규칙이 훨씬 간단한 검사법이다.

허니팟 에러가 발생할 때 폼이 없는 그 밖의 페이지로 이동시켜도 좋다. 그러면 스팸봇은 해당 폼 입력 값이 정상적으로 이뤄진 것으로 판단하고, 또 다른 스팸 입력 시도를 중단할 것이기 때문이다.

리댁터를 사용한 이미지 업로드

HTML 폼의 textarea 필드를 위지윅WYSIWYG 에디터로 바꿔줄 수 있는 다수의 자바스크립트 라이브러리가 있다. 리댁터Redactor[3]는 비교적 최신 라이브러리인데 상당히 잘 만든 것이어서 짧은 시간 안에 큰 인기를 얻었다. 이번 해법에서는 라라벨 폼에 리댁터 라이브러리를 적용해 보고 리댁터를 통해 이미지 업로드를 할 수 있도록 라우트를 생성해 보겠다.

https://github.com/html5cat/redactor-js에서 리댁터의 최신 카피를 내려받아야만 한다. redactor.min.js는 내려받아서 public/js 디렉터리에 저장하고, redactor.css 파일을 내려받아서 public/css 디렉터리에 저장한다.

이 해법을 완성하려면 다음 절차를 따른다.

1. app/routes.php에 redactor 필드 포함 폼을 보일 라우트를 생성한다.

---

3 편집자라는 뜻 _ 옮긴이

```
Route::get('redactor', function()
{
  return View::make('redactor');
});
```

2. app/views 디렉터리 안에 redactor.php라는 뷰를 만든다.

```
<!DOCTYPE html>
<html>
<head>
  <title>Laravel and Redactor</title>
  <meta charset="utf-8">
  <link rel="stylesheet" href="css/redactor.css" />
  <script src="//ajax.googleapis.com/ajax/libs/
    jquery/1.10.2/jquery.min.js"></script>
  <script src="js/redactor.min.js"></script>
</head>
<body>
  <?= Form::open() ?>
  <?= Form::label('mytext', 'My Text') ?>
  <br>
  <?= Form::textarea('mytext', '', array('id' => 'mytext')) ?>
  <br>
  <?= Form::submit('Send it!') ?>
  <?= Form::close() ?>
  <script type="text/javascript">
    $(function() {
      $('#mytext').redactor({
        imageUpload: 'redactorupload'
      });
    });
  </script>
</body>
</html>
```

3. 이미지 업로드를 처리할 수 있게 라우트를 만든다.

```
Route::post('redactorupload', function()
{
  $rules = array(
    'file' => 'image|max:10000'
  );
  $validation = Validator::make(Input::all(), $rules);
  $file = Input::file('file');
  if ($validation->fails())
  {
    return FALSE;
  }
  else
  {
    if ($file->move('files', $file->getClientOriginalName()))
    {
      return Response::json(array('filelink' =>
        'files/' . $file->getClientOriginalName()));
    }
    else
    {
      return FALSE;
    }
  }
});
```

4. 폼으로 보낸 내용을 보여 주기 위한 라우트를 만든다.

```
Route::post('redactor', function()
{
  return dd(Input::all());
});
```

폼 라우트를 생성한 후에 뷰를 만들어서 폼 HTML을 넣는다. 페이지의 상단에 리댁터 CSS를 로드하고, 구글 CDN을 통해 제이쿼리 라이브러리를 로드하고, 리댁터 자바스크립트를 로드한다.

이 예제의 폼에서는 mytext라는 textarea가 유일한 입력 필드이다. 스크립트 영역 안에서, 해당 textarea 필드상에 리댁터를 초기화시키는데, 이때 imageUpload에 전달하는 인자 값을 업로드하는 이미지를 받는 라우트나 컨트롤러로 설정한다. 이 예제에서는 redactorupload라고 설정했고, 이곳에서 POST로 받은 데이터를 처리하게 라우트를 만들었다.

redactorupload 라우트 안에서 몇 가지 입력 값을 검증하고, 오류가 없다면 이미지는 images 디렉터리로 업로드된다. textarea 안에 그 이미지를 출력시키려면, 파일 링크를 키key로 하고 이미지 경로를 값value으로 하는 JSON 배열이 필요한데, 여기서는 라라벨의 내장 메소드인 Response::json 메소드에 배열을 사용해서 해당 이미지의 위치를 전달했다.

폼 페이지에서 이미지가 검증에 통과되고 업로드까지 정확히 된 경우에 리댁터는 textarea 안에 그 이미지를 출력시킨다. 이 폼을 제출하면, <img> 태그에 해당 이미지의 경로가 들어있는 텍스트를 볼 수 있다.

이 해법은 이미지 업로드를 위한 것이지만, 이미지 외의 파일 업로드도 매우 유사한 방식으로 동작한다. 차이점이라면 파일 업로드 라우트에 있는 JSON 결과 안에 파일명도 같이 포함해서 반환해야 한다는 점이다.

제이크롭으로 이미지 자르기

애플리케이션에서 이미지 수정과 조작을 직접 구현하기 어렵지만, 라라벨과 제이크롭Jcrop 자바스크립트 라이브러리를 같이 사용해 쉽게 만들 수 있다.

준비

http://deepliquid.com/content/Jcrop_Download.html에서 제이크롭Jcrop 라이
브러리를 내려받고 압축을 푼다. jquery.Jcrop.min.js 파일은 pubic/js 디렉터리
에 넣고, jquery.Jcrop.min.css와 Jcrop.gif 파일을 public/css 디렉터리에 넣는
다. 제이쿼리는 구글 CDN 버전을 사용할 것이다. 서버는 이미지 조작에 필요
한 GD 라이브러리가 설치되어 있어야만 한다. public 디렉터리 안에, 이미지
를 저장할 images 폴더를 생성하고 쓰기가 가능하게 속성을 변경해 둔다.

예제 구현

이 해법을 완성하려면 다음 절차를 따른다.

1. app/routes.php 파일에 폼을 보여줄 라우트를 생성한다.

```
Route::get('imageform', function()
{
  return View::make('imageform');
});
```

2. app/views 디렉터리 안에 imageform.php라는 파일을 만들고, 이미지 업
   로드를 위한 폼을 생성한다.

```
<h1>Laravel and Jcrop</h1>
```

```php
<?= Form::open(array('files' => true)) ?>
<?= Form::label('image', 'My Image') ?>
<br>
<?= Form::file('image') ?>
<br>
<?= Form::submit('Upload!') ?>
<?= Form::close() ?>
```

3. 이미지 업로드를 처리하고 검증할 라우트를 만든다.

```php
Route::post('imageform', function()
{
  $rules = array(
    'image' => 'required|mimes:jpeg,jpg|max:10000'
  );

  $validation = Validator::make(Input::all(), $rules);

  if ($validation->fails())
  {
    return Redirect::to('imageform')->withErrors($validation);
  }
  else
  {
    $file = Input::file('image');
    $file_name = $file->getClientOriginalName();
    if ($file->move('images', $file_name))
    {
      return Redirect::to('jcrop')->with('image',$file_name);
    }
    else
    {
      return "Error uploading file";
    }
  }
});
```

4. Jcrop 폼을 위한 라우트를 생성한다.

```
Route::get('jcrop', function()
{
  return View::make('jcrop')->with('image', 'images/'.
    Session::get('image'));
});
```

5. app/views 디렉터리 안에 jcrop.php라는 파일을 만들어서, 이미지 자르기를 할 폼을 만든다.

```html
<html>
  <head>
    <title>Laravel and Jcrop</title>
    <meta charset="utf-8">
    <link rel="stylesheet" href="css/jquery.Jcrop.min.css" />
    <script src="//ajax.googleapis.com/ajax/libs/jquery/1.10.2/
      jquery.min.js"></script>
    <script src="js/jquery.Jcrop.min.js"></script>
  </head>
  <body>
    <h2>Image Cropping with Laravel and Jcrop</h2>
    <img src="<?php echo $image ?>" id="cropimage">

    <?= Form::open() ?>
    <?= Form::hidden('image', $image) ?>
    <?= Form::hidden('x', '', array('id' => 'x')) ?>
    <?= Form::hidden('y', '', array('id' => 'y')) ?>
    <?= Form::hidden('w', '', array('id' => 'w')) ?>
    <?= Form::hidden('h', '', array('id' => 'h')) ?>
    <?= Form::submit('Crop it!') ?>
    <?= Form::close() ?>

    <script type="text/javascript">
      $(function() {
        $('#cropimage').Jcrop({
          onSelect: updateCoords
```

76

```
        });
      });
      function updateCoords(c) {
        $('#x').val(c.x);
        $('#y').val(c.y);
        $('#w').val(c.w);
        $('#h').val(c.h);
      };
    </script>
  </body>
</html>
```

6. 해당 이미지를 처리하고 출력할 라우트를 만든다.

```
Route::post('jcrop', function()
{
  $quality = 90;

  $src  = Input::get('image');
  $img  = imagecreatefromjpeg($src);
  $dest = ImageCreateTrueColor(Input::get('w'),
    Input::get('h'));

  imagecopyresampled($dest, $img, 0, 0, Input::get('x'),
    Input::get('y'), Input::get('w'), Input::get('h'),
    Input::get('w'), Input::get('h'));
  imagejpeg($dest, $src, $quality);

  return "<img src='" . $src . "'>";
});
```

예제 분석

파일을 간단히 업로드하는 일로 시작하되, 간단히 구현할 수 있게 jpg 파일만
다루겠다. 검증 규칙은 jpg 이미지만 허용하고 1만 킬로바이트(10메가바이트) 이

하의 파일 크기만 허용하게 했다. 파일이 업로드되면, jcrop 라우트로 해당 파일의 경로를 보낸다.

jcrop 라우트를 위한 HTML 안에, 감춰진hidden 필드를 갖고 있는 폼을 만든다. 이 감춰진 필드는 자를 영역의 정보를 담게 된다. 자바스크립트의 updateCoords함수가 자를 영역의 정보를 받아 감춰진 필드를 변경시킨다.

이미지 자르기가 끝나면 폼을 제출하게 되고 이 jcrop 라우트가 POST로 데이터를 받는다. 이미지는 GD 라이브러리를 통해 POST로 전달받은 영역 정보에 맞게끔 자른다. 그런 다음에 새로 잘라진 이미지로 덮어쓰고 그 이미지 파일을 출력한다.

부연 설명

이 해법에서는 jpg 이미지만 잘랐지만, gif와 png 이미지를 추가하기가 그리 어렵지 않다. File::extension() 메소드를 이용해서 파일이름을 라라벨에 넘기면 그 파일의 확장자를 넘겨 받을 수 있다. 그러면 switch 문이나 if 문을 써서 적절한 PHP 함수를 호출하면 된다. 예를 들어 해당 확장자가 .png라면 imagecreatefrompng()와 imagepng() 함수를 사용하면 된다. PHP 이미지 함수에 대한 상세한 설명을 http://www.php.net/manual/en/ref.image.php에서 볼 수 있다.

자동완성 텍스트 입력 필드 생성

웹 애플리케이션의 폼에서, 텍스트 입력 필드에 자동완성 기능이 필요할 때가 있는데, 이 기능을 사용하면 빈번한 검색 용어나 제품명을 생성해 내는 데 매우 유용하다. 라라벨과 jQueryUI Autocomplete 라이브러리를 함께 사용하면 이를 쉽게 구현할 수 있다.

이 해법에서는 CDN 버전의 제이쿼리와 제이쿼리UI를 사용하겠다. 하지만 로컬 버전으로 사용하고 싶은 경우에는 각 라이브러리를 내려받아 public/js 디렉터리에 넣어 사용할 수도 있다.

이 해법을 완성하려면 다음 절차를 따른다.

1. autocomplete 폼을 보여줄 라우트를 생성한다.

```
Route::get('autocomplete', function()
{
    return View::make('autocomplete');
});
```

2. app/views 디렉터리 안에 autocomplete.php라는 뷰를 만들고 이 파일에 해당 폼에서 사용할 HTML과 자바스크립트를 작성한다.

```html
<!DOCTYPE html>
<html>
  <head>
    <title>Laravel Autocomplete</title>
    <meta charset="utf-8">
    <link rel="stylesheet" href="//codeorigin.jquery.com/
      ui/1.10.2/themes/smoothness/jquery-ui.css" />
    <script src="//ajax.googleapis.com/ajax/libs/
      jquery/1.10.2/jquery.min.js"></script>
    <script src="//codeorigin.jquery.com/ui/1.10.2/
      jquery-ui.min.js"></script>
  </head>
  <body>
    <h2>Laravel Autocomplete</h2>
```

```php
<?= Form::open() ?>
<?= Form::label('auto', 'Find a color: ') ?>
<?= Form::text('auto', '', array('id' => 'auto'))?>
<br>
<?= Form::label('response', 'Our color key: ') ?>
<?= Form::text('response', '', array('id' => 'response',
   'disabled' => 'disabled')) ?>
<?= Form::close() ?>

<script type="text/javascript">
  $(function() {
    $("#auto").autocomplete({
      source: "getdata",
      minLength: 1,
      select: function( event, ui ) {
        $('#response').val(ui.item.id);
      }
    });
  });
</script>
</body>
</html>
```

3. autocomplete 필드의 데이터를 생성할 라우트를 만든다.

```php
Route::get('getdata', function()
{
  $term = Str::lower(Input::get('term'));
  $data = array(
    'R' => 'Red',
    'O' => 'Orange',
    'Y' => 'Yellow',
    'G' => 'Green',
    'B' => 'Blue',
    'I' => 'Indigo',
    'V' => 'Violet',
  );
```

```
$return_array = array();

foreach ($data as $k => $v) {
  if (strpos(Str::lower($v), $term) !== FALSE) {
    $return_array[] = array('value' => $v, 'id' =>$k);
  }
}
return Response::json($return_array);
});
```

예제 분석

이 예제의 폼에는, 사용자가 값을 입력하는 텍스트 필드와 비활성화된 텍스트 필드가 있는데, 전자는 그 입력 값을 autocomplete에서 사용하며, 후자는 선택 값의 아이디를 보기 위해서 사용한다. 이는 특정 값에 숫자로 된 아이디를 사용하는 경우나, 비 표준 방식으로 이름이 지어진 경우 유용할 수 있다. 이 예제에서는 색상 이름의 첫 번째 글자를 ID로 사용했다.

사용자가 타이핑을 시작하면 autocomplete는 source 인자로 지정한 주소에 term이란 단어를 사용한 질의 메시지로 GET 요청을 보낸다(/getdata/?term={input}). 이를 처리하려고 입력 값을 받아 소문자로 변경하는 라우트를 생성했다. 여기서는 자동완성할 데이터로 간단한 배열을 사용했지만, 이 부분을 데이터베이스에서 질의해 오는 코드로 쉽게 변경할 수 있다. 계속해서 라우트 내에서는 데이터 배열의 값을 검사해 사용자 입력 값과 일치하는 값이 있는지를 알아보고, 있다면 해당 아이디id와 값value을 새로운 배열에 추가한다. 그런 다음에 autocomplete 스크립트로 전달하려고 이 새로운 배열을 JSON 형태로 출력한다.

다시 폼 페이지로 돌아가서, 사용자가 어떤 값을 선택하면 그 아이디를 비활성 필드인 response 필드에 추가한다. 보통은 해당 폼을 제출할 때 이 필드의 내용도 같이 전달할 수 있도록 비활성 필드가 아니라 히든 필드로 만든다.

getdata 라우트를 autocomplete 폼이나 그 밖의 에이잭스 요청으로부터에서만 접근할 수 있게 하려면, 해당 코드를 if (Request::ajax()) {} 문으로 감싸거나 에이잭스 요청이 아닌 경우 거절하는 필터를 만들면 된다.

캡차 스타일 스팸방지기 만들기

자동으로 웹 폼을 작성해서 제출하는 스팸봇과 싸우는 한 가지 방법은 캡차 CAPTCHA 기술을 사용하는 것이다. 이 기술을 사용하면 사용자에게 무작위로 출력시킨 몇 개의 이미지 형태 글자를 보여 주고, 사용자가 텍스트 필드에 그 내용을 정확히 입력하게 만든다. 이번 해법에서는 캡차 이미지를 만들고, 사용자가 정확히 입력했는지 확인하는 방법을 살펴본다.

준비

라라벨 표준 설치와 더불어 서버에 이미지를 생성하는 데 쓸 GD2 라이브러리가 설치되어 있어야 한다.

예제 구현

이 해법을 완성하려면 다음 절차를 따른다.

1. app 디렉터리 안에 libraries라는 디렉터리를 만들고 composer.json 파일을 다음처럼 수정한다.

```
"autoload": {
  "classmap": [
    "app/commands",
    "app/controllers",
    "app/models",
    "app/database/migrations",
```

```
        "app/database/seeds",
        "app/tests/TestCase.php",
        "app/libraries"
    ]
},
```

2. app/libraries 디렉터리 안에 Captcha.php라는 파일을 만들고 간단한
   Captcha 클래스를 작성한다.

```php
<?php
class Captcha {
  public function make()
  {
    $string = Str::random(6, 'alpha');
    Session::put('my_captcha', $string);
    $width       = 100;
    $height      = 25;
    $image       = imagecreatetruecolor($width, $height);
    $text_color = imagecolorallocate($image, 130, 130, 130);
    $bg_color    = imagecolorallocate($image, 190, 190, 190);
    imagefilledrectangle($image, 0, 0, $width, $height, $bg_color);
    imagestring($image, 5, 16, 4, $string, $text_color);
    ob_start();
    imagejpeg($image);
    $jpg = ob_get_clean();
    return "data:image/jpeg;base64," . base64_encode($jpg);
  }
}
```

3. 애플리케이션의 루트에서 다음 명령으로 오토로더auto loader가 app/
   libraries 디렉터리 내의 모든 클래스를 자동 로딩하게 만든다.

   php composer.phar dump-autoload

4. app/routes.php 파일 안에 폼을 보여줄 captcha 라우트를 만든다.

```php
Route::get('captcha', function()
```

```
{
    $captcha = new Captcha;
    $cap = $captcha->make();
    return View::make('captcha')->with('cap', $cap);
});
```

5. app/views 디렉터리 안에 captcha.php라는 captcha 뷰를 만든다.

```
<h1>Laravel Captcha</h1>
<?php
if (Session::get('captcha_result')) {
    echo '<h2>' . Session::get('captcha_result') . '</h2>';
}
?>
<?php echo Form::open() ?>
<?php echo Form::label('captcha', 'Type these letters:') ?>
<br>
<img src="<?php echo $cap ?>">
<br>
<?php echo Form::text('captcha') ?>
<br>
<?php echo Form::submit('Verify!') ?>
<?php echo Form::close() ?>
```

6. 사용자 입력 값과 captcha 값을 비교하는 라우트를 만든다.

```
Route::post('captcha', function()
{
    if (Session::get('my_captcha') !== Input::get('captcha')) {
        Session::flash('captcha_result', 'No Match.');
    } else {
        Session::flash('captcha_result', 'They Match!');
    }
    return Redirect::to('captcha');
});
```

composer.json 파일을 수정해 libraries 디렉터리를 autoloader에 추가한다. 이렇게 하면 해당 디렉터리 안에 어떤 클래스나 라이브러리라도 추가해 넣을 수 있다. 심지어 커스텀 클래스와 일부 레거시 코드도 가능하다.

간단하게 구현하려고 make() 메소드만 있는 간단한 Captcha 클래스를 만들었다. 이 메소드는 라라벨의 Str::random() 메소드를 사용해서 6개 문자로만 이뤄진 랜덤 스트링을 생성하고 그 스트링을 세션에 저장해 나중에 검사할 때 사용한다.

이 랜덤 스트링을 사용해서, 회색 바탕에 진회색 글자를 갖는 100×25 픽셀 크기로 된 jpg 이미지를 만든다. 이미지를 서버에 저장하는 대신 출력 버퍼를 사용해 그 이미지 데이터를 변수에 저장했다. 이렇게 하면 원래 라우트로 보낼 데이터 URI를 만들 수가 있다.

다음으로 콤포저의 dump-autoload 명령을 실행해 새로 만든 클래스를 애플리케이션에서 사용할 수 있게 만든다.

captcha 라우트에서, captcha 데이터 URI를 만들고, 이것을 폼으로 보내기 위해 Captcha 클래스를 사용했다. 해당 폼은 간단히 이미지를 보여 주고 텍스트 필드에 그 이미지에 나타난 랜덤 스트링을 입력하라고 요구한다.

폼을 제출하면 Captcha 클래스가 생성한 세션 값과 사용자 입력 값을 비교한다. 이 해법에서는 두 값이 같은지만 검사하지만 커스텀 검증 메소드를 만들고, 검증 규칙에 추가할 수도 있다. 마지막으로는 비교 결과를 세션에 넣어 사용자를 captcha 라우트로 되돌려 보낸다.

3

애플리케이션 인증

3장에서 다룰 내용은 다음과 같다.

- Auth 라이브러리 설치와 설정
- 인증 시스템 생성
- 로그인한 사용자의 정보를 가져와 변경
- 페이지 접근 제한
- HybridAuth 패키지로 OAuth를 설정
- OpenID로 로그인
- 페이스북으로 로그인
- 트위터로 로그인
- 링크드인으로 로그인

소개

최신 웹 애플리케이션은 계정 등록과 로그인을 위한 여러 방법을 제공한다. 애플리케이션의 안전과 사용자 정보의 안전을 위해서 각 사용자를 올바르게 인증할 수 있어야만 하는데, 라라벨은 이런 인증 기능을 쉽게 구현할 수 있게 훌륭한 Auth 클래스를 제공한다. 3장에서는 자체적인 인증 시스템을 구축하는 방법부터 라라벨 애플리케이션에서 이용할 수 있는 외부 인증 서비스의 사용 방법까지 두루 살펴본다.

Auth 라이브러리 설치와 설정

라라벨의 인증 시스템을 사용하려면 Auth 라이브러리를 정확히 설정해야 한다. 이번 해법에서는 이를 위한 일반적 설정 방법을 살펴본다.

준비

인증 시스템을 설정하려면 라라벨을 표준으로 설치하여야 하고 정상적으로 동작중인 MySQL이 필요하다.

예제 구현

이 해법을 완성하려면 다음 절차를 따른다.

1. app/config/session.php 설정 파일에서 file 세션 드라이버를 사용하게 설정한다.

   ```
   'driver' => 'file'
   ```

2. app/config/auth.php라는 설정 파일을 조정하지 않아도 되지만, 다음처럼 설정되었는지를 확인한다.

   ```
   'driver' => 'eloquent',
   ```

```
'model' => 'User',
'table' => 'users'
```

3. MySQL에서 authapp이라는 데이터베이스를 생성하고 app/config/
   database.php라는 설정 파일이 올바르게 설정되었는지 확인한다. 다음은
   이번 예제에서 사용한 설정 내용이다.

```
'default' => 'mysql',
'connections' => array(
  'mysql' => array(
    'driver'   => 'mysql',
    'host'     => 'localhost',
    'database' => 'authapp',
    'username' => 'root',
    'password' => '',
    'charset'  => 'utf8',
    'prefix'   => '',
  ),
),
```

4. 명령 행의 artisan 마이그레이션migration 명령과 라라벨의 스키마schema 빌더
   를 사용해서 users 테이블을 설정한다. 우선 다음 명령으로 migrations
   테이블을 만든다.

```
php artisan migrate:install
```

5. users 테이블을 위한 마이그레이션을 생성한다.

```
php artisan migrate:make create_users_table
```

6. 위의 명령으로 app/database/migrations 디렉터리 안에 생성 날짜와
   create_users_table.php로 조합된 이름의 새로운 파일이 만들어지며, 그
   파일의 보일러플레이트 코드boilerplate code(편의를 위해 반복적으로 사용하는 내용을
   미리 작성한 코드)를 수정해서 users 테이블을 정의한다.

```php
<?php
use Illuminate\Database\Migrations\Migration;
class CreateUsersTable extends Migration {

  /**
   * Run the migrations.
   *
   * @return void
   */
  public function up()
  {
    Schema::create('users', function($table)
    {
      $table->increments('id');
      $table->string('email');
      $table->string('password', 64);
      $table->string('name');
      $table->boolean('admin');
      $table->timestamps();
    });
  }

  /**
   * Reverse the migrations.
   *
   * @return void
   */
  public function down()
  {
    Schema::drop('users');
  }
}
```

7. artisan 마이그레이션 명령을 사용해서 해당 users 테이블을 만든다.

```
php artisan migrate
```

라라벨의 인증 기능은 세션session을 사용해 사용자 정보를 저장한다. 따라서 세션 설정이 제대로 되어있는지를 먼저 확인해야 한다. 세션을 저장하는 방법에는 다양한 방법이 있는데, 데이터베이스나 레디스Redis를 사용할 수도 있지만 이 예제에서는 제일 간단한 file[1] 드라이버를 사용했다. 참고로 이 드라이버는 심포니 프레임워크의 native_file 세션 드라이버를 이용한다.

app/config/auth.php 설정에서 auth 드라이버는 Eloquent ORM, 이메일 주소는 username, 모델은 User를 지정한다. 라라벨에서 기본적으로 제공하는 User 모델은 변경 없이도 잘 동작하므로 이 예제에서는 해당 모델을 그대로 사용했다. 또한 최대한 간단히 구현하려고 모델 클래스 이름(User)의 복수형(users)으로 쓰는 기본 값을 데이터베이스 테이블 이름으로 사용했다. 물론 사용자가 원한다면 테이블 이름을 변경할 수도 있다.

데이터베이스 설정이 올바른지 확인을 하고 나서 artisan 명령으로 migrations 테이블을 만든다. 이 예제의 users 테이블을 위한 마이그레이션에서는 사용자 이메일 주소, 비밀번호, 이름, 해당 사용자가 관리자인가를 판단할 수 있게 불boolean 필드, 기본 타임스탬프(created_at과 updated_at) 필드 등을 갖는 테이블을 만든다. 이 과정을 마치면 artisan 마이그레이션 명령을 써서 해당 테이블을 설치해, 인증 시스템을 만들기 위한 준비를 마친다.

인증 시스템 생성

이 해법에서는 간단한 인증 시스템을 만든다. 여기서 만든 인증 시스템을 그대로 사용해도 되고, 조금 더 많은 기능을 포함하게 확장시켜 사용해도 된다.

---

1 세션 정보를 파일에 저장하는 드라이버의 이름이 라라벨 4.0에서는 native였지만, 4.1에서는 file로 변경됐다. _ 옮긴이

이 해법에서 만드는 인증시스템은 'Auth 라이브러리 설치와 설정' 절에서 작성한 코드를 기본 근간으로 사용한다.

이 해법을 완성하려면 다음 절차를 따른다.

1. app/routes.php라는 파일 안에, 사용자 등록 폼을 위한 라우트를 만든다.

```
Route::get('registration', function()
{
  return View::make('registration');
});
```

2. app/views 안에 registration.php라는 파일을 만들어서 사용자 등록 폼을 추가한다.

```
<!DOCTYPE html>
<html>
  <head>
    <title>Laravel Authentication - Registration</title>
    <meta charset="utf-8">
  </head>
  <body>
    <h2>Laravel Authentication - Registration</h2>
    <?php $messages = $errors->all('<p style="color:red">:message</p>') ?>
    <?php foreach ($messages as $msg): ?>
      <?= $msg ?>
    <?php endforeach; ?>

    <?= Form::open() ?>
    <?= Form::label('email', 'Email address: ') ?>
    <?= Form::text('email', Input::old('email')) ?>
    <br>
```

```php
<?= Form::label('password', 'Password: ') ?>
<?= Form::password('password') ?>
<br>
<?= Form::label('password_confirm','Retype Password: ') ?>
<?= Form::password('password_confirm') ?>
<br>
<?= Form::label('name', 'Name: ') ?>
<?= Form::text('name', Input::old('name')) ?>
<br>
<?= Form::label('admin', 'Admin?: ') ?>
<?= Form::checkbox('admin','true',Input::old('admin')) ?>
<br>
<?= Form::submit('Register!') ?>
<?= Form::close() ?>
</body>
</html>
```

3. 사용자 등록 페이지를 처리할 라우트를 만든다.

```php
Route::post('registration', array('before' => 'csrf',function()
{
  $rules = array(
    'email'    => 'required|email|unique:users',
    'password' => 'required|same:password_confirm',
    'name'     => 'required'
  );
  $validation = Validator::make(Input::all(), $rules);

  if ($validation->fails())
  {
    return Redirect::to('registration')->withErrors($validation)
      ->withInput();
  }

  $user           = new User;
  $user->email    = Input::get('email');
  $user->password = Hash::make(Input::get('password'));
```

```
$user->name    = Input::get('name');
$user->admin   = Input::get('admin') ? 1 : 0;
if ($user->save())
{
  Auth::loginUsingId($user->id);
  return Redirect::to('profile');
}
return Redirect::to('registration')->withInput();
}));
```

4. app/routes.php 파일 안에 간단한 사용자 프로파일profile 페이지를 위한 라우트를 만든다.

```
Route::get('profile', function()
{
  if (Auth::check())
  {
    return 'Welcome! You have been authorized!';
  }
  else
  {
    return 'Please <a href="login">Login</a>';
  }
});
```

5. app/routes.php 파일 안에 로그인 폼을 위한 로그인 라우트를 만든다.

```
Route::get('login', function()
{
  return View::make('login');
});
```

6. app/views 디렉터리 안에 login.php라는 뷰 파일을 만든다.

```
<!DOCTYPE html>
<html>
```

```html
<head>
  <title>Laravel Authentication - Login</title>
  <meta charset="utf-8">
</head>
<body>
  <h2>Laravel Authentication - Login</h2>
  <?= '<span style="color:red">' .Session::get('login_error') .
    '</span>' ?>

  <?= Form::open() ?>
  <?= Form::label('email', 'Email address: ') ?>
  <?= Form::text('email', Input::old('email')) ?>
  <br>
  <?= Form::label('password', 'Password: ') ?>
  <?= Form::password('password') ?>
  <br>
  <?= Form::submit('Login!') ?>
  <?= Form::close() ?>
</body>
</html>
```

7. app/routes.php 파일 안에, 로그인을 인증할 라우트를 만든다.

```php
Route::post('login', function()
{
  $user = array(
    'username' => Input::get('email'),
    'password' => Input::get('password')
  );

  if (Auth::attempt($user))
  {
    return Redirect::to('profile');
  }

  return Redirect::to('login')->with('login_error','Could not log in.');
});
```

8. app/routes.php 파일 안에, 로그인한 회원만 접근할 수 있는 secured 라우트를 만든다.

```
Route::get('secured', array('before' => 'auth', function()
{
    return 'This is a secured page!';
}));
```

예제 분석

간단한 사용자 등록 시스템을 만드는 것부터 시작한다. 사용자는 해당 등록 폼에서 이메일 주소, 비밀번호, 비밀번호 확인, 이름, 그리고 체크박스를 통해 관리자 여부 등을 입력한다. 폼 필드의 인자 값 안에 Input::old() 메소드를 사용했으므로 폼의 검증 규칙을 통과하지 못하더라도, 모든 정보를 재입력하는 수고 없이 해당 필드는 이전에 입력했던 값이 자동으로 채워진다.

폼이 제출됐을 때, POST로 넘겨진 데이터를 처리하는 라우트에 CSRF 필터를 추가했고, 사용자가 입력한 값은 검증과정을 거친다. 검증을 통과하면 User 모델의 인스턴스를 만들고 그 폼을 통해 입력한 데이터 값으로 필드를 채운다. 패스워드는 Hash::make()를 사용해서 안전하게 저장한다. 관리자 필드는 불 값이므로 체크박스가 체크되었는지를 검사해서 체크된 경우라면 1로, 아니면 0으로 설정한다.

사용자 정보가 정상적으로 저장된 이후에는, 방금 전 만든 사용자의 아이디를 Auth::loginUsingId() 메소드에 전달해 그 사용자를 자동으로 로그인시키고, 해당 사용자의 프로파일 페이지로 이동한다.

사용자 프로파일 라우트는 Auth::check() 메소드를 실행해서 해당 사용자가 실제로 로그인했는지를 우선 알아본다. 로그인하지 않았다면 로그인 페이지로 이동할 수 있는 링크를 보여준다.

로그인 페이지에는 이메일 아이디와 패스워드를 입력하는 간단한 폼이 있다. 사용자가 해당 로그인 폼을 제출하면 그 두 개의 입력 값을 배열에 넣고

`Auth::attempt()` 메소드에 전달한다. 이 메소드는 자동으로 패스워드를 해시하고, 데이터베이스에서 사용자 정보를 찾는다. 해당 사용자 정보가 발견되면, Auth 클래스는 세션을 설정하고 그 사용자 자신의 프로파일 페이지로 이동시킨다.

로그인하지 않은 사용자가 secured 라우트에 접속하면 시스템은 그 사용자를 로그인 페이지로 이동시킨다. 라라벨의 `Redirect::intended()` 메소드를 사용하면 사용자가 로그인한 후, 원래 접속하려고 했던 페이지로 이동할 수 있다.[2]

'Auth 라이브러리 설치와 설정' 절을 참고하자.

로그인한 사용자의 정보를 가져와 변경

사용자가 로그인한 뒤에는 그 사용자에 대한 정보를 가져와야 한다. 이 해법에서는 이러한 정보를 어떻게 가져올 수 있는지 살펴본다.

이 해법은 'Auth 라이브러리 설치와 설정' 절과 '인증 시스템 생성' 절에서 작성한 코드를 기본 근간으로 사용한다.

이 해법을 완성하려면 다음 절차를 따른다.

  1. 프로파일 라우트를 아래 코드로 변경한다.

---

2 Redirect::intended()의 사용법은 '페이지 접근 제한' 절에서 자세히 설명한다. _ 옮긴이

```
Route::get('profile', function()
{
  if (Auth::check())
  {
    return View::make('profile')->with('user',Auth::user());
  }
  else
  {
    return Redirect::to('login')->with('login_error',
      'You must login first.');
  }
});
```

2. app/views 디렉터리 안에, profile.php라는 파일을 만들고 프로파일 뷰를
   추가한다.

```
<?php echo Session::get('notify') ? "<p style='color:green'>" .
  Session::get('notify') . "</p>" : "" ?>
<h1>Welcome <?php echo $user->name ?></h1>
<p>Your email: <?php echo $user->email ?></p>
<p>Your account was created on: <?php echo $user->created_at ?></p>
<p><a href="<?= URL::to('profile-edit') ?>">Edit your
  information</a></p>
```

3. 사용자 정보 변경 폼을 위한 라우트를 만든다.

```
Route::get('profile-edit', function()
{
  if (Auth::check())
  {
    $user = Input::old() ? (object) Input::old() : Auth::user();
    return View::make('profile_edit')->with('user',$user);
  }
});
```

4. 사용자 정보 변경 폼을 위한 뷰를 만든다.

```php
<h2>Edit User Info</h2>
<?php $messages = $errors->all('<p style="color:red">:message</p>')
?>
<?php foreach ($messages as $msg): ?>
  <?= $msg ?>
<?php endforeach; ?>
<?= Form::open() ?>
<?= Form::label('email', 'Email address: ') ?>
<?= Form::text('email', $user->email) ?>
<br>
<?= Form::label('password', 'Password: ') ?>
<?= Form::password('password') ?>
<br>
<?= Form::label('password_confirm', 'Retype Password: ') ?>
<?= Form::password('password_confirm') ?>
<br>
<?= Form::label('name', 'Name: ') ?>
<?= Form::text('name', $user->name) ?>
<br>
<?= Form::submit('Update!') ?>
<?= Form::close() ?>
```

5. 사용자 정보 변경 폼을 처리할 라우트를 만든다.

```php
Route::post('profile-edit', function()
{
  $rules = array(
    'email'    => 'required|email',
    'password' => 'same:password_confirm',
    'name'     => 'required'
  );
  $validation = Validator::make(Input::all(), $rules);

  if ($validation->fails())
  {
    return Redirect::to('profile-edit')->withErrors($validation)
      ->withInput();
```

```
    }
    $user = User::find(Auth::user()->id);
    $user->email = Input::get('email');
    if (Input::get('password')) {
      $user->password = Hash::make(Input::get('password'));
    }
    $user->name = Input::get('name');
    if ($user->save())
    {
      return Redirect::to('profile')->with('notify','Information updated');
    }
    return Redirect::to('profile-edit')->withInput();
});
```

예제 분석

사용자 정보를 가져와서 사용자 스스로 그 내용을 변경할 수 있게 만들려면, 프로파일 라우트를 다시 만들어야 한다. 이 예제에서는, 프로파일 뷰를 만들고 Auth::user()를 $user 변수 안에 넣어 그 뷰로 전달했다. 프로파일 뷰 파일 안에서는 전달받은 정보만 보여 주고, 사용자가 자기 정보를 변경할 수 있는 페이지 링크를 생성한다.

사용자 프로파일 변경 페이지는, 우선 사용자가 로그인했는지 검사한다. 로그인한 상태라면 $user 변수를 설정해야 하는데, 사용자 프로파일 변경 시 검증 오류가 발생하면 Input:old()를 이용해서 그 변경 폼을 다시 출력해야 하므로 일단 Input:old()에 값이 들어있는지를 검사한다. 값이 들어있지 않다면 분명 해당 페이지를 처음으로 방문한 경우이기에 Auth::user()를 사용해 $user 변수 값을 설정하고, 값이 들어 있다면 그 값을 객체형으로 형변환cast해서 $user 변수 값을 설정한다. 입력 값은 배열 형태로 전달되기 때문이다.

사용자 정보 변경 페이지 뷰는 사용자 등록 폼과 상당히 비슷하다. 다른 점이 있다면 로그인한 경우, 해당 폼에 사용자 정보가 미리 채워진다는 점이다.

변경 폼을 제출하면, 검증 단계를 거친다. 검증에 통과되면 Auth::user() 안에 저장된 사용자 ID값과 `User::find()`를 사용해서 데이터베이스로부터 해당 사용자 정보를 가져온다. 그런 다음 사용자가 폼을 통해 입력한 값으로 사용자 객체의 내용을 변경한다. 패스워드 필드의 경우에 그 값이 비어있다면 사용자가 변경을 원하지 않는다고 가정할 수 있으므로 패스워드는 어떤 값을 입력했을 때만 변경해주면 된다.

그런 다음에 마지막으로 사용자 정보를 데이터베이스에 저장하고, 해당 사용자를 자신의 프로파일 페이지로 옮긴다.

부연 설명

실무에서는, 사용자 데이터베이스의 이메일 주소 값이 유일해야만 한다. 따라서 이 해법의 경우, 데이터베이스에 저장하기 전에 사용자 테이블을 검사해 사용자가 새로 입력한 이메일 주소가 이미 사용중인 이메일인지 여부를 확인하는 부분을 추가해야 할지를 생각해야 한다.

참고 사항

'인증 시스템 생성' 절을 참고하자.

페이지 접근 제한

이 해법에서는 애플리케이션의 다양한 페이지들로의 접근을 어떻게 제한할 수 있는지 알아 본다. 이런 방식으로 정확한 사용자명과 비밀번호를 입력한 사용자들만 특정 페이지들을 볼 수 있게 할 수 있다.

준비

이 해법은 'Auth 라이브러리 설치와 설정' 절과 '인증 시스템 생성' 절에서 작성한 코드를 기본 줄기로 사용한다.

예제 구현

이 해법을 완성하려면 다음 절차를 따른다.

1. app/filters.php 파일 안에 로그인한 사용자인가를 검사하는 필터를 생성한다. 라라벨이 기본으로 제공하는 auth 필터면 충분하다.

```
Route::filter('auth', function()
{
  if (Auth::guest()) return Redirect::guest('login');
});
```

2. app/filters.php 파일 안에 해당 사용자가 관리자인지 검사하는 필터를 추가한다.

```
Route::filter('auth_admin', function()
{
  if (Auth::guest()) return Redirect::guest('login');
  if (Auth::user()->admin != TRUE)
    return Redirect::to('restricted');
});
```

3. 로그인한 사용자만 볼 수 있는 페이지로 향하는 라우트를 만든다.

```
Route::get('restricted', array('before' => 'auth', function()
{
  return 'This page is restricted to logged-in users!
    <a href="admin">Admins Click Here.</a>';
}));
```

4. 관리자만 볼 수 있는 페이지로 향하는 라우트를 만든다.

```
Route::get('admin', array('before' => 'auth_admin',function()
{
  return 'This page is restricted to Admins only!';
}));
```

필터는 라라벨의 아주 강력한 기능이며 다양한 업무에 간단히 적용시킬 수
있다. 라라벨이 기본으로 제공하는 auth 필터는 사용자의 로그인 여부를 검
사해서, 아닐 경우에 해당 사용자를 로그인 페이지로 이동시킨다. 이 예제의
restricted 라우트는 해당 라우트 콜백함수가 실행되기 전 auth 필터가 동작
하게 만들었다.

auth_admin 필터는 사용자가 로그인했는지 여부를 검사하는 것 이외에 관리
자인지를 추가로 검사해, 관리자가 아닌 경우에 관리자만 볼 수 있는 페이지
가 아니라 일반 로그인한 사용자만 볼 수 있는 페이지로 이동시킨다.

HybridAuth 패키지로 OAuth를 설정

애플리케이션에 사용자의 비밀번호를 저장하고 싶지 않을 때가 있을 수 있다.
그런 경우에 OAuth가 인기있는 대안으로 사용되고 있는데, 이를 이용하면 페
이스북이나 트위터처럼 제3자가 제공하는 인증 서비스로 사용자를 인증할 수
있다.

이 해법에는 라라벨의 기본 설치와 artisan 명령어를 사용할 수 있도록 명령 행
인터페이스를 사용할 수 있는 환경이 필요하다.

이 해법을 완성하려면 다음 절차를 따른다.

1. 애플리케이션의 composer.json 파일을 열어서 require 부분에 HybridAuth 패키지를 다음처럼 추가한다.

```
require": {
  "laravel/framework": "4.0.*",
  "hybridauth/hybridauth": "dev-master"
},
```

2. 명령 행 인터페이스에서 다음처럼 콤포저 업데이트 명령을 실행한다.

```
php composer.phar update
```

3. app/config 디렉터리 안에서 oauth.php라는 파일을 생성하고 다음 내용을 입력한다.

```php
<?php
return array(
  "base_url"   => "http://{example.app}/oauth/auth",
  "providers"  => array (
    "OpenID" => array ("enabled" => true),
    "Facebook" => array (
      "enabled" => TRUE,
      "keys"    => array ("id" => "APP_ID",
        "secret"=> "APP_SECRET"),
      "scope"   => "email",
    ),
    "Twitter" => array (
      "enabled" => true,
      "keys"    => array ("key" => "CONSUMER_KEY",
        "secret" => "CONSUMER_SECRET")
    ),
    "LinkedIn" => array (
      "enabled" => true,
```

```
        "keys"    => array ("key" => "APP_KEY",
          "secret"=> "APP_SECRET")
      )
    )
  );
```

HybridAuth 패키지를 composer.json 파일에 추가하고, 콤포저 업데이트 명령을 실행하면 해당 패키지와 필요한 모든 연관 파일dependency이 자동으로 내려받아지고 설치된다. 해당 패키지가 설치가 된 이후에는 애플리케이션 내의 어디에서든지 그 라이브러리를 사용할 수 있다.

다음에 해야 할 일은 이 패키지를 위한 설정 파일을 만드는 것이다. 설정 파일의 내용은 해당 인증 서비스 제공 사이트가 사용자를 돌려보낼 URL을 설정하는 것으로 시작한다. 이 URL은 HybridAuth를 실행해 실질적 인증을 행할 라우트나 컨트롤러의 주소로 연결되어야만 한다. 마지막으로 인증 서비스를 제공받을 사이트로부터 그 인증 서비스 이용을 위해 부여받은 토큰 키 정보를 추가해야 한다. 이 패키지가 지원하는 인증 서비스 제공 사이트들의 전체 리스트는 HybridAuth 사이트인 http://hybridauth.sourceforge.net/userguide.html에서 찾아 볼 수 있다.

OpenID로 로그인

애플리케이션에서 사용자의 패스워드를 저장하고 싶지 않다면 OAuth와 OpenID 같은 제3자 제공 인증 서비스를 사용할 수 있다. 이 해법에서는 사용자를 로그인시키기 위해서 OpenID를 사용한다.

이 해법에는 HybridAuth 패키지의 설치가 필요하며, 해당 패키지는 'HybridAuth 패키지로 OAuth를 설정' 절의 내용처럼 설정을 해놓아야 한다.

이 해법을 완성하려면, 다음 절차를 따른다.

1. app/config 디렉터리 안에 openid_auth.php라는 파일을 만든다.

```php
<?php
return array(
  "base_url"   => "http://{example.app}/openid/auth",
  "providers"  => array (
    "OpenID" => array ("enabled" => TRUE)
  )
);
```

2. app/routes.php 파일 안에 로그인 폼을 보여 줄 라우트를 만든다.

```php
Route::get('login', function()
{
  return View::make('login');
});
```

3. app/views 디렉터리 안에 login.php라는 새로운 뷰를 만든다.

```html
<!DOCTYPE html>
<html>
  <head>
    <title>Laravel Open ID Login</title>
    <meta charset="utf-8">
  </head>
  <body>
    <h1>OpenID Login</h1>
```

```
<?= Form::open(array('url' => 'openid', 'method' =>'POST')) ?>
<?= Form::label('openid_identity', 'OpenID') ?>
<?= Form::text('openid_identity', Input::old('openid_identity')) ?>
<br>
<?= Form::submit('Log In!') ?>
<?= Form::close() ?>
</body>
</html>
```

4. app/routes.php 안에 인증을 행하는 라우트를 만든다.

```
Route::any('openid/{auth?}', function($auth = NULL)
{
  if ($auth == 'auth') {
    try {
      Hybrid_Endpoint::process();
    } catch (Exception $e) {
      return Redirect::to('openid');
    }
    return;
  }

  try {
    $oauth = new Hybrid_Auth(app_path(). '/config/openid_auth.php');
    $provider = $oauth->authenticate('OpenID',
      array('openid_identifier' =>Input::get('openid_identity')));
    $profile = $provider->getUserProfile();
  }
  catch(Exception $e) {
    return $e->getMessage();
  }
  echo 'Welcome ' . $profile->firstName . ' ' . $profile->lastName . '<br>';
  echo 'Your email: ' . $profile->email . '<br>';
  dd($profile);
});
```

HybridAuth 라이브러리를 위한 설정 파일을 만드는 것부터 시작한다. URL을 사용자가 인증 후에 이동할 주소로 설정하고, OpenID를 활성화한다.

다음으로 라우트와 뷰를 만들어서 사용자가 OpenID 서비스 제공자의 URL주소를 입력할 폼을 출력하는데, 많은 사람들이 구글 OpenID의 URL주소를 선호하므로 여기에서도 https://www.google.com/accounts/o8/id의 값을 입력할 것을 권장한다. 아니면 해당 폼 안에 아예 히든hidden 필드 값으로 이 URL주소 값을 설정하는 방법도 고려할 만하다.

폼을 제출하면, 사용자가 입력한 OpenID 사이트의 인증 시스템으로 이동하고, 해당 사이트에서 인증을 마치면 사용자가 원래 접속하려는 사이트로 돌아간다. 그러면 그곳에서 사용자의 이름과 이메일 주소 등 OpenID 인증을 제공하는 서비스로부터 받은 모든 정보를 볼 수 있다.

OpenID가 제공하는 내용에 대한 더 상세한 정보는 http://openid.net/developers/specs/을 참고한다.

페이스북으로 로그인

애플리케이션에서 사용자 정보와 패스워드 정보를 저장하는 것에 신경 쓰고 싶지 않다면 OAuth를 사용해서 그 밖의 외부 서비스를 통해 인증할 수 있다. 가장 인기 있는 방법 중 하나가 페이스북을 이용해 로그인하는 것이다. 라라벨과 HybridAuth 라이브러리를 사용하면 페이스북의 OAuth 인증을 쉽게 구현할 수 있다.

이 해법에는 HybridAuth 패키지의 설치가 필요하며, 해당 패키지는 'HybridAuth 패키지로 OAuth를 설정' 절의 내용처럼 설정을 해놓아야 한다.

이 해법을 완성시키려면, 다음 절차가 필요하다.

1. https://developers.facebook.com에서 새로운 페이스북 앱을 생성한다.

2. 페이스북 개발자 페이지에서 새로 생성한 앱의 앱 아이디App ID와 앱 보안 키App Secret Key를 발급받은 다음, app/config 디렉터리 안에 fb_auth.php 라는 파일을 만들고 그 내용을 입력한다.

```php
<?php
return array(
  "base_url" => "http://{example.app}/fbauth/auth",
  "providers" => array (
    "Facebook" => array (
      "enabled"  => TRUE,
      "keys" => array ("id" => "APP_ID", "secret" =>"APP_SECRET"),
      "scope" => "email"
    )
  )
);
```

3. app/routes.php에 페이스북 로그인 버튼을 위한 라우트를 만든다.

```php
Route::get('facebook', function()
{
    return "<a href='fbauth'>Login with Facebook</a>";
});
```

4. 로그인 정보를 처리하고 결과를 출력할 라우트를 만든다.

```
Route::get('fbauth/{auth?}', function($auth = NULL)
{
  if ($auth == 'auth') {
    try {
      Hybrid_Endpoint::process();
    } catch (Exception $e) {
      return Redirect::to('fbauth');
    }
    return;
  }

  try {
    $oauth = new Hybrid_Auth(app_path(). '/config/fb_auth.php');
    $provider = $oauth->authenticate('Facebook');
    $profile = $provider->getUserProfile();
  }
  catch(Excexption $e) {
    return $e->getMessage();
  }
  echo 'Welcome ' . $profile->firstName . ' '. $profile->lastName . '<br>';
  echo 'Your email: ' . $profile->email . '<br>';
  dd($profile);
});
```

예제 분석

페이스북 개발자 페이지에서 API를 사용할 수 있게 앱 아이디와 앱 보안 키를 발급받은 후, 그 정보와 콜백 URL 값을 가지고 설정 파일을 만든다. 이와 더불어 scope 값도 설정 파일 내에 전달해야 하는데, 이는 사용자로부터 허락을 받아야만 하는 정보를 원하는 경우, 해당 정보를 위한 추가적인 퍼미션permission 내용이다. 이 예제에서는 사용자의 이메일 주소만을 추가적으로 더 받겠다고 설정했다.

페이스북 로그인 페이지는 페이스북 인증처리를 하는 라우트로의 간단한 링크이다. 링크를 클릭한 사용자는 페이스북 사이트로 이동해서 로그인을 하고 접속한 사이트에서 페이스북 로그인 기능을 사용하게 승인한다. 그러면 사용자는 그 사이트의 `fbauth` 라우트로 다시 되돌아간다. 이 예제에서는 페이스북에서 반환받은 정보를 화면에 뿌려주기만 하지만 실무에서는 대부분, 해당 정보를 데이터베이스에 저장한다.

부연 설명

로컬 컴퓨터에서 MAMP나 WAMP를 이용해 테스트할 때, 페이스북은 콜백 URL로 로컬호스트localhost를 사용할 수 있다.

트위터로 로그인

애플리케이션에서 사용자 정보와 비밀번호 정보 저장에 신경쓰고 싶지 않다면 OAuth를 사용해서 그 밖의 외부 서비스를 통해 인증할 수 있다. 트위터는 로그인을 위해 이용하는 인기있는 사용자 인증 서비스다. 라라벨과 HybridAuth 라이브러리를 사용하면 트위터 OAuth 인증을 쉽게 구현할 수 있다.

준비

이 해법에는 HybridAuth 패키지의 설치가 필요하며, 해당 패키지는 'HybridAuth 패키지로 OAuth를 설정' 절의 내용처럼 설정을 해놓아야 한다.

예제 구현

이 해법을 완성하려면 다음 절차를 따른다.

1. https://dev.twitter.com/apps에서 새로운 트위터 앱을 생성한다.

2. 트위터 개발자 페이지에서 사용자 키Consumer Key와 사용자 비밀번호 Consumer Secret를 발급받은 다음, app/config 디렉터리 안에 tw_auth.php라

는 파일을 만들고 그 내용을 입력한다.

```php
<?php
return array(
  "base_url"  => "http://{example.app}/twauth/auth",
  "providers" => array (
    "Twitter" => array (
      "enabled" => true,
      "keys"    => array ("key" => "CONSUMER_KEY",
                          "secret" => "CONSUMER_SECRET")
    )
  )
);
```

3. app/routes.php에 트위터 로그인 버튼을 위한 라우트를 만든다.

```php
Route::get('twitter', function()
{
  return "<a href='twauth'>Login with Twitter</a>";
});
```

4. 트위터 로그인 정보를 처리할 라우트를 만든다.

```php
Route::get('twauth/{auth?}', function($auth = NULL)
{
  if ($auth == 'auth') {
    try {
      Hybrid_Endpoint::process();
    } catch (Exception $e) {
      return Redirect::to('twauth');
    }
    return;
  }

  try {
    $oauth = new Hybrid_Auth(app_path(). '/config/tw_auth.php');
    $provider = $oauth->authenticate('Twitter');
```

```
      $profile = $provider->getUserProfile();
    }
    catch(Exception $e) {
      return $e->getMessage();
    }
    echo 'Welcome ' . $profile->displayName . '<br>';
    echo 'Your image: <img src="' . $profile->photoURL. '">';
    dd($profile);
});
```

예제 분석

트위터 개발자 페이지에서 API를 사용할 수 있게 사용자 키와 사용자 비밀번호를 부여 받은 후, 그 정보와 콜백 URL 값을 가지고 설정 파일을 만든다.

그런 다음 트위터 로그인 뷰를 만드는데 이 뷰는 트위터 인증 처리를 하는 라우트를 가리키는 간단한 링크이다. 링크를 클릭한 사용자는 트위터 사이트로 이동해서 로그인을 하고 접속한 사이트에서 트위터 로그인 기능을 사용하게 승인한다. 그러면 사용자는 그 사이트의 twauth 라우트로 다시 되돌아간다. 이때, 트위터 계정 이름과 트위터 아이콘 정보 등을 받는다.

이 예제에서는 반환받은 정보를 화면에 뿌려주기만 하지만 실무에서는 대부분, 해당 정보를 데이터베이스에 저장한다.

부연 설명

MAMP나 WAMP 등을 이용해 로컬 컴퓨터에서 테스팅하는 경우, 트위터는 콜백 URL로 로컬호스트를 사용할 수 없다. 대신에 127.0.0.1 주소를 사용하면 된다.

링크드인으로 로그인

애플리케이션에서 사용자 정보와 패스워드 정보를 저장하는 것에 신경 쓰고 싶지 않다면 OAuth를 사용해서 그 밖의 외부 서비스를 통해 인증할 수 있다. 링크드인은 로그인을 위해 이용하는, 특히나 비즈니스 애플리케이션에서, 인기 있는 사용자 인증 서비스다. 라라벨과 HybridAuth 라이브러리를 사용하면 링크드인 OAuth 인증을 쉽게 구현할 수 있다.

준비

이 해법에는 HybridAuth 패키지의 설치가 필요하며, 해당 패키지는 'HybridAuth 패키지로 OAuth를 설정' 절의 내용처럼 설정을 해놓아야 한다.

예제 구현

이 해법을 완성하려면 다음 절차를 따른다.

1. http://www.linkedin.com/secure/developer에서 새로운 링크드인 앱을 생성한다.

2. 링크드인 개발자 페이지에서 앱 아이디App ID와 앱 보안 키App Secret Key를 발급받은 다음, app/conifg 디렉터리 안에 li_auth.php라는 파일을 만들고 그 내용을 입력한다.

```php
<?php
return array(
  "base_url"   => "http://{example.app}/liauth/auth",
  "providers"  => array (
    "LinkedIn" => array (
      "enabled" => true,
      "keys"    => array ("key" => "API_KEY","secret" =>
         "SECRET_KEY")
    )
  )
);
```

3. app/routes.php 안에 링크드인 로그인 버튼을 위한 라우트를 만든다.

```php
Route::get('linkedin', function()
{
    return "<a href='liauth'>Login with LinkedIn</a>";
});
```

4. 링크드인 로그인 정보를 처리할 라우트를 만든다.

```php
Route::get('liauth/{auth?}', function($auth = NULL)
{
  if ($auth == 'auth') {
    try {
      Hybrid_Endpoint::process();
    } catch (Exception $e) {
      return Redirect::to('liauth');
    }
    return;
  }

  try {
    $oauth = new Hybrid_Auth(app_path(). '/config/li_auth.php');
    $provider = $oauth->authenticate('LinkedIn');
    $profile = $provider->getUserProfile();
  }
  catch(Exception $e) {
    return $e->getMessage();
  }
  echo 'Welcome ' . $profile->firstName . ' ' . $profile->lastName . '<br>';
  echo 'Your email: ' . $profile->email . '<br>';
  echo 'Your image: <img src="' . $profile->photoURL . '">';
  dd($profile);
});
```

링크드인 개발자 페이지에서 API를 사용할 수 있게 앱 아이디와 앱 비밀번호를 부여받은 후, 그 정보와 콜백 URL 값을 가지고 설정 파일을 만든다.

그런 다음 링크드인 로그인 뷰를 만드는데 이 뷰는 링크드인 인증처리를 하는 라우트로의 간단한 링크이다. 링크를 클릭한 사용자는 링크드인 사이트로 이동해서 로그인을 하고 접속한 사이트에서 링크드인 로그인 기능을 사용하게 승인한다. 그러면 사용자는 그 사이트의 `liauth` 라우트로 다시 되돌아간다. 이때, 사용자의 성, 이름, 이메일 아이디, 아바타 정보 등을 받는다.

이 예제에서는 반환받은 정보를 화면에 뿌려주기만 하지만 실무에서는 대부분, 해당 정보를 데이터베이스에 저장한다.

4
데이터 저장과 사용

4장에서 다룰 내용은 다음과 같다.

- 마이그레이션과 스키마를 사용한 데이터 테이블 생성
- Raw SQL 문을 사용한 질의
- Fluent를 사용한 질의
- Eloquent ORM을 사용한 질의
- 모델 내에서 자동 인증 기능 사용
- Relationship을 이용한 고급 Eloquent 기능 사용
- CRUD 시스템 생성
- Eloquent를 사용해 CSV 자료 불러오기
- 데이터 소스로 RSS 사용
- 속성을 사용한 테이블 칼럼 이름 변경
- 라라벨에서 Eloquent 이외의 ORM 사용

소개

모든 웹 애플리케이션의 주요 근간 중 하나는 데이터를 사용하고 다루는 것이다. 라라벨은 데이터베이스와 상호 작용하고 그 정보를 출력하는 다양하고 간편한 방법을 제공한다. 4장에서는 간단한 데이터베이스 사용법을 시작으로, CSV나 RSS 등 데이터베이스 이외의 데이터 소스를 사용하는 법, 라라벨 애플리케이션을 위한 몇 가지 맞춤형 조정customization 방법 등을 살펴본다.

마이그레이션과 스키마를 사용한 데이터 테이블 생성

라라벨을 사용하면 마이그레이션과 스키마 빌더 기능을 이용해서 데이터 모델을 쉽게 만들 수 있다. 이 해법에서는 라라벨이 데이터 모델을 만들기 위해 제공하는 기본적 기능들을 살펴본다.

준비

이 해법에는 라라벨의 표준 설치가 필요하며, 데이터베이스 설정 파일 안에 MySQL 데이터베이스를 사용하는 데 필요한 설정을 정확히 해야 한다.

예제 구현

이 해법을 완성하려면 다음 절차를 따른다.

1. artisan이라는 명령 행 명령을 실행해 migrations 테이블을 생성하고 설치한다.

   ```
   php artisan migrate:install
   ```

2. 마이그레이션을 생성해서 새로운 테이블을 만들기 위한 스키마 코드를 추가한다.

   ```
   php artisan migrate:make create_shows_table
   ```

3. app/database/migrations 디렉터리 안에서 2014_01_01_222551_create_ shows_table.php와 유사한 이름의 파일을 찾는다. 이 파일 안에, 테이블 을 만들고 칼럼들을 생성시키기 위한 스키마를 추가한다.

```php
class CreateShowsTable extends Migration {
  /**
   * Make changes to the database.
   *
   * @return void
   */
  public function up()
  {
    Schema::create('shows', function($table)
    {
      $table->increments('id');
      $table->string('name', 140);
      $table->integer('rating')->nullable();
      $table->timestamps();
    });
  }

  /**
   * Revert the changes to the database.
   *
   * @return void
   */
  public function down()
  {
    Schema::drop('shows');
  }
}
```

4. artisan 마이그레이션 명령을 실행해 데이터베이스에 해당 테이블을 추가 한다.

```
php artisan migrate
```

5. 또 다른 마이그레이션을 생성해서 shows 테이블에 필요한 칼럼을 추가할
   수 있게 준비한다.

   php artisan migrate:make add_actor_to_shows_table

6. app/database/migrations 디렉터리 안에서 2014_01_01_222551_add_
   actor_to_shows_table.php와 유사한 이름의 파일을 찾는다. 이 파일 안에
   shows 테이블에 추가할 actor 칼럼을 스키마에 넣는다.

```php
class AddActorToShowsTable extends Migration {

  /**
   * Make changes to the database.
   *
   * @return void
   */
  public function up()
  {
    Schema::table('shows', function($table)
    {
      $table->string('actor')->nullable();
    });
  }

  /**
   * Revert the changes to the database.
   *
   * @return void
   */
  public function down()
  {
    Schema::table('shows', function($table)
    {
      $table->drop_column('actor');
    });
  }
}
```

7. 명령 행에서 artisan 마이그레이션 명령을 실행해 해당 테이블을 변경한
   다.

```
php artisan migrate
```

예제 분석

우선 라라벨의 artisan이라는 명령 행 도구를 사용해서 migrations 테이블을
생성하는 명령을 실행한다. 이 테이블을 이용하면 사용자가 만드는 스키마 변
화와 모든 마이그레이션을 추적할 수 있다. 그런 다음에 artisan 명령을 사용해
마이그레이션 파일을 만들고 shows 테이블 생성을 위한 스키마를 넣는다.

이 스키마는 간단한 shows 테이블을 만드는데, 이 테이블에는 텔레비전 쇼 리
스트와 시청자 평가 점수 등의 정보가 있다. 프로그램 이름을 문자열string로 설
정하고, 평가 점수를 정수integer로 설정했다. 그리고 타임스탬프를 만드는 라라
벨의 기본 메커니즘을 사용해 created_at과 updated_at 필드를 생성했다. 이
렇게 마이그레이션을 만들어 실행하면 해당 shows 테이블이 만들어진다.

이미 존재하는 테이블에 칼럼을 추가하거나 변경해야 하는 경우에 artisan 명
령을 사용해서 그 밖의 마이그레이션 파일만 생성하면 된다. 이 예제에서는
등장인물의 이름을 위한 칼럼을 추가해 본다. 새롭게 생성된 마이그레이션 파
일의 스키마에는 우리가 이미 존재하는 테이블 이름을 넣고, 거기에 새로운
칼럼을 추가한다.[1] artisan 마이그레이션을 다시 실행하면, 해당 데이터베이스
의 테이블 내용이 변경된다.

부연 설명

라라벨 artisan CLI(command line interface)의 몇 가지 스위치를 사용하면 추가적인

---

1 테이블을 생성하는 마이그레이션에서는 Schema::create() 메소드를, 새로운 칼럼을 기존 테이블에 추가하는 마이그레이션
  에서는 Schema::table() 메소드를 사용한 점을 유념하자. _ 옮긴이

보일러플레이트 코드를 얻을 수 있다.[2] 예를 들어 shows 테이블을 만들 때 다음과 같은 명령을 사용할 수 있는데

```
php artisan migrate:make create_shows_table -table=shows -create
```

이 명령을 실행하면 다음과 같은 보일러플레이트 코드를 포함한 마이그레이션 파일이 만들어진다.

```php
<?php

use Illuminate\Database\Schema\Blueprint;
use Illuminate\Database\Migrations\Migration;

class CreateShowsTable extends Migration {

    /**
     * Run the migrations.
     *
     * @return void
     */
    public function up()
    {
        Schema::create('shows', function(Blueprint $table)
        {
            $table->increments('id');
            $table->timestamps();
        });
    }

    /**
     * Reverse the migrations.
     *
     * @return void
     */
```

---

2 Jeffrey Way가 만들어 배포하는 Laravel-4-Generators 패키지를 라라벨에서 사용하면 애플리케이션 개발 시간을 단축하는 데 도움이 되는 더욱 유용하고, 다양한 보일러플레이트 코드를 얻을 수 있다. 자세한 내용은 https://github.com/JeffreyWay/Laravel-4-Generators와 7장의 'Generators 패키지 사용' 절을 참고하자. _ 옮긴이

```
public function down()
{
    Schema::drop('shows');
}

}
```

Raw SQL 문을 사용한 질의

라라벨은 데이터베이스를 액세스하는 데 필요한 다양한 방법을 제공한다. 기
존에 사용하던 질의문queries이 있다거나 아주 복잡한 질의문이 필요하다면, 데
이터베이스를 액세스할 때 raw SQL 문을 사용할 수 있다.

준비

이 해법은 '마이그레이션과 스키마를 사용한 데이터 테이블 생성' 절에서 생
성한 테이블을 사용한다.

예제 구현

이 해법을 완성하려면 다음 절차를 따른다.

1. 명령 행에서 다음 명령으로 마이그레이션을 생성한다.

   php artisan migrate:make add_data_to_shows_table

2. app/database/migrations 디렉터리 안에서 2014_01_01_222551_add_
   data_to_shows_table.php와 유사한 이름의 파일을 찾고, 그 파일 안에 데
   이터를 삽입하는 raw SQL 문을 입력한다.

   ```
   class AddDataToShowsTable {

       /**
   ```

```
     * Make changes to the database.
     *
     * @return void
     */
    public function up()
    {
      $sql = 'INSERT INTO shows (name, rating, actor)
        VALUES (?, ?, ?)';
      $data1 = array('Doctor Who', '9', 'Matt Smith');
      $data2 = array('Arrested Development', '10', 'Jason Bateman');
      $data3 = array('Joanie Loves Chachi', '3', 'Scott Baio');
      DB::insert($sql, $data1);
      DB::insert($sql, $data2);
      DB::insert($sql, $data3);
    }

    /**
     * Revert the changes to the database.
     *
     * @return void
     */
    public function down()
    {
      $sql = "DELETE FROM shows WHERE name = ?";
      DB::delete($sql, array('Doctor Who'));
      DB::delete($sql, array('Arrested Development'));
      DB::delete($sql, array('Joanie Loves Chachi'));
    }
}
```

3. 명령 행에서 artisan 마이그레이션 명령을 실행해 데이터를 넣는다.

```
php artisan migrate
```

4. app/models 디렉터리 안에 Show.php라는 파일을 만들고 shows 테이블
   내용을 가져오는 메소드를 추가한다.

```
class Show {
  public function allShows($order_by = FALSE, $direction = 'ASC')
  {
    $sql = 'SELECT * FROM shows';
    $sql .= $order_by ? ' ORDER BY ' . $order_by. ' ' . $direction : '';
    return DB::select($sql);
  }
}
```

5. app/routes.php 파일 안에, 모델로부터 가져온 정보를 출력할 수 있게
   shows 라우트를 생성한다.

```
Route::get('shows', function()
{
  $shows = new Show();
  $shows_by_rating = $shows->allShows('rating', 'DESC');
  dd($shows_by_rating);
});
```

예제 분석

shows 테이블 안에서 데이터를 가져오기 위해 우선 artisan 명령 행 툴을 사용
해 마이그레이션을 생성한다. 해당 마이그레이션 파일의 up 메소드 안에, 인
자 값 세 개를 전달받는 간단한 SQL insert 문을 만든다. 그런 다음에 배열
을 세 개 생성해서 SQL 질의문에 전달할 내용을 그 인자의 순서대로 채워 넣
는다. 그런 다음에 라라벨의 DB::insert() 메소드에 SQL 질의문을 갖는 변수
와 전달할 내용이 들어있는 배열 값을 전달한다. down 메소드에는 SQL delete
문을 사용해, 텔레비전 쇼 이름으로 레코드를 찾아서 해당 레코드를 삭제하는
내용을 넣는다. 이렇게 마이그레이션을 만든 뒤 artisan 마이그레이션 명령을
실행하면 테이블에 데이터가 들어간다.

다음으로 가장 앞단frontend에서 데이터베이스와 상호 작용할 모델을 만든다.
이 모델은 shows 테이블 안의 모든 쇼를 보여 주는 하나의 메소드만 갖고 있는

데, 옵션 인자로 데이터 재정렬 방식을 지정한다.

shows 라우트에서는 Show 모델 인스턴스를 만들고 allShows() 메소드를 실행한다. 이 예제에서는 라라벨의 dd() 헬퍼 함수를 사용해 결과 데이터의 내용을 출력하고 종료시켰지만, 일반적으로 실무에서는 데이터를 뷰로 전달하고 그 뷰 안에서 루프를 돌려 결과를 출력한다.

참고 사항

'마이그레이션과 스키마를 사용한 데이터 테이블 생성' 절을 참고하자.

Fluent를 사용한 질의

라라벨은 데이터베이스를 액세스하는 방법을 다양하게 제공한다. Raw SQL 문을 쓰지 않기로 결정했다면, Fluent 질의 빌더를 사용해 조금 더 쉽게 구현할 수도 있다.

준비

이 해법에서는, '마이그레이션과 스키마를 사용한 데이터 테이블 생성' 절에서 생성한 테이블을 사용한다.

예제 구현

이 해법을 완성하려면 다음 절차를 따른다.

1. 명령 행에서 다음 명령으로 마이그레이션을 생성한다.

   ```
   php artisan migrate:make add_data_to_shows_table
   ```

2. app/database/migrations 디렉터리 안에서, 2014_01_01_222551_add_

126

data_to_shows_table.php와 유사한 이름의 파일을 찾고, 그 파일 안에서 Fluent 질의 빌더를 사용해 데이터를 삽입한다.

```php
class AddDataToShowsTable {

  /**
   * Make changes to the database.
   *
   * @return void
   */
  public function up()
  {
    $data1 = array('name' => 'Doctor Who',
      'rating' => 9, 'actor' => 'Matt Smith');
    $data2 = array('name' => 'Arrested Development',
      'rating' => 10, 'actor' => 'Jason Bateman');
    $data3 = array('name' => 'Joanie Loves Chachi',
      'rating' => 3, 'actor' => 'Scott Baio');
    DB::table('shows')->insert(array($data1, $data2,
      $data3));
  }

  /**
   * Revert the changes to the database.
   *
   * @return void
   */
  public function down()
  {
    DB::table('shows')
      ->where('name', 'Doctor Who')
      ->orWhere('name', 'Arrested Development')
      ->orWhere('name', 'Joanie Loves Chachi')
      ->delete();
  }
}
```

3. artisan 마이그레이션 명령을 실행해 데이터를 넣는다.

```
php artisan migrate
```

4. app/models 디렉터리 안에 Show.php라는 파일을 만들고 shows 테이블
   내용을 가져오는 메소드를 추가한다.

```
class Show {
  public function allShows($order_by = FALSE,$direction = 'ASC')
  {
    $shows = DB::table('shows');
    return $order_by ? $shows->order_by($order_by,
        $direction)->get() : $shows->get();
  }
}
```

5. app/routes.php 파일 안에 모델로부터 가져온 정보를 출력할 수 있게
   shows 라우트를 생성한다.

```
Route::get('shows', function()
{
$shows = new Show();
$shows_by_rating = $shows->allShows('rating', 'DESC');
dd($shows_by_rating);
});
```

예제 분석

shows 테이블에서 데이터를 가져오려면 우선 artisan 명령 행 도구를 사용해
마이그레이션을 생성한다. 해당 마이그레이션 파일의 up 메소드 안에, 키$_{key}$는
테이블의 칼럼 이름이고 값$_{value}$은 해당 내용으로 된 배열을 세 개 만든다. 이
배열들을 한 배열 안에 넣어 Fluent의 insert 함수에 전달한다. down 메소드에
는 where()와 orWhere() 함수를 사용해 원하는 레코드를 이름으로 찾아서 삭
제한다. 이렇게 마이그레이션을 만든 뒤 artisan 마이그레이션 명령을 실행하

면 테이블에 데이터가 들어간다.

다음으로 가장 앞 쪽 단에서 데이터베이스와 상호 작용할 모델을 만든다. 이 모델은 테이블 안의 모든 쇼를 보여줄 하나의 메소드만 갖고 있는데, 옵션 인자로 데이터 재정렬 방식을 지정한다.

shows 라우트에서는 Show 모델 인스턴스를 만들고 allShows() 메소드를 실행한다. 이 예제에서는 라라벨의 dd() 헬퍼 함수를 사용해 결과 데이터를 출력했지만, 이전 예제의 설명과 마찬가지로 실무에서는 대개 뷰를 만들어서 데이터를 전달하고 그 뷰 안에서 루프를 돌려 결과를 출력한다.

부연 설명

http://laravel.com/docs/queries에 있는 라라벨 문서파일 Query Builder 편을 보면, 더 많은 Fluent 메소드에 대한 설명을 볼 수 있다.

참고 사항

'마이그레이션과 스키마를 사용한 데이터 테이블 생성' 절을 참고하자.

Eloquent ORM을 사용한 질의

라라벨은 데이터베이스와 연동하는 방법을 다양하게 제공한다. 그 중 가장 쉬운 방법이 Eloquent ORM인데, 이 ORM은 간편하면서도 직관적으로 데이터를 다룰 수 있는 기능을 제공한다.

준비

이 해법은 '마이그레이션과 스키마를 사용한 데이터 테이블 생성' 절에서 생성한 테이블을 사용한다.

이 해법을 완성하려면 다음 절차를 따른다.

1. 명령 행에서 다음 명령으로 마이그레이션을 생성한다.

   php artisan migrate:make add_data_to_shows_table

2. app/database/migrations 디렉터리 안에서 2014_01_01_222551_add_
   data_to_shows_table.php와 유사한 이름의 파일을 찾는다. 그 파일 안에
   서 Fluent 질의 빌더를 사용해 데이터를 삽입한다.

```
class AddDataToShowsTable {

  /**
   * Make changes to the database.
   *
   * @return void
   */
  public function up()
  {
    $data1 = array('name' => 'Doctor Who',
      'rating' => 9, 'actor' => 'Matt Smith');
    $data2 = array('name' => 'Arrested Development',
      'rating' => 10, 'actor' => 'Jason Bateman');
    $data3 = array('name' => 'Joanie Loves Chachi',
      'rating' => 3, 'actor' => 'Scott Baio');
    DB::table('shows')->insert(array($data1, $data2,
      $data3));
  }

  /**
   * Revert the changes to the database.
   *
   * @return void
   */
  public function down()
```

```
{
    DB::table('shows')
        ->where('name', 'Doctor Who')
        ->orWhere('name', 'Arrested Development')
        ->orWhere('name', 'Joanie Loves Chachi')
        ->delete();
    }
}
```

3. artisan 마이그레이션 명령을 실행해 데이터를 넣는다.

php artisan migrate

4. app/models 디렉터리 안에 Show.php라는 파일을 만들어서 Eloquent 클래스를 확장한 Show 클래스를 만든다.

```
class Show extends Eloquent{
    public function getTopShows() {
        return $this->where('rating', '>', 5)->orderBy('rating',
            'DESC')->get();
    }
}
```

5. app/routes.php라는 파일 안에, 모델로부터 가져온 정보를 출력할 수 있게 shows 라우트를 생성한다.

```
Route::get('shows', function()
{
    $shows = Show::all();
    echo '<h1>All Shows</h1>';
    foreach ($shows as $show)
    {
        echo $show->name . ' - ' . $show->rating . ' - '
            . $show->actor . '<br>';
    }

    $show_object = new Show();
```

```
$top_shows = $show_object->getTopShows();
echo '<h1>Top Shows</h1>';
foreach ($top_shows as $top_show)
{
  echo $top_show->name . ' - ' . $top_show->rating
    . ' - '. $top_show->actor . '<br>';
}
});
```

예제 분석

shows 테이블에서 데이터를 가져오려면 우선 artisan 명령 행 도구를 사용해 마이그레이션을 생성한다. 해당 마이그레이션 파일의 up 메소드 안에서 키는 테이블의 칼럼 이름이고 값은 해당 내용으로 된 배열을 세 개 만든다. 이 배열들을 한 배열 안에 넣어 Fluent의 insert() 함수에 전달한다. down 메소드에는 where()와 orWhere() 함수를 사용해 원하는 레코드를 이름으로 찾아서 삭제한다. 이렇게 마이그레이션을 만든 뒤 artisan 마이그레이션 명령을 실행하면 테이블에 데이터가 들어간다.

다음, 가장 앞 쪽 단에서 데이터베이스와 상호 작용할 모델을 만든다.

이 해법을 위해서 한 일은 Eloquent 클래스를 확장한 클래스를 만든 것뿐이며, 나머지는 해당 ORM이 자동으로 알아서 처리해 준다. 여기에 추가로, 높은 평가를 받은텔레비전 쇼의 정보를 반환하는 메소드를 추가했다.

shows 라우트에서는 우선 Show ORM 객체에 all() 메소드를 실행해, $shows 변수에 모든 레코드 데이터를 넣고 루프를 돌려서 원하는 필드의 내용을 출력시킨다. 그 다음에는 Show 모델에 추가한 getTopShows() 메소드를 호출해, 평가점수가 5보다 높은 레코드들을 점수 순으로 정렬시킨, 필터링 결과 리스트를 출력한다.

이 예제에서는 라우트 안에서 모든 데이터를 출력시켰지만, 실무에서는 보통 데이터를 별도의 뷰로 전달 후 그 뷰에서 결과를 출력한다.

'마이그레이션과 스키마를 사용한 데이터 테이블 생성' 절을 참고하자.

모델 내에서 자동 인증 기능 사용

데이터베이스로 전달되는 데이터를 인증할 때 이상적으로는 검증 규칙과 오류 검사를 모델 안에 넣어야 한다. 이 해법에서는 이를 구현하는 방법 한 가지를 살펴본다.

이 해법은 MySQL 데이터베이스를 사용하게 설정된 라라벨의 표준 설치가 필요하다. 또한 artisan 명령 행 명령(php artisan migrate:install)을 실행해 migrations 테이블도 설치해야 한다.

이 해법을 완성하려면 다음 절차를 따른다.

1. 명령 행에서 다음 명령을 실행해, 간단한 users 테이블을 위한 마이그레이션을 생성한다.

   ```
   php artisan migrate:make create_users_table
   ```

2. 마이그레이션 파일 안에 스키마를 만든다. 해당 마이그레이션 파일은

app/database/migrations 디렉터리 안에 위치하며 2014_01_01_222551_ create_users_table.php와 이름이 비슷하다.

```php
class CreateUsersTable extends Migration {

  /**
   * Make changes to the database.
   *
   * @return void
   */
  public function up()
  {
    Schema::create('users', function($table)
    {
      $table->increments('id');
      $table->string('username', 100);
      $table->string('email', 100);
      $table->timestamps();
    });
  }

  /**
   * Revert the changes to the database.
   *
   * @return void
   */
  public function down()
  {
    Schema::drop('users');
  }
}
```

3. artisan 마이그레이션 명령을 실행한다.

```
php artisan migrate
```

4. app/models 디렉터리 안에 User.php라는 파일을 만든다. User.php 파일

이 그 디렉터리 안에 이미 존재한다면 다른 이름으로 바꾼다.

```php
<?php
class User extends Eloquent {

  protected $table = 'users';

  private $rules = array(
    'email' => 'required|email',
    'username' => 'required|min:6'
  );

  public function validate($input) {
    return Validator::make($input, $this->rules);
  }
}
```

5. ORM을 불러오는 라우트를 만들고 데이터를 저장한다.

```php
$user = new User();
$input = array();

$input['email'] = 'racerx@example.com';
$input['username'] = 'Short';
$valid = $user->validate($input);
if ($valid->passes()) {
  echo 'Everything is Valid!';
  // 데이터베이스에 저장
} else {
  var_dump($valid->messages());
}
```

예제 분석

간단한 users 테이블을 위한 마이그레이션을 만드는 것부터 시작한다. 이 예제의 스키마에서는 테이블 하나를 설정하는데 이 테이블은 ID, username, email주소, 기본 타임스탬프(created_at과 updated_at) 등의 필드를 지닌다. 그런 다음에 데이터베이스에 해당 테이블이 만들어지도록 artisan 마이그레이션 명령을 실행한다.

그런 다음에 Eloquent를 확장한 User 모델을 설정한다. 이 모델 안에서, 검증 규칙을 생성하고 validate() 메소드를 만든다. 검증 규칙은 $rules라는 프라이빗private 변수를 통해 지정하며, 이 변수에 검사할 규칙들을 배열 형식으로 넣는다. validate() 메소드는 라라벨의 Validator 클래스를 통해 사용자의 입력 값이 앞서 설정한 $rules 규칙에 맞는지 검사한다.

마지막으로 라우트 부분에서는 User 객체를 생성하고, 사용자가 입력한 것처럼 임의의 데이터를 만들어서 $input 배열에 집어 넣는다. 이 데이터를 저장하기 전에 입력 값을 validate() 메소드를 통해 검증하는데, 실패하면 루프를 돌면서 검증 오류 메시지를 출력하고, 성공하면 데이터베이스에 저장한다.

부연 설명

데이터를 검증할 때 모델을 이용하는 방법에는 몇 가지 방법이 또 있다. 그 중한 가지는 대부분의 검증 작업을 잘 다룰 수 있는 패키지를 사용하는 것이다. Ardent라는 훌륭한 패키지가 바로 그런 패키지들 중 하나이며, https://github.com/laravelbook/ardent에서 더 자세한 설명을 찾아 볼 수 있다.

Relationship을 이용한 고급 Eloquent 기능 사용

라라벨의 Eloquent ORM을 사용하는 장점 중 하나는 외부foreign 키와 피봇 테이블pivot table(다대다 또는 many to many 관계의 테이블 관리를 위해 사용하는 중간 테이블)을 지닌 다수의 테이블을 쉽게 다룰 수 있는 용이성이다. 이 해법에서는 모델 설정과 조인된 테이블들에 질의를 실행하는 것이 얼마나 쉽게 구현 가능한지 알아본다.

이 해법은 '마이그레이션과 스키마를 사용한 데이터 테이블 생성' 절과 '모델 내에서 자동 인증 기능 사용' 절에서 생성한 shows와 users 테이블을 사용한다.

이 해법을 완성하려면 다음 절차를 따른다.

1. 명령 행에서 다음 명령을 사용해 새로운 피봇 테이블을 위한 마이그레이션을 생성한다.

```
php artisan migrate:make create_show_user
```

2. app/database/migrations 디렉터리 안에서 마이그레이션 파일을 열어 다음 스키마를 추가한다.

```php
use Illuminate\Database\Migrations\Migration;

class CreateShowUser extends Migration {

  /**
   * Make changes to the database.
   *
   * @return void
   */
  public function up()
  {
    Schema::create('show_user', function($table)
    {
      $table->increments('id');
      $table->integer('user_id');
      $table->integer('show_id');
      $table->timestamps();
    });
  }
```

```
    /**
     * Revert the changes to the database.
     *
     * @return void
     */
    public function down()
    {
      Schema::drop('show_user');
    }
}
```

3. artisan 마이그레이션 명령을 실행한다.

   php artisan migrate

4. app/models 디렉터리 안에 User.php 파일을 생성한다.

```
class User extends Eloquent {
  public function shows()
  {
    return $this->belongsToMany ('Show');
  }
}
```

5. app/models 디렉터리 안에 Show.php 파일을 생성한다.

```
class Show extends Eloquent {
  public function users()
  {
    return $this->belongsToMany ('User');
  }
}
```

6. app/routes.php 안에 라우트를 만들어서 새로운 사용자를 추가하고 그
   사용자에게 2개의 텔레비전 쇼를 연결한다.

```
Route::get('add-show', function()
{
  // 새 사용자를 생성
  $user = new User();
  $user->username = 'John Doe';
  $user->email = 'johndoe@example.com';
  $user->save();

  // 두 쇼를 붙임
  $user->shows()->attach(1);
  $user->shows()->attach(3);

  foreach($user->shows()->get() as $show) {
    var_dump($show->name);
  }
});
```

7. view-show 라우트를 만들어서, 어떤 텔레비전 쇼에 연결된 모든 사용자
   들을 출력한다.

```
Route::get('view-show', function()
{
  $show = Show::find(1)->users;
  dd($show);
});
```

처음에 해야 할 일은 피봇 테이블을 만드는 것인데, 이 피봇 테이블은 users
테이블과 shows 테이블을 연결해주는 역할을 한다. 마이그레이션 파일의 스키
마 안에 user_id와 show_id를 위한 칼럼을 추가한다. 그런 다음 artisan 마이
그레이션 명령으로 해당 피봇 테이블을 데이터베이스 안에 설치한다.

모델을 설정하려면 다대다 관계를 반환하는 함수를 생성해야 한다. User 모델

에 shows()라는 함수를 만들었는데 이는 다대다 관계인 Show 모델을 가리킨다. Show 모델에도 users()라는 함수를 만들었는데 이는 다대다 관계인 User 모델을 가리킨다. 이러한 설정을 한 후에는, 양쪽 테이블 모두에 대한 쿼리를 쉽게 실행할 수 있다.

다음으로 새로운 사용자를 추가할 수 있게 add-show 라우트를 만든다. 새로운 사용자를 저장할 때, 그 사용자와 텔레비전 쇼와의 관계를 attach() 메소드를 사용해서 연결하는데, 이때 연결을 원하는 텔레비전 쇼의 ID를 attach() 메소드에 전달한다. 이 과정 이후에, show_user 피봇 테이블을 들여다보면 2개의 레코드가 있는 것을 볼 수 있다. 이 중 하나는 새로운 사용자 ID와 텔레비전 쇼 ID에 1이 들어있고, 그 밖의 하나는 동일한 사용자 ID와 텔레비전 쇼 ID에 3이 들어있다. 이 라우트의 마지막 부분에서, get() 메소드를 통해 받은 결과를 가지고 루프를 돌리면 해당 사용자에게 연결된 텔레비전 쇼 이름들이 출력된다.

그 다음 view-show 라우트는 텔레비전 쇼를 하나 골라서 그것에 연결된 모든 사용자 정보를 불러온다. 이 예제의 경우, ID값이 1인 텔레비전 쇼를 찾아서 그것에 연결된 모든 사용자 정보를 불러와서 라라벨의 dd() 헬퍼 함수로 결과를 출력했다.

부연 설명

데이터베이스 관계도는 상당히 복잡해질 수 있으며 이 예제에서는 우리가 할 수 있는 일 중 아주 일부만을 다뤘을 뿐이다. 여러 데이터베이스 관계에 따라 라라벨의 Eloquent ORM을 어떻게 사용할지를 조금 더 배우고 싶으면 라라벨 문서파일을 참고하자. 관련 주소는 http://laravel.com/docs/eloquent#relationships이다.[3]

---

3 라라벨 스키마 디자이너라는 흥미로운 웹사이트가 있다. 라라벨 애플리케이션 스키마의 구성을 만들거나 볼 수 있는 서비스이다. http://laravelsd.com에 방문해보자 _ 옮긴이

CRUD 시스템 생성

데이터베이스와 연동하려면 CRUD(Create, Read, Update, Delete) 시스템을 만들어야 하고, 이래야만 별도의 데이터베이스 클라이언트 없이 원하는 자료를 추가하고 수정하는 등의 업무가 가능하다. 이 해법에서는 RESTful 컨트롤러를 사용해 CRUD 시스템을 만들어 본다.

준비

이 해법은 '모델 내에서 자동 인증 기능 사용' 절에서 생성한 User 테이블을 사용한다.

예제 구현

이 해법을 완성하려면 다음 절차를 따른다.

1. app/controllers 디렉터리 안에, UsersController.php라는 파일을 만들고 다음 코드를 추가한다.

```php
<?php

class UsersController extends BaseController {

  public function getIndex()
  {
    $users = User::all();
    return View::make('users.index')->with('users',$users);
  }

  public function getCreate()
  {
    return View::make('users.create');
  }
```

```
public function postCreate()
{
  $user = new User();
  $user->username = Input::get('username');
  $user->email = Input::get('email');
  $user->save();
  return Redirect::to('users');
}

public function getRecord($id)
{
  $user = User::find($id);
  return View::make('users.record')->with('user',$user);
}

public function putRecord()
{
  $user = User::find(Input::get('user_id'));
  $user->username = Input::get('username');
  $user->email = Input::get('email');
  $user->save();
  return Redirect::to('users');
}

public function deleteRecord()
{
  $user = User::find(Input::get('user_id'))->delete();
  return Redirect::to('users');
}
}
```

2. app/routes.php 파일 안에 이 컨트롤러로의 라우트를 추가한다.

```
Route::controller('users', 'UsersController');
```

3. app/views 디렉터리 안에 users라는 디렉터리를 만들고, 다시 그 안에

index.php라는 파일을 만들어서 다음과 같은 코드 내용을 추가한다.

```html
<style>
table, th, td {
  border:1px solid #444
}
</style>
<table>
  <thead>
    <tr>
      <th>User ID</th>
      <th>User Name</th>
      <th>Email</th>
      <th>Actions</th>
    </tr>
  </thead>
  <tbody>
    <?php foreach($users as $user): ?>
      <tr>
        <td><?php echo $user->id ?></td>
        <td><?php echo $user->username ?></td>
        <td><?php echo $user->email ?></td>
        <td>
          <a href="users/record/<?php echo $user->id ?>">Edit</a>
          <form action="users/record"method="post">
            <input type="hidden" name="_method"value="DELETE">
            <input type="hidden" name="user_id"value="<?php echo
              $user->id?>">
            <input type="submit"value="Delete">
          </form>
        </td>
      </tr>
    <?php endforeach; ?>
  </tbody>
</table>
<a href="users/create">Add New User</a>
```

4. app/views/users 디렉터리 안에 create.php라는 파일을 만들고 다음과 같은 폼을 작성한다.

```
<form action="create" method="post">
  Username:<br>
  <input name="username"><br>
  Email<br>
  <input name="email"><br>
  <input type="submit">
</form>
```

5. app/views/users 디렉터리 안에 record.php라는 파일을 만들고 다음과 같은 폼을 작성한다.

```
<form action="" method="post">
  <input type="hidden" name="_method" value="put">
  <input type="hidden" name="user_id" value="<?php echo$user->id ?>">
  Username:<br>
  <input name="username" value="<?php echo $user->username ?>"><br>
  Email<br>
  <input name="email" value="<?php echo $user->email?>"><br>
  <input type="submit">
</form>
```

예제 분석

컨트롤러 안의 각 메소드 이름 앞에는 사용할 HTTP 동사를 붙인다. 그런 다음, 라우트(app/routes.php) 파일 안에 해당 컨트롤러를 추가해서 각 라우트가 적절한 메소드를 가리키게 한다.

첫 번째 메소드에서는 모든 사용자 리스트를 생성한다. 그 사용자 리스트를 users.index 뷰에 전달하고 루프를 돌려서 간단한 테이블 안에 출력한다.

테이블 안에는 새로운 사용자를 추가할 수 있는 두 번째 메소드에 연결하는 링크가 있다. getCreate() 메소드에서는 간단한 폼을 출력한다. 이 폼은 새로운 사용자 정보를 POST로 보내서 저장하고, 저장이 되고나면 사용자를 다시 리스트 페이지로 되돌려 보낸다.

레코드를 수정할 때는 getRecord() 메소드를 사용하는데 이 메소드는 레코드의 ID 값을 전달받는다. getRecord() 메소드 안에서 만드는 뷰는 사용자 정보를 변경할 때 사용하는 수정 폼이고, 전달받은 사용자 레코드 값에서 ID 값을 자동으로 채워 넣는다. 레코드를 수정할 때는 PUT 동사를 사용해야 하므로 이를 위해서 _method라는 이름의 히든 필드를 만들고 사용하려는 요청의 종류(이 경우 PUT)를 지정해 넣는다. 이 수정 폼을 제출하면 라라벨은 입력 값을 putRecord() 메소드로 전달해서 해당 정보를 수정한다.

마지막으로 레코드를 삭제하기 위해 간단한 폼을 만들었는데, DELETE 동사를 사용하려고 _method라는 히든 필드에 DELETE을 지정했다. 이 삭제 폼을 제출하면 라라벨은 입력 값을 deleteRecord() 메소드로 전달해서 해당 사용자를 데이터베이스에서 삭제한다.[4]

부연 설명

이 예제는 극히 기초적인 형태의 CRUD 시스템을 구축한 것임을 주지하자. 완전한 시스템을 위해서는 입력 값 검증과 사용자 추가/변경 시 언제라도 오류 검사를 하는 등 추가적인 기능들이 필요하다.

Eloquent를 사용해 CSV 자료 불러오기

데이터를 다루다보면, 다양한 종류의 소스와 파일을 접할 수 있다. 자주 다루는 데이터 파일로는 CSV(Comma Separated Value) 파일을 들 수 있는데, 이 해법에서는 CSV 파일의 내용을 받아서 데이터베이스 안에 집어넣는 기능을 구현해 본다.

---

4 RESTful 서비스를 위해서는 GET, POST, PUT/PATCH, DELETE명령 등이 필요한데, HTML 폼은 GET과 POST 만을 지원하므로 나머지 동사를 사용할 때, 이전의 설명처럼 히든 필드를 사용한다. _ 옮긴이

이 해법은 MySQL 데이터베이스를 사용하게 설정한 라라벨의 표준 설치가 필요하다. 또한 artisan 명령 행 명령(php artisan migrate:install)을 실행해 `migrations` 테이블 설치도 필요하다.

이 해법을 완성하려면 다음 절차를 따른다.

1. 텍스트 에디터에서 scifi.csv 파일을 만들어 다음 데이터를 넣고, 애플리케이션의 public 폴더 안에 저장한다.

```
Spock,Star Trek
Kirk,Star Trek
Luke,Star Wars
Lando,Star Wars
Deckard,Blade Runner
Dave,2001
```

2. 명령 행에서 다음 명령으로 마이그레이션을 생성한다.

php artisan migrate:make create_scifi_table

3. 생성된 마이그레이션 파일을 열어서 다음 스키마를 추가한다.

```
use Illuminate\Database\Migrations\Migration;

class CreateScifiTable extends Migration {

    /**
     * Make changes to the database.
     *
     * @return void
     */
```

```
public function up()
{
  Schema::create('scifi', function($table)
  {
    $table->increments('id');
    $table->string('character');
    $table->string('movie');
    $table->timestamps();
  });
}

/**
 * Revert the changes to the database.
 *
 * @return void
 */
public function down()
{
  Schema::drop('scifi');
}
}
```

4. artisan 마이그레이션 명령을 실행해 해당 테이블을 만든다.

```
php artisan migrate
```

5. app/models 디렉터리 안에 Scifi.php라는 모델을 생성한다.

```
class Scifi extends Eloquent {
  protected $table = 'scifi';
}
```

6. CSV 파일을 처리할 새로운 라우트를 만들어서, 결과를 저장한다.

```
Route::get('csv', function()
{
  if (($handle = fopen(public_path() . '/scifi.csv', 'r')) !== FALSE)
```

```
    {
        while (($data = fgetcsv($handle, 1000, ',')) !== FALSE)
        {
            $scifi = new Scifi();
            $scifi->character = $data[0];
            $scifi->movie = $data[1];
            $scifi->save();
        }
        fclose($handle);
    }

    return Scifi::all();
});
```

우선 CSV 파일을 생성하는 것부터 시작한다. 이 파일에는 SF영화의 주인공 이름과 그 주인공이 나오는 영화 이름이 있다. 다음엔 마이그레이션을 생성하는데, 이 마이그레이션 안에 CSV 데이터를 저장할 scifi 테이블을 만드는 스키마를 작성한다.

Eloquent를 확장한 Scifi 모델을 설정하고 그 안에 $table라는 프로텍티드 protected 변수를 추가한다. 이 변수는 테이블 이름을 설정할 때 쓴다. Eloquent에서 사용하는 테이블 이름의 기본 값은 모델 이름의 복수형을 소문자로 바꾼 값이다. 이 예제의 경우에 테이블 이름을 복수형이 아닌 scifi로 사용했으므로, 명시적으로 Eloquent가 사용할 테이블 이름을 $table 변수에 지정해야 한다.

csv 라우트에서는 PHP의 내장 함수인 fopen()과 fgetcsv()를 각기 사용해 CSV 파일을 열고, 루프를 돌면서 데이터를 받아 온다. 각 루프 안에서는 새로운 Scifi 객체를 생성하고, CSV 파일로부터 받은 데이터를 갖고 속성 값을 설정한다. 루프가 끝나면 파일을 닫는다.

데이터를 보기 위해, Scifi 객체에 all() 메소드를 호출했고, 그 결과를 반환해 해당 데이터를 출력했다.

데이터 소스로 RSS 사용

많은 블로그나 뉴스 사이트는 콘텐츠의 RSS 피드를 제공한다. 라라벨을 사용하면 RSS 피드 리더처럼 그러한 RSS 피드를 받아 출력할 수 있는 것은 물론이고 데이터베이스에도 저장할 수 있다.

준비

이 해법에는 표준 라라벨 설치가 필요하며 아울러 사용할 RSS 피드 URL이 있으면 된다.

예제 구현

이 해법을 완성하려면 다음 절차를 따른다.

1. app/routes.php 안에 새로운 라우트를 만들어 RSS 피드를 읽는다.

```
Route::get('rss', function()
{
  $source = 'http://rss.cnn.com/rss/cnn_topstories.rss';

  $headers = get_headers($source);
  $response = substr($headers[0], 9, 3);
  if ($response == '404')
  {
    return 'Invalid Source';
  }

  $data = simplexml_load_string(file_get_contents($source));

  if (count($data) == 0)
  {
    return 'No Posts';
  }
    $posts = '';
```

```
foreach($data->channel->item as $item)
{
  $posts .= '<h1><a href="' . $item->link . '">'. $item->title .
    '</a></h1>';
  $posts .= '<h4>' . $item->pubDate . '</h4>';
  $posts .= '<p>' . $item->description . '</p>';
  $posts .= '<hr><hr>';
}
return $posts;
});
```

RSS 리더를 위한 라우트를 만든다. 그런 다음, $source 변수에 사용하길 원하는 RSS 피드의 링크 값을 설정한다.

해당 피드의 소스 링크가 살아있는지를 확인하려고 PHP 함수인 get_headers()를 사용했다. 이 함수로부터 받은 응답 코드가 404이면 그 URL이 없어졌거나 동작하지 않는다는 의미이다.

다음으로 해당 URL로부터 콘텐츠를 받아서, PHP 함수인 simplexml_load_string()를 사용해 피드 안의 XML 스트링을 객체로 변환 처리한다. 그 피드에 실제로 데이터가 있는 경우에 이 예제에서는 루프를 돌면서 해당 정보를 출력하게 만들었지만, 루프를 돌면서 데이터베이스에 저장하게 변경할 수도 있다.

속성을 사용한 테이블 칼럼 이름 변경

데이터베이스를 다루다 보면 가끔은 그 데이터베이스의 칼럼 이름이 비논리적이고 특이한 경우가 있다. 이런 데이터베이스를 다룰 때, 라라벨의 Eloquent ORM은 데이터베이스를 변경하지 않고도, 더 직관적이고 떠올리기 쉬운 이름으로 바꿔 액세스하는 것이 가능하다.

이 해법은 MySQL 데이터베이스를 사용하게 설정된 라라벨의 표준 설치가 필요하다. 또한 artisan 명령 행 명령(php artisan migrate:install)을 실행해 migrations 테이블 설치도 필요하다.

이 해법을 완성하려면 다음 절차를 따른다.

1. 명령 행에서 테이블을 만들기 위한 마이그레이션을 생성한다.

   php artisan migrate:make create_odd_table --table=odd --create

2. 명령 행에서 해당 테이블에 데이터를 넣기 위한 마이그레이션을 생성한다.

   php artisan migrate:make add_data_to_odd_table

3. app/database/migrations 폴더 안에서, 생성 날짜와 create_odd_table.php로 조합된 이름의 마이그레이션 파일을 열고 아래와 같이 스키마를 작성한다.

```
use Illuminate\Database\Schema\Blueprint;
use Illuminate\Database\Migrations\Migration;

class CreateOddTable extends Migration {

  /**
   * Run the migrations.
   *
   * @return void
   */
  public function up()
  {
    Schema::create('odd', function(Blueprint $table)
    {
```

```
      $table->increments('MyIDcolumn');

      $table->string('MyUsernameGoesHere');

      $table->string('ThisIsAnEmail');

      $table->timestamps();

   });

}


/**
 * Reverse the migrations.
 *
 * @return void
 */
public function down()
{

   Schema::drop('odd');

}

}
```

4. app/database/migrations 폴더 안에서, 생성 날짜와 add_data_to_odd_
table.php로 조합된 이름의 마이그레이션 파일을 열고 아래와 같이 데이
터를 추가하게 한다.

```
class AddDataToOddTable extends Migration {

   /**
    * Make changes to the database.
    *
    * @return void
    */
   public function up()
   {
     $data1 = array('MyUsernameGoesHere' => 'John Doe',
        'ThisIsAnEmail' => 'johndoe@example.com');
     $data2 = array('MyUsernameGoesHere' => 'Jane Doe',
        'ThisIsAnEmail' => 'janedoe@example.com');
     DB::table('odd')->insert(array($data1, $data2));
   }
```

```
   /**
    * Revert the changes to the database.
    *
    * @return void
    */
   public function down()
   {
     DB::table('odd')->delete();
   }
}
```

5. 명령 행에서 artisan 마이그레이션 명령을 실행한다.

   php artisan migrate

6. app/models 디렉터리 안에 Odd.php 파일을 만들어 게터_{getter} 함수들을
   생성한다.

```
class Odd extends Eloquent {
   protected $table = 'odd';

   public function getIdAttribute($value) {
     return $this->attributes['MyIDcolumn'];
   }

   public function getUsernameAttribute($value) {
     return $this->attributes['MyUsernameGoesHere'];
   }

   public function getEmailAttribute($value) {
     return $this->attributes['ThisIsAnEmail'];
   }
}
```

7. app/routes.php 안에 원래 테이블의 칼럼 이름을 사용해서 액세스하는

새로운 라우트를 만든다.

```
Route::get('odd', function()
{
  $odds = Odd::all();
  foreach($odds as $odd)
  {
    echo $odd->MyIDcolumn . ' - ' . $odd->MyUsernameGoesHere . ' - '
      . $odd->ThisIsAnEmail . '<br>';
  }
});
```

8. 또 다른 라우트를 만드는데, 이번에는 더 표준화된 칼럼 이름을 사용한다.

```
Route::get('notodd', function()
{
  $odds = Odd::all();
  foreach($odds as $odd)
  {
    echo $odd->id . ' - ' . $odd->username . ' - '. $odd->email .
      '<br>';
  }
});
```

예제 분석

2개의 마이그레이션 파일을 만드는 것부터 시작한다. 하나는 특이하게 명명된 칼럼을 갖는 테이블을 실제로 만들며, 그 밖의 하나는 그 테이블에 데이터를 채워 넣는다.

Eloquent를 확장한 Odd 모델에는 몇 가지 get 메소드를 추가했다. 각 get 메소드 안에서는 속성attributes 값을 설정했는데 이는 Eloquent에 어떤 칼럼 이름을 사용해야 되는지 알려 주는 역할을 한다. 이 모델 안에 getUsernameAttribute()

154

메소드가 있으므로 객체 안에서 username을 액세스하려고 하면, 실제로는 그 메소드 안에서 정의한 컬럼 이름을 액세스 한다.

그런 다음에 odd 테이블의 모든 레코드를 불러와서 루프를 돌리는 라우트를 만든다. 첫 번째 라우트에서는, 칼럼의 실제 이름으로 액세스 했고, 두 번째 라우트에서는, 새로운 이름을 사용했다. 두 라우트를 접속해보면 동일한 정보가 출력되는 것을 볼 수 있다.[5]

라라벨에서 Eloquent 이외의 ORM 사용

라라벨의 Eloquent ORM은 사용하기 쉬울뿐만 아니라 아주 효율적이다. 하지만 PHP용 다른 ORM들도 많이 있으므로 다른 ORM을 사용해야 할 기회가 생길 수 있다. 이 해법에서는 레드빈RedBean ORM을 설치해 사용해 본다.

준비

이 해법에서는 RedBean ORM을 사용한다. PHP 파일 한 개로 구성된 3.5 LTS 판edition을 사용할 것이므로, 해당 파일을 http://www.redbeanphp.com/#download에서 내려받아 압축을 푼다. 그런 다음 app/libraries 디렉터리를 만들고 그 안으로 rb.php 파일을 옮긴다.

예제 구현

이 해법을 완성하려면 다음 절차를 따른다.

1. 오토로더가 app/libraries 디렉터리 안의 모든 클래스를 로딩하게 만들기 위해, composer.json 파일 안의 autoload 섹션을 다음처럼 변경한다.

---

5 모델의 속성 값을 읽어올 때 이름을 변경해서 사용하는 것이 Accessor이고, 설정할 때 이름을 변경해서 사용하는 것은 Mutator인데, 형식과 사용법은 거의 흡사하다. 자세한 내용은 라라벨 문서파일 http://laravel.com/docs/eloquent#accessors-and-mutators를 참고하자. _ 옮긴이

```
"autoload": {
    "classmap": [
        "app/commands",
        "app/controllers",
        "app/models",
        "app/database/migrations",
        "app/database/seeds",
        "app/tests/TestCase.php",
        "app/libraries"
    ],
}
```

2. 명령 행에서 오토로더를 덤프시켜 내용을 갱신한다.

   php composer.phar dump-autoload

3. app/routes.php에 레드빈을 위한 간단한 설정을 추가한다.

```
$db_setup = Config::get('database.connections.mysql');
R::setup('mysql:host=' . $db_setup['host'] . ';dbname='.
  $db_setup['database'], $db_setup['username'],
  $db_setup['password']);
```

4. 라우트를 만들어서 데이터를 추가하고 출력한다.

```
Route::get('orm', function()
{
    $superhero = R::dispense('superheroes');
    $superhero->name = 'Spiderman';
    $superhero->city = 'New York';
    $superhero->age = 24;

    $id1 = R::store($superhero);

    $superhero = R::dispense('superheroes');
    $superhero->name = 'Superman';
    $superhero->city = 'Metropolis';
```

```
    $superhero->age = 50;

    $id2 = R::store($superhero);

    $superhero = R::dispense('superheroes');
    $superhero->name = 'Batman';
    $superhero->city = 'Gotham';
    $superhero->age = 36;

    $id3 = R::store($superhero);

    $heroes = R::batch('superheroes', array($id1, $id2, $id3));

    foreach ($heroes as $hero)
    {
        echo $hero->name . ' - ' . $hero->city . ' - ' .
          $hero->age . '<br>';
    }
});
```

예제 분석

새로 만든 app/libraries 디렉터리에 레드빈 라이브러리를 추가한 뒤, rb.php 파일을 자동으로 로드할 수 있도록 composer.json 파일의 오토로더를 갱신한다.

레드빈을 위한 데이터베이스 설정이 다양한 곳에서 이뤄질 수 있지만, 이 해법에서는 routes 파일의 최상단에 위치시켰다. 이렇게 하면 라라벨의 데이터베이스 셋업 내용을 이용해 설정할 수 있으므로 데이터베이스 정보를 한 곳에서만 관리하면 된다.

여기까지 마치면 애플리케이션 어디에서든 레드빈을 사용할 수 있다. 새로 만든 라우트에서 세명의 슈퍼 히어로 레코드를 만들고 superheros 테이블에 저장했다. 레드빈을 사용할때 테이블이 존재하지 않는 경우에 자동으로 생성하고 관련된 컬럼 안에 저장한다.

마지막으로 테이블에서 레코드 세 개를 가져와서 루프를 돌면서 정보를 출력한다.

레드빈은 대체 ORM으로서 유용한 기능이 많다. 공식 레드빈 사이트인 http://www.redbeanphp.com/을 방문하면 모든 내용을 살펴볼 수 있다.

5

URL과 API를 위한
컨트롤러와 라우트 사용

5장에서 다룰 내용은 다음과 같다.

- 기본 컨트롤러 생성
- 클로저를 사용한 라우트 생성
- RESTful 컨트롤러 생성
- 고급 라우팅 사용
- 라우트 상에 필터 사용
- 라우트 그룹 사용
- 라우트로 RESTful API 만들기
- 네임드 라우트 사용
- 라우트 안에서 서브도메인 사용

소개

5장에서는 라라벨의 라우팅 시스템을 사용하는 방법을 꼼꼼히 소개한다. 애플리케이션에서 라우트를 설정하는 방법에는 두 가지 기본적인 방법이 있는데, 첫 번째는 app/routes.php 파일에서 클로저를 이용하는 방법이고 두 번째는 컨트롤러를 사용하는 방법이다. 각 설정법이 갖는 장점과, 애플리케이션에서 사용하는 방법을 알아보자.

기본 컨트롤러 생성

PHP 프레임워크에서 MVC(모델/뷰/컨트롤러) 패턴은 아주 인기가 있는데, 이 해법에서는 BaseController를 확장한 간단한 컨트롤러를 만든다.

준비

이 해법에는 라라벨의 표준 설치가 필요하다.

예제 구현

이 해법을 완성하려면 다음 절차를 따른다.

1. app/controllers 디렉터리 안에 UsersController.php라는 파일을 만들고 다음 코드를 삽입한다.

```php
<?php
class UsersController extends BaseController {

  public function actionIndex()
  {
    return "This is a User Index page";
  }
```

```
public function actionAbout()
{
  return "This is a User About page";
}
}
```

2. app/routes.php 파일 안에, 다음 내용을 추가한다.

```
Route::get('users', 'UsersController@actionIndex');
Route::get('users/about', 'UsersController@actionAbout');
```

3. 브라우저에서 http://{example.dev}/users와 http://{example.dev}/users/
about에 접속해 봄으로써 컨트롤러가 정상적 동작하는지 테스트한다.
({example.dev}은 접속할 애플리케이션의 URL이다.)

예제 분석

이 예제의 UsersController처럼 우리가 만드는 대부분의 컨트롤러는
BaseController를 확장해서 만든다. BaseController.php 파일을 들여다 보면
setupLayout() 메소드 하나만 존재하는데, 이 메소드는 레이아웃 뷰를 만드
는 메소드다. BaseController는 또한 사이트의 모든 페이지에서 적용하고 싶
은 코드가 있을 때 유용하게 활용할 수 있다.

UsersController를 보면 action으로 시작하는 메소드 두 개가 각기 Index 페
이지와 About 페이지를 위해 정의되어 있다. 이 예제에서는 간단하게 구현하
고자 문자열만 반환하고 있지만, 이곳이 컨트롤러의 로직을 넣고, 보여줄 뷰를
설정하는 적절한 장소이다.

라라벨이 URL의 구문을 분석해서 어떤 컨트롤러와 메소드를 사용할지 결정할
수 있으려면 app/routes.php 파일에 해당 라우트들을 등록해야만 한다. 사용
할 컨트롤러의 메소드를 등록하고 나면, 브라우저를 사용해 /users(또는 /users/
index)와 /users/about으로 방문이 가능해지며 각 라우트는 Index 페이지와
About 페이지로 이동한다.

클로저를 사용한 라우트 생성

MVC 패턴을 사용하지 않는 경우, 라우트를 익명 함수anonymous function라고도 불리는 클로저를 사용해서 만들 수 있다.

이 해법에는 라라벨의 표준 설치가 필요하다.

이 해법을 완성하려면 다음 절차를 따른다.

1. app/routes.php에서 다음과 같은 라우트를 추가한다.

```
Route::get('hello/world', function()
{
  $hello = 'Hello ';
  $world = 'World!';
  return $hello . $world;
});
```

2. 브라우저를 열어서 http://{example.dev}/hello/world를 방문해 해당 라우트를 테스트한다. ({example.dev}은 접속할 애플리케이션의 URL이다.)

라라벨에서 모든 라우트는 RESTful이라고 간주한다. 이는 다양한 HTTP 동사에 반응한다는 의미이다. 대부분의 경우에 웹 페이지를 볼 때 `Route::get()`에서처럼 GET 동사를 사용한다. 이 메소드의 첫 번째 인자 값은 라우트로 사용할 URL인데, URL 주소로 적법한 문자열이라면 아무것이나 사용해도 된다. 이 예제의 경우에 두 번째 인자 값으로 클로저를 사용했다. 사용자가 hello/

162

world 라우트를 방문하면 해당 클로저가 호출된다.

해당 클러저 안에서는 모델로부터 데이터들을 가져올 수도 있고, 원하는 로직을 무엇이든 수행할 수 있으며, 사용하기를 원하는 모든 뷰를 호출할 수도 있다. 이 예제에서는 단순하게 2개의 문자열 변수를 설정하고, 그 변수들의 내용을 하나로 연결한 문자열 값을 반환한다.

RESTful 컨트롤러 생성

API 제작과 같은 RESTful 웹 애플리케이션을 만들 때는, 다양한 HTTP 요청에 반응하는 라우트가 필요하다. 클로저를 사용한 라우트에서도 이미 이런 식으로 설정했지만, 이 해법에서는 MVC 패턴을 따라 RESTful 컨트롤러를 만든다.

준비

이 해법에는 라라벨의 표준 설치가 필요하며 '기본 컨트롤러 생성'절에서 작성한 코드도 필요하다.

예제 구현

이 해법을 완성하려면 다음 절차를 따른다.

1. 사용자 컨트롤러 안의 코드를 다음 코드로 변경한다.

```php
<?php
class UsersController extends BaseController {

  public function getIndex()
  {
    $my_form = "<form method='post'>
                  <input name='text' value='Testing'>
                  <input type='submit'>
                </form>";
```

```
    return $my_form;


}
public function postIndex()
{
  dd(Input::all());
}


public function getAbout()
{
  return "This is a User About page";
}
}
```

2. app/routes.php 안에, 컨트롤러를 사용하는 라우트를 추가한다.

```
Route::controller('users', 'UsersController');
```

3. 브라우저에서, http://{example.dev}/users를 방문하고 **Submit** 버튼을 클릭한다. ({example.dev}은 접속할 서버의 URL이다.)

4. 브라우저에서, http://{example.dev}/users/about 페이지를 방문한다.

예제 분석

RESTful 컨트롤러와 RESTful이 아닌 컨트롤러 간의 두 가지 주요 차이점은 메소드의 이름 앞에 사용할 HTTP 동사를 붙였는지 여부와 라우트를 Route::controller() 메소드를 사용해 등록했는지 여부다.[1]

대부분의 경우에 페이지를 보는 것은 GET 요청이므로, getIndex() 메소드는 사용자가 /users 라우트에 방문했을 때 호출되는 기본 메소드가 된다. 이 예제에서는 해당 라우트에서 아주 간단한 폼을 반환하며, 이 폼은 동일한 /users 라우트로 사용자가 입력한 값들을 POST 요청을 통해서 전달한다. 이 폼을 처

---

1 RESTful 컨트롤러를 Route::resource() 메소드를 사용해 등록할 수도 있다. _ 옮긴이

리하는 라우트는 POST 요청을 사용하므로 postIndex() 메소드가 호출되며, 해당 메소드 내에서 그 폼 입력에 대한 처리하는 로직을 작성하면 된다. 이 예제에서는 라라벨의 dd() 헬퍼 함수를 사용해서 그 폼의 제출을 통해 전달된 입력 내용을 화면에 뿌려만 주고 종료한다.

고급 라우팅 사용

인자 값을 요구하는 라우트를 만들 때는 더 고급인 기능들을 사용해야 한다. 라라벨과 정규식regular experssions을 이용하면 라우트가 특정 URL에만 반응하게 만들 수 있다.

이 해법에는 라라벨의 표준 설치가 필요하다.

이 해법을 완성하려면 다음 절차를 따른다.

1. app/routes.php 파일에 다음 코드를 추가한다.

```
Route::get('tvshow/{show?}/{year?}', function($show = null, $year =
  null)
{
  if (!$show && !$year)
  {
    return 'You did not pick a show.';
  }
  elseif (!$year)
  {
    return 'You picked the show <strong>' . $show . '</strong>';
```

```
    }

    return 'You picked the show <strong>' . $show .
      '</strong> from the year <em>' . $year . '</em>.';
})
->where('year', '\d{4}');
```

2. 브라우저를 열고 http://{example.dev}/tvshow/MASH/1981처럼 입력해
   해당 라우트를 테스트한다. ({example.dev}은 접속할 서버의 URL이다.)

tvshow를 위한 GET 요청에 반응하는 라우트를 만드는 것부터 시작한다. 인자
값을 라우트에 전달하고 싶다면 와일드카드를 설정해야 한다. 사용자가 그 와
일드카드의 이름과 동일한 이름으로 해당 내용을 컨트롤러의 메소드나 클로
저 함수에 전달할 수 있다면, 인자 개수에 제한도 없고 와일드카드 인자 이름
을 만들 때 특별한 제한도 없다. 이 예제에서는 첫 번째 인자로 텔레비전 쇼
제목을 받으려고 했고, 그 인자를 선택적인 옵션 인자로 만들기 원했으므로
해당 이름 마지막에 물음표를 붙였다.

두 번째 인자의 경우에 해당 텔레비전 쇼 제작 연도year를 입력받기를 바랐다.
이 경우에 입력되는 인자 값이 반드시 네 자릿수 숫자여야만 한다. 이러한 제
한 내용을 정규식을 통해 지정하려고 인자 이름과 정규식을 where() 메소드
에 인자 값으로 넘긴 다음에 이 메소드를 라우트에 체인chain 연결한다. 이 예
제의 경우 우리는 숫자만 원하고(\d), 네 자릿수로 구성되어야만 하기에({4}),
'\d{4}'라는 정규식을 사용했다. 첫 번째 인자와 마찬가지로 옵션 인자라는
것을 지정하려고 해당 이름 마지막에 있는 물음표를 붙였다.

클로저 안에서 각 와일드카드와 매칭되는 변수를 설정했는데, 인자 이름으로
설정한 같은 이름을 사용한 점을 주목하자. 선택사항으로 만들기 위해서 각
변수의 기본 값을 null로 설정했다. 그리고 해당 인자들에 값이 설정되었는지
를 검사해 설정된 경우, 적합한 메시지를 반환했다.

라우트 상에 필터 사용

라라벨의 아주 강력한 기능 중 하나는 애플리케이션에서 요청을 처리하기 이전이나 이후에 필터를 추가해 실행할 수 있는 점이다. 이 해법에서는 이들 필터를 살펴본다.

준비

이 해법에는 라라벨의 표준 설치가 필요하다.

예제구현

이 해법을 완성하려면 다음 절차를 따른다.

1. app/routes.php 파일 안에 필터를 붙여서 관리자만 접근 가능한 라우트를 추가한다.

```
Route::get('admin-only', array('before' => 'checkAdmin', 'after' =>
'logAdmin', function()
{
  return 'Hello there, admin!';
}));
```

2. app/filters.php 파일 안에 2개의 필터를 추가한다.

```
Route::filter('checkAdmin', function()
{
  if ('admin' !== Session::get('user_type'))
  {
    return 'You are not an Admin. Go Away!';
  }
});

Route::filter('logAdmin', function()
```

```
{
    Log::info('Admin logged in on ' . date('m/d/Y'));
});
```

3. app/routes.php 파일 안에 관리자 세션을 설정할 수 있는 라우트를 생성
   한다.

```
Route::get('set-admin', function()
{
    Session::put('user_type', 'admin');
    return Redirect::to('admin-only');
});
```

4. 라우트를 테스트하려면 http://{example.dev}/admin-only를 방문해 결
   과를 확인한다. 그런 다음, set-admin을 방문하고 그 결과도 확인한다.
   ({example.dev}은 접속할 서버의 URL이다.)

5. app/storage/logs 디렉터리로 가서 로그파일을 살펴본다.

예제 분석

admin-only 라우트 안에서는 2번째 인자로 클로저를 바로 사용하는 대신, 배
열을 만들어서, 그 배열의 마지막 인자 값으로 클로저를 사용했다. 이 예제에
서는, 해당 라우트를 처리하기 전before에 user_type 세션 값이 admin으로 설정
되어 있는지 먼저 검사한다. 또한 해당 라우트를 처리한 다음after에 매번 누군
가 그 라우트를 방문한 시간을 로그에 남긴다.

before 필터에서는 세션을 간단히 검사해서 그 값이 admin과 같지 않다면 간
단한 오류 내용만 출력하고 라우트의 클로저를 실행하지 않는다. 세션 값이
admin인 경우라면 라우트의 클로저를 실행하는데, 이 예제의 경우 해당 라우
트의 정상적인 메시지를 반환한다.

admin-only 라우트의 처리를 마친 후에는 (before 필터가 해당 라우터의 클로저를 실행
했던 안했던 간에) after 필터에서 지정한 처리 내용을 실행하는데, 이 예제에서

는 해당 라우트에 접근한 날짜 정보를 로그 기록으로 남기게 했다.

이제 실제로 브라우저를 사용해서 admin-only 라우트를 방문해 보면, before 필터가 작동하면서 오류 메시지를 출력한다. 그런 다음에 로그 디렉터리의 로그 내용을 들여다보면 접속 날짜가 보이고, 로그 메시지의 이름과, 전달 받은 메시지 내용이 들어 있는 로그 기록을 볼 수 있다. 아직 관리자 세션 값이 설정되어 있지 않은 상태이므로, 화면에는 'You are not an Admin. Go Away!'라는 오류 내용이 출력된다.

다음으로 admin-only 라우트에 접근할 수 있도록 또 다른 라우트를 만들고, 그 라우트에서는 간단히 원하는 세션 값을 설정 후, 다시 admin-only 라우트로 사용자를 리다이렉트redirect시켜 돌려보낸다. 이제 다시 브라우저를 사용해서 set-admin이라는 라우트를 방문하면, admin-only 페이지로 리다이렉션이 이뤄지고, 정상적으로 접근했다는 메시지를 보게 된다. 또한 로그 파일을 들여다보면, 성공적으로 방문한 시간의 로그 기록이 남겨져 있다.

부연 설명

이 예제에서는 필터의 유용함을 보여 주기 위한 아주 기본적인 인증 방법만을 예시했다. 제대로 된 인증처리를 위해서는 라라벨이 기본 제공하는 사용자 인증 방법을 사용한다.

라우트 그룹 사용

웹 애플리케이션을 만들 때, 특정 URI부분이 전치사처럼 공통적으로 사용되거나(예를 들어 profile/user와 profile/friends의 경우, profile/이라는 URI 부분을 전치사처럼 공통적으로 사용했다.) 또는 특정 필터를 공통적으로 적용해야 하는 라우트들이 존재할 수 있다. 라라벨의 라우트 그룹 기능을 이용하면, 각 라우트 별로 하나하나 적용하는 대신, 공통적으로 적용해야 하는 부분을 한 그룹으로 묶어 해당 그룹에 속한 모든 라우트에 동시 적용할 수 있다.

이 해법에는 라라벨의 표준 설치가 필요하다.

이 해법을 완성하려면 다음 절차를 따른다.

1. app/filters.php 파일 안에, 사용자를 검사하는 필터를 만든다.

```
Route::filter('checkUser', function()
{
  if ('user' !== Session::get('profile'))
  {
    return 'You are not Logged In. Go Away!';
  }
});
```

2. app/routes.php 파일 안에, 프로파일 세션을 설정하는 라우트를 만든다.

```
Route::get('set-profile', function()
{
  Session::set('profile', 'user');
  return Redirect::to('profile/user');
});
```

3. app/routes.php 안에 라우트 그룹을 만든다.

```
Route::group(array('before' => 'checkUser', 'prefix' => 'profile'),
function()
{
  Route::get('user', function()
  {
    return 'I am logged in! This is my user profile.';
  });
  Route::get('friends', function()
```

```
    {
       return 'This would be a list of my friends';
    });
});
```

4. 브라우저에서, http://{example.dev}/profile/user에 접속해 보면 세션이 설정되어 있지 않아서 오류 메시지가 출력된다. 그런 다음 http://{example.dev}/set-profile에 접속하면 profile/user 라우트로 리다이렉션이 이뤄지면서 정상적으로 로그인 페이지 내용이 보인다.

예제 분석

우선 필터를 만들어야 한다. 이 필터는 profile이라는 세션 값이 user라는 값과 같은지 검사한다. 아닌 경우에 사용자는 Go Away!(가버려!)라는 매몰찬 메시지를 보고, 더 이상 진행할 수 없게 된다.

라우트 파일로 돌아가서, profile 세션을 설정하는 라우트를 만들고 사용자를 라우트 그룹으로 리다이렉트 시킨다. 일반적으로는 로그인 처리 후에 세션을 설정하지만 여기서는 로그인 처리를 어떻게 하는지를 보여 주려는 것이 아니므로 세션 설정을 바로 했다.

마지막으로 라우트 그룹을 만든다. 이 그룹 안의 모든 라우트는 액세스를 허용하기 이전에 checkUser 필터를 반드시 거치게 된다. 이와 동시에 이 그룹 안의 모든 라우트는 앞부분에 profile/이라는 URI가 붙는다. 라우트 그룹을 위한 클로저 바로 전에 위치한 배열을 보면 이렇게 처리하는 데 필요한 내용이 지정되어 있는 것을 볼 수 있다. 이제, 이 그룹 안의 모든 라우트는 해당 필터를 반드시 거치게 되며, profile/이라는 URI를 해당 라우트 앞 단에 붙여야만 액세스가 가능하다.

라우트로 RESTful API 만들기

최신 웹 애플리케이션을 위한 일반적인 요구사항은 RESTful API를 제공해 외부에서도 제3자가 자신의 API를 사용할 수 있게 만드는 것이다. 라라벨은 RESTful 패턴에 중점을 두고 개발되어졌으므로, 그다지 많은 노력을 기울이지 않아도 비교적 쉽게 완전한 API를 구축할 수 있다.

준비

이 해법에는 라라벨의 표준 설치와 애플리케이션에서 접근 가능한 정상적으로 동작중인 MySQL 데이터베이스가 필요하다.

예제 구현

이 해법을 완성하려면 다음 절차를 따른다.

1. 명령 행에서 라라벨이 설치된 루트 디렉터리로 이동한다. 다음 명령을 이용해 테이블 생성을 위한 마이그레이션을 생성한다.

```
php artisan migrate:make create_shows_table
```

2. app/database/migrations 디렉터리 안에서, 2014_01_01_222821_create_shows_table.php 와 유사한 파일을 찾는다. 그 파일 안에 다음처럼 테이블을 위한 스키마를 만든다.

```php
<?php

use Illuminate\Database\Migrations\Migration;

class CreateShowsTable extends Migration {

    /**
     * Run the migrations.
     *
```

```
  * @return void
  */
 public function up()
 {
   Schema::create('shows', function($table)
   {
     $table->increments('id');
     $table->string('name');
     $table->integer('year');
     $table->timestamps();
   });
 }
 /**
  * Reverse the migrations.
  *
  * @return void
  */
 public function down()
 {
   Schema::drop('shows');
 }
}
```

3. 다시 명령 행으로 돌아가서 다음처럼 artisan 마이그레이션 명령을 실행
   한다.

   php artisan migrate

4. 또 하나의 마이그레이션을 생성해 테스트 데이터를 추가한다.

   php artisan migrate:make add_shows_data

5. app/database/migrations 디렉터리에서, 2014_01_01_222821_add_
   shows_data.php와 유사한 파일을 찾아 다음처럼 질의를 추가한다.

   ```
   <?php
   ```

```php
use Illuminate\Database\Migrations\Migration;

class AddShowsData extends Migration {

  /**
   * Run the migrations.
   *
   * @return void
   */
  public function up()
  {
    $shows = array(
      array(
        'name' => 'Happy Days',
        'year' => 1981
      ),
      array(
        'name' => 'Seinfeld',
        'year' => 1998
      ),
      array(
        'name' => 'Arrested Development',
        'year' => 2006
      )
    );
    DB::table('shows')->insert($shows);
  }
  /**
   * Reverse the migrations.
   *
   * @return void
   */
  public function down()
  {
    DB::table('shows')->delete();
  }
}
```

6. 명령 행에서 artisan 마이그레이션 명령을 실행한다.

```
php artisan migrate
```

7. app/models 디렉터리 안에서, Show.php라는 파일을 만들고 다음 코드를 추가한다.

```php
<?php
class Show extends Eloquent {
  protected $table = 'shows';
}
```

8. app/routes.php 안에 모든 텔레비전 쇼 혹은 사용자가 지정한 특정 텔레비전 쇼의 JSON 데이터를 반환하는 라우트를 만든다.

```php
Route::get('show/{id?}', function($id = null)
{
  if (!$id)
  {
    return Show::all();
  }
  if ($show = Show::find($id))
  {
    return $show;
  }
});
```

9. 다음처럼 새로운 텔레비전 쇼를 삽입하는 라우트를 만든다.

```php
Route::post('show', function()
{
  $show = new Show;
  $show->name = Input::get('name');
  $show->year = Input::get('year');
  $show->save();
  return $show;
});
```

10. 레코드를 삭제하는 라우트를 만든다.

```
Route::delete('show/{id}', function($id)
{
  if ($show = Show::find($id))
  {
    $show->delete();
    return json_encode(array('message' => 'Record ' . $id. '
deleted.'));
  }
});
```

11. 레코드를 업데이트하는 라우트를 만든다.

```
Route::put('show/{id}', function($id)
{
  if ($show = Show::find($id))
  {
    if (Input::get('name')) {
      $show->name = Input::get('name');
    }
    if (Input::get('year')) {
      $show->year = Input::get('year');
    }

    $show->save();
    return $show;
  }
});
```

12. 텔레비전 쇼의 추가 또는 수정 폼을 위한 라우트를 만든다.

```
Route::get('show-form/{id}', function($id = null)
{
  $data = array();

  if ($id)
```

```
  {
    if (!$show = Show::find($id))
    {
      return 'No show with that ID';
    }

    $data = array(
      'id'    => $id,
      'method' => 'PUT',
      'name'   => $show->name,
      'year'   => $show->year
    );
  }
  else
  {
    $data = array(
      'id'    => '',
      'method' => 'POST',
      'name'   => '',
      'year'   => ''
    );
  }
  return View::make('show-form', $data);
});
```

13. 사용자가 원하는 텔레비전 쇼를 삭제할 수 있는 리스트를 위한 라우트를 만든다.

```
Route::get('show-delete', function()
{
  $shows = Show::all();
  return View::make('show-delete')->with('shows',$shows);
});
```

14. app/views 디렉터리 안에서 show-form.php라는 파일을 만들고 다음 코드를 추가한다.

```php
<?php echo Form::open(array('url' => 'show/' . $id, 'method' => $method)) ?>
<?php echo Form::label('name', 'Show Name: ') . Form::text('name', $name) ?>
<br>
<?php echo Form::label('year', 'Show Year: ') . Form::text('year', $year) ?>
<br>
<?php echo Form::submit() ?>
<?php echo Form::close() ?>
```

15. 그런 다음에 다시 app/views 디렉터리 안에서 show-delete.php라는 파일을 만들고 다음 코드를 추가한다.

```php
<?php foreach ($shows as $show): ?>
    <?php echo Form::open(array('url' => 'show/' . $show->id, 'method'
        => 'DELETE')) ?>
    <?php echo Form::label('name', 'Show Name: ') . $show->name ?>
    <?php echo Form::submit('Delete') ?>
    <?php echo Form::close() ?>
<?php endforeach; ?>
```

16. 브라우저에서 show-form과 show-delete 라우트를 방문해 보면서 테스트해 본다.

예제 분석

우선, 사용할 데이터가 들어있는 테이블을 만든다. 명령 행 인터페이스인 artisan 명령과 마이그레이션을 이용해서, shows 테이블을 작성하고 테스트 데이터를 추가한다.

라우트의 경우에 show라는 동일한 URL에서 GET, POST, PUT, DELETE 등 네 가지 다른 HTTP 동사를 처리한다. GET 요청은 두 가지 기능을 지원한다. 첫 번째는 URL에 id가 전달되어 오지 않는 경우에 데이터베이스로부터 모든 레코드의 내용을 가져와 출력하고, 두 번째는 URL에 특정 id가 전달되는 경우에 해당 레코드 하나의 내용만 가져와 출력한다. 이처럼 Eloquent 객체를 직접 반환하면 라우트는 그 객체를 가져와서 자동으로 JSON 형태로 결과를 출

력한다.[2]

다음 라우트는 POST 요청을 처리하며, 데이터베이스에 새로운 레코드를 추가하고, 그 레코드를 JSON 형태로 출력한다.

그런 다음 DELETE 요청을 처리하는 라우트를 추가했다. 이 라우트는 id 인자 값을 받아서 해당 레코드를 삭제한다. 그리고 삭제에 성공했다는 메시지를 JSON 형태로 출력한다.

마지막으로 PUT 요청을 처리하는 라우트 역시 id 인자 값이 필요하다. 이 라우트는 전달받은 id 값의 레코드를 로드해서 해당 레코드의 값들을 수정한다. 정상적으로 수정이 된 경우에 수정된 레코드를 JSON 형태로 출력한다.

API가 동작하는 것을 보여 주려면 레코드를 추가하고 수정하는 폼을 만들어야 한다. 예제의 show-form 라우트는 id가 전달되었는지를 검사하는데, id가 있는 경우에는 PUT 명령을 사용하는 폼을 만들어서 필요한 필드에 해당 레코드 값을 설정하고, id가 없는 경우에는 POST 명령을 사용하는 비어 있는 폼을 만든다.

레코드를 삭제하려는 경우라면 show-delete 라우트에서 shows 테이블의 모든 레코드를 리스트 형태로 보여줄 때 각 리스트 아이템 옆에 삭제 버튼을 같이 출력한다. 실제로는 이 버튼이 DELETE 명령을 사용하는 폼의 일부이므로 사용자가 버튼을 클릭하면 DELETE 라우트가 호출된다.

브라우저뿐만 아니라, 명령 행에서 curl 명령을 사용해서 API의 라우트를 테스트해 볼 수도 있다. 예를 들어 모든 내용의 리스트를 얻고 싶으면, 다음 명령을 실행한다. ({example.dev}은 해당 API에 접속할 수 있는 URL이다.)

```
$curl -X GET http://{example.dev}/show
```

API에 POST로 데이터를 전달하려면, 다음 명령을 실행한다.

```
$curl --data "name=Night+Court&year=1984" http://{example.dev}/show
```

---

2 라라벨에서는 모델이나 모델 콜렉션(collections)이 문자열로 형 변환될 때, JSON 형태로 자동 변환된 결과를 반환한다. 따라서 이 예제에서처럼 라우트에서 바로 JSON 데이터를 출력할 수 있으므로 API를 만들 때 아주 유용하다. _ 옮긴이

이 API 예제는 아주 기본적인 형태임을 주지하자. 개선이 필요한 부분을 언급한다면, 사용자가 레코드를 추가하거나 수정할 때마다 어떤 식으로라도 입력값 검증 처리를 해야 한다. 또한 아무나 테이블을 바꾸거나, 레코드를 삭제하는 것을 방지하려면 사용자 인증도 구현하는 것이 좋다.

이 예제에서 구현한 내용은 라라벨의 resourceful 컨트롤러를 사용해서도 만들 수 있다.[3] 라라벨 resourceful 컨트롤러에 대한 자세한 정보는 http://laravel.com/docs/controllers#resource-controllers에 있는 라라벨 문서 파일을 참고하자.

네임드 라우트 사용

웹 애플리케이션을 만들다 보면 라우트의 이름을 변경해야 할 때가 종종 있다. 규모가 큰 사이트에서 라우트 이름을 변경한 뒤에 여러 링크가 엉뚱한 라우트로 연결되는 일이 발생한다면 큰 문제가 될 수 있다. 라라벨은 라우트에 별칭을 할당하는 네임드named 라우트라는 편리한 방법을 제공하고 있어서, 라우트의 이름이 바뀌어도 걱정할 필요가 없다.

이 해법에는 라라벨의 표준 설치가 필요하다.

이 해법을 완성하려면 다음 절차를 따른다.

---

3 사실은 resourceful 컨트롤러를 이용하는 방법이 훨씬 간단하며, 추천되는 방식이다. _ 옮긴이

1. app/routes.php 파일 안에 다음처럼 네임드 라우트를 만든다.

```
Route::get('main-route', array('as' => 'named', function()
{
  return 'Welcome to ' . URL::current();
}));
```

2. 해당 네임드 라우트로 단순 이동하는 라우트를 만든다.

```
Route::get('redirect', function()
{
  return Redirect::route('named');
});
```

3. 네임드 라우트로의 링크를 출력하는 라우트를 만든다.

```
Route::get('link', function()
{
  return '<a href="' . URL::route('named') . '">Link!</a>';
});
```

4. 브라우저에서, http://{example.dev}/redirect와 http://{example.dev}/link 를 방문한 뒤, 둘 다 모두 main-route 라우트로 이동하는 것을 확인한다.
   ({example.dev}은 접속할 서버의 URL이다.)

5. 이제, main-route 라우트의 이름을 new-route로 바꾼다.

```
Route::get('new-route', array('as' => 'named', function()
{
  return 'Welcome to ' . URL::current();
}));
```

6. 브라우저에서, 다시 http://{example.dev}/redirect와 http://{example. dev}/link를 방문해, 어디로 이동하는지 확인한다. ({example.dev}은 접속할 서버 의 URL이다.)

웹 애플리케이션을 만들다 보면 라우트의 이름을 변경해야 할 때가 종종 있다. 예를 들어 클라이언트가 블로그를 가지고 있는데 라우트를 posts에서 articles로 바꾸기 원하는 경우가 발생할 수 있다. 해당 사이트 전체에 걸쳐 posts 라우트로의 링크가 있다면, 모든 스크립트 파일 내에서 필요한 내용을 찾고, 해당 부분이 정확히 articles로 바뀌었는지 확인해야 한다는 것을 의미한다. 네임드 라우트를 사용하면 사용자가 원할 때 언제라도 라우트의 이름을 바꿀 수 있다. 다시 말해, 모든 링크에서 네임드 라우트를 사용한 웹 애플리케이션의 경우, 네임드 라우트를 만드는 부분만 수정해서 이러한 문제를 한번에 해결할 수 있다.

이 예제를 보면 main-route라는 라우트가 있는데 이 라우트에 named라는 네임드 라우트 별칭을 부여했고, 해당 라우트로의 링크link나 리다이렉트가 필요한 모든 경우에 route() 메소드를 사용해서 네임드 라우트를 가리키게 했다. 따라서 해당 main-route의 이름을 new-route로 바꾸어도 모든 것이 자동으로 정상 동작한다.

라우트 안에서 서브도메인 사용

최신 웹 애플리케이션은 대부분 사용자에 특화된 콘텐츠를 제공하는데 이때 사용자 자신의 콘텐츠에 접근할 수 있게 커스텀 서브 도메인을 제공하기도 한다. 예를 들면 사용자의 프로파일 페이지를 http://example.com/users/37처럼 제공하는 것보다 http://username.example.com과 같이 제공하는 것을 원할 수 있다. 아파치와 DNS 설정을 약간만 변경하면 라라벨에서 이런 기능을 쉽게 제공할 수 있다.

이 해법을 위해서 DNS 설정과 서버의 아파치 설정을 변경할 수 있는 권한이 필요하다. 또한 정상적으로 동작 중인 MySQL 데이터베이스와 라라벨의 표준 설치도 필요하다. (이 해법을 설명하는 동안, 애플리케이션의 도메인 이름을 example.com이라고 사용했다.)

이 해법을 완성하려면 다음 절차를 따른다.

1. 사용할 도메인 이름의 DNS 정보를 갖고 있는 해당 DNS서버에서, *.example.com과 같이 서브 도메인을 위해 와일드카드를 사용한 "A"레코드를 추가한다. 그리고 해당 레코드가 서버의 IP주소를 가리키도록 지정한다.

2. 아파치 서버의 http.conf 파일을 열어서, 다음처럼 가상 호스트를 추가한다.

```
<VirtualHost *:80>
  ServerName example.com
  ServerAlias *.example.com
</VirtualHost>
```

3. 명령 행에서 애플리케이션의 최상위 디렉터리로 이동 후, names 테이블을 위한 마이그레이션을 만든다.

```
php artisan migrate:make create_users_table
```

4. app/database/migrations 디렉터리에서, 2014_01_01_222821_create_names_table.php와 유사한 파일을 찾아서 열고 스키마를 추가한다.

```php
<?php

use Illuminate\Database\Migrations\Migration;

class CreateNamesTable extends Migration {

    /**
     * Run the migrations.
     *
     * @return void
     */
    public function up()
    {
        Schema::create('names', function($table)
        {
            $table->increments('id');
            $table->string('name');
            $table->string('full_name');
            $table->timestamps();
        });
    }

    /**
     * Reverse the migrations.
     *
     * @return void
     */
    public function down()
    {
        Schema::drop('names');
    }
}
```

5. 다시 명령 행으로 돌아가서 테스트 데이터를 추가하려고 또 다른 마이그
   레이션을 만든다.

   php artisan migrate:make add_names_data

6. app/database/migrations 디렉터리 안의 2014_01_01_222821_add_
names_data와 유사한 파일을 찾아서 연다.

```php
<?php

use Illuminate\Database\Migrations\Migration;

class AddNamesData extends Migration {

  /**
   * Run the migrations.
   *
   * @return void
   */
  public function up()
  {
    $names = array(
      array(
        'name' => 'bob',
        'full_name' => 'Bob Smith'
      ),
      array(
        'name' => 'carol',
        'full_name' => 'Carol Smith'
      ),
      array(
        'name' => 'ted',
        'full_name' => 'Ted Jones'
      )
    );
    DB::table('names')->insert($names);
  }

  /**
   * Reverse the migrations.
   *
   * @return void
```

```
      */
    public function down()
    {
      DB::table('names')->delete();
    }
}
```

7. 명령 행에서 다음처럼 artisan 마이그레이션 명령을 실행한다.

   php artisan migrate

8. 서브 도메인명으로 사용할 이름 정보를 names 테이블로부터 가져오는 라우트를 만든다.

```
Route::get('/', function()
{
  $url = parse_url(URL::all());
  $host = explode('.', $url['host']);
  $subdomain = $host[0];

  $user = DB::table('names')->where('name', $subdomain)->get();

  dd($user);
});
```

9. 관련 서브 도메인 이름을 포함한 도메인 주소 전체full domain를 브라우저에 입력하고 애플리케이션에 접속한다. 예를 들면 http://ted.example.com처럼 입력한다.

예제 분석

DNS와 서버를 수정하는 것부터 시작한다. 와일드카드 서브 도메인을 만들고 아파치 설정 파일에는 가상 호스트를 만든다. 이는 즉, 무슨 서브도메인을 사용하든 메인 애플리케이션을 실행하겠다는 걸 의미한다.

기본 루트 라우트에서, PHP의 `parse_url()` 함수를 사용해 호스트 명을 분리하고 배열에 넣었다. 그리고 그 배열의 제일 처음 요소 즉, 서브 도메인 이름을 구한다. 그런 다음에는 그 서브 도메인 이름을 사용해서 데이터베이스를 질의하고, 해당 사용자에 특화된 페이지를 제공하게 만든다.

부연 설명

이 해법은 라우트 한 개만 서브 도메인 처리를 한다. 하지만 더 많은 라우트들에서 이처럼 서브도메인을 사용하고 싶다면 아래와 같이 라우트 그룹을 만들어 사용할 수 있다.

```
Route::group(array('domain' => '{subdomain}.example.com'), function()
{
  Route::get('/', function($subdomain)
  {
    $name = DB::table('name')->where('name', $subdomain)->get();
    dd($name);

  });
});
```

6

뷰 출력

6장에서 다룰 내용은 다음과 같다.

- 기본 뷰의 생성과 사용
- 데이터를 뷰로 전달
- 다른 뷰나 중첩 뷰 안에 뷰를 로딩
- 애셋 추가
- 블레이드 사용
- 트윅 템플릿 엔진 사용
- 고급 블레이드 사용법 활용
- 콘텐츠의 다국어 지원
- 라라벨에서 메뉴 만들기
- 부트스트랩 사용
- 네임드 뷰와 뷰 콤포저 사용

소개

MVC(모델/뷰/컨트롤러) 패턴에서, 뷰는 데이터를 뿌려주는 데 필요한 모든 HTML과 스타일 요소를 지닌다. 라라벨에서 뷰는 일반 PHP 파일을 사용하거나, 라라벨 템플릿 엔진인 블레이드를 사용한다. 라라벨은 또한 확장성이 뛰어나 사용자가 원하는 모든 템플릿 엔진도 같이 사용할 수 있다.

기본 뷰의 생성과 사용

이번 해법에서는 기본적인 뷰의 기능들을 살펴보고 애플리케이션에 어떻게 뷰를 삽입할 수 있는지 살펴본다.

준비

이 해법에는 라라벨의 표준 설치가 필요하다.

예제 구현

이 해법을 완성하려면 다음 절차를 따른다.

1. app/views 디렉터리 안에 myviews라는 폴더를 만든다.

2. 이 새로운 myviews 디렉터리 안에, home.php와 second.php라는 2개 파일을 생성한다.

3. home.php 파일을 열어, 다음 HTML 코드를 추가한다.

```
<!doctype html>
<html lang="en">
  <head>
    <meta charset="utf-8">
    <title>Home Page</title>
  </head>
```

```
  <body>
    <h1>Welcome to the Home page!</h1>
    <p>
      <a href="second">Go to Second Page</a>
    </p>
  </body>
</html>
```

4. second.php 파일을 열어, 다음 HTML 코드를 추가한다.

```
<!doctype html>
<html lang="en">
  <head>
    <meta charset="utf-8">
    <title>Second Page</title>
  </head>
  <body>
    <h1>Welcome to the Second Page</h1>
    <p>
      <a href="home">Go to Home Page</a>
    </p>
  </body>
</html>
```

5. app/routes.php 파일에 이 2개 뷰를 반환하는 라우트를 추가한다.

```
Route::get('home', function()
{
  return View::make('myviews.home');
});

Route::get('second', function()
{
  return View::make('myviews.second');
});
```

라라벨의 모든 뷰는 app/views 디렉터리 안에 존재한다. HTML이 들어있는 파일 두 개를 해당 디렉터리에 만드는 것부터 시작한다. 이 예제에서는 정적인 페이지 두 개를 만들었는데, 각 뷰는 전체 페이지 내용을 보여 주는 고유한 HTML 마크업markup을 지닌다.

라우트 파일에서는 View::make() 메소드에 전달할 뷰의 이름을 넣어서 반환한다. 이 예제에서는 뷰가 하위 디렉터리에 있다는 좀을 나타내려고 점 표기를 사용했다.[1]

데이터를 뷰로 전달

웹 애플리케이션 안에서, 데이터베이스나 그 밖의 데이터 저장소로부터 어떤 데이터를 가져와서 그 내용을 출력해야 할 때가 자주 있다. 라라벨에서는 데이터를 뷰로 쉽게 전달할 수 있다.

이 해법은 '기본 뷰의 생성과 사용' 절에서 작성한 코드를 기본 근간으로 사용한다.

이 해법을 완성하려면 다음 절차를 따른다.

1. app/routes.php를 열어서, home 라우트와 second 라우트가 다음처럼 데이터를 포함하게 변경한다.

---

1 하위 디렉터리에 있다는 것을 나타낼 때, 점(.) 대신에 디렉터리 구분자인 슬래시(/)를 사용해도 된다. 즉, View::make('myviews.home')과 View::make('myviews/home')는 동일하게 동작한다.

```
Route::get('home', function()
{
  $page_title = 'My Home Page Title';
  return View::make('myviews.home')->with('title', $page_title);
});

Route::get('second', function()
{
  $view = View::make('myviews.second');
  $view->my_name = 'John Doe';
  $view->my_city = 'Austin';
  return $view;
});
```

2. app/views/myviews 디렉터리 안에서, home.php를 열고 다음처럼 코드
   를 변경한다.

```
<!doctype html>
<html lang="en">
  <head>
    <meta charset="utf-8">
    <title>Home Page : <?= $title ?></title>
  </head>
  <body>
    <h1>Welcome to the Home page!</h1>
    <h2><?= $title ?></h2>
    <p>
      <a href="second">Go to Second Page</a>
    </p>
  </body>
</html>
```

3. app/views/myviews 디렉터리 안에서, second.php를 열고 다음처럼 코
   드를 변경한다.

```
<!doctype html>
<html lang="en">
  <head>
    <meta charset="utf-8">
    <title>Second Page</title>
  </head>
  <body>
    <h1>Welcome to the Second Page</h1>
    <p>
      You are <?= $my_name ?>, from <?= $my_city ?>
    </p>
    <p>
      <a href="home">Go to Home Page</a>
    </p>
  </body>
</html>
```

4. http://{example.dev}/home에 접속한 뒤 링크를 클릭해 뷰가 정상 동작
   하는지 확인한다. ({example.dev}은 접속할 서버의 URL이다.)

예제 분석

라라벨은 데이터를 뷰로 전달하는 다양한 방법을 제공한다. 첫 번째 라우트에
서는 View::make()에 with() 메소드를 사용해서 체이닝chaining하는 방법으로
변수 한 개를 뷰에 전달했고, 해당 뷰 파일에서는 우리가 정한 해당 변수 이름
(이 경우, title)을 사용해서 데이터 내용을 액세스할 수 있다.

두 번째 라우트에서는 View::make()를 변수에 할당하고, 그 객체의 프로퍼티
로 전달할 데이터 값을 설정했다. 그런 다음에 해당 뷰에서 그 프로퍼티를 변
수처럼 액세스할 수 있다. 뷰를 출력할 때는 해당 뷰 객체 변수만을 반환하면
된다.

194

데이터를 뷰에 전달하는 그 밖의 방법은 두 번째 라우트에서 사용한 방법과
유사하지만 객체 대신 배열을 사용하는 방법이다. 따라서 아래와 같이 기존
코드를 바꿔서 사용할 수 있다.

```
$view = View::make('myviews.second');
$view['my_name'] = 'John Doe';
$view['my_city'] = 'Austin';
return $view;
```

다른 뷰나 중첩 뷰 안에 뷰를 로딩

웹 애플리케이션의 대부분 페이지들의 레이아웃과 HTML 구조가 서로 비슷하
다. 라라벨에서는 중첩 뷰nested views를 사용해 중복되는 HTML을 분리해 낼 수
있다.

이 해법은 '기본 뷰의 생성과 사용' 절에서 작성한 코드를 기본 줄기로 사용한
다.

이 해법을 완성하려면 다음 절차를 따른다.

1. app/views 디렉터리 안에 common이라는 새로운 폴더를 만든다.
2. common 디렉터리 안에 header.php라는 파일을 만들고 다음처럼 코드를
   추가한다.

```
<!doctype html>
<html lang="en">
  <head>
    <meta charset="utf-8">
    <title>My Website</title>
  </head>
  <body>
```

3. common 디렉터리 안에 footer.php라는 파일을 만들고 다음처럼 코드를 추가한다.

```
      <footer>&copy; 2014 MyCompany</footer>
  </body>
</html>
```

4. common 디렉터리 안에 userinfo.php라는 파일을 만들고 다음처럼 코드를 추가한다.

```
<p>You are <?= $my_name ?>, from <?= $my_city ?></p>
```

5. app/routes.php 파일 안에서 home과 second 라우트를 수정해서 다음처럼 중첩 뷰를 포함시킨다.

```
Route::get('home', function()
{
  return View::make('myviews.home')
    ->nest('header', 'common.header')
    ->nest('footer', 'common.footer');
});

Route::get('second', function()
{
  $view = View::make('myviews.second');
  $view->nest('header', 'common.header')
    ->nest('footer','common.footer');
  $view->nest('userinfo', 'common.userinfo',
```

```
        array('my_name' => 'John Doe', 'my_city' => 'Austin'));
    return $view;
});
```

6. views/myviews 디렉터리에서 home.php를 열고 다음처럼 코드를 수정
    한다.

```
<?= $header ?>
<h1>Welcome to the Home page!</h1>
<p>
  <a href="second">Go to Second Page</a>
</p>
<?= $footer ?>
```

7. views/myviews 디렉터리에서 second.php를 열고 다음처럼 코드를 수정
    한다.

```
<?= $header ?>
<h1>Welcome to the Second Page</h1>
<?= $userinfo ?>
<p>
  <a href="home">Go to Home Page</a>
</p>
<?= $footer ?>
```

8. http://{example.dev}/home에 접속한 뒤 링크를 클릭해 뷰가 정상 동작
    하는지 확인한다. ({example.dev}은 접속할 서버의 URL이다.)

예제 분석

시작하려면 우리는 먼저 뷰에서 헤더header와 푸터footer 코드를 분리해야 한다.
헤더와 푸터 코드는 모든 페이지에서 동일하므로, app/views 폴더에 common
이라는 하위 디렉터리를 만들고 거기에 파일로 저장한다. 첫 번째 header.php
파일은 처음부터 <body> 태그까지의 모든 내용을 포함하고, 두 번째 footer.

php 파일은 페이지 하단부 HTML의 내용을 포함한다.

세 번째 파일은 userinfo 뷰의 내용을 지닌다. 사용자 계정이 있어서, 각 개인 프로파일 정보를 보유하는 웹 사이트의 경우에 사이드 바$_{sidebar}$나 헤더 부분에 사용자 정보 데이터를 출력시키곤 한다. 여기에서는, userinfo 뷰를 만들어서 이 뷰에 사용할 데이터를 전달하는 형태로 전체 뷰로부터 이 부분을 따로 분리해 냈다.

home 라우트는 홈 뷰 및 헤더와 푸터를 담는 서브 뷰를 사용한다. 서브 뷰를 포함시킬 때 사용하는 nest() 메소드의 첫 번째 인자는 메인 뷰에서 사용할 변수 이름이고, 두 번째 인자는 그 서브 뷰 파일의 위치이다. 이 예제의 경우에 는 서브 뷰 파일이 common이라는 하위 디렉터리에 위치하므로, 그 파일을 참조하려고 점 표기를 사용했다.

home 뷰에서 전달받은 중첩 뷰를 출력시키려면 라우트 안에서 사용한 변수명을 사용한다.

second 라우트는 헤더 뷰와 푸터 뷰 뿐만 아니라 userinfo 뷰도 서브 뷰로 사용한다. 이 경우에 nest() 메소드의 3번째 인자 값으로 해당 서브 뷰에서 필요로 하는 데이터의 배열을 넘겼다. 그러면 메인 뷰에서 userinfo 뷰를 출력할 때 자동으로 그 변수값 내용이 포함된다.

참고 사항

'데이터를 뷰로 전달' 절을 참고하자.

애셋 추가

동적인 웹사이트는 대부분 자바스크립트와 CSS를 사용한다. 라라벨 애셋 패키지는 이러한 애셋$_{assets}$[2]을 쉽게 관리하고 뷰에 삽입할 수 있게 하는 편리한 방법들을 제공한다.

---

2 웹 개발에 관련된 js/css 자원을 통틀어 지칭한다. _ 옮긴이

이 해법은 '다른 뷰나 중첩 뷰 안에 뷰를 로딩' 절에서 작성한 코드를 사용한다.

이 해법을 완성하려면 다음 절차를 따른다.

1. composer.json 파일을 열어 require 섹션에 다음처럼 애셋 패키지를 추가해 넣는다.

    ```
    "require": {
      "laravel/framework": "4.0.*",
      "teepluss/asset": "dev-master"
    },
    ```

2. 해당 패키지를 내려받을 수 있게 명령 행에서 콤포저 업데이트 명령을 실행한다.

    php composer.phar update

3. app/config/app.php 파일을 열어 providers 배열의 마지막 부분에 다음처럼 서비스 프로바이더_{Service Provider}를 추가한다.

    ```
    'Teepluss\Asset\AssetServiceProvider',
    ```

4. 같은 파일의 aliases 배열 안에 다음처럼 해당 패키지를 위한 별명_{alias}을 추가한다.

    ```
    'Asset' => 'Teepluss\Asset\Facades\Asset'
    ```

5. app/filters.php 파일 안에 다음처럼 애셋을 위한 커스텀 필터를 추가한다.

```
Route::filter('assets', function()
{
  Asset::add('jqueryui', 'http://ajax.googleapis.com/ajax/libs/
jqueryui/1.10.2/jquery-ui.min.js', 'jquery');
  Asset::add('jquery', 'http://ajax.googleapis.com/ajax/libs/
jquery/1.10.2/jquery.min.js');
  Asset::add('bootstrap', 'http://netdna.bootstrapcdn.com/twitter-
bootstrap/2.3.2/css/bootstrap-combined.min.css');
});
```

home과 second 라우트에서 해당 필터를 사용하게 수정한다.

```
Route::get('home', array('before' => 'assets', function()
{
  return View::make('myviews.home')
    ->nest('header', 'common.header')
    ->nest('footer', 'common.footer');
}));

Route::get('second', array('before' => 'assets', function()
{
  $view = View::make('myviews.second');
  $view->nest('header', 'common.header')
      ->nest('footer', 'common.footer');
  $view->nest('userinfo', 'common.userinfo',
    array('my_name' => 'John Doe', 'my_city' => 'Austin'));
  return $view;
}));
```

6. views/common 디렉터리 안에서 header.php 파일을 열고 다음처럼 코드
   를 수정한다.

```
<!doctype html>
<html lang="en">
  <head>
    <meta charset="utf-8">
    <title>My Website</title>
```

```
    <?= Asset::styles() ?>
  </head>
  <body>
```

7. views/common 디렉터리 안에서 footer.php 파일을 열고 다음처럼 코드를 수정한다.

```
    <footer>&copy; 2014 MyCompany</footer>
    <?= Asset::scripts() ?>
  </body>
</html>
```

8. http://{example.dev}/home에 접속한 뒤 링크를 클릭해 뷰가 정상 동작하는지 확인한다. ({example.dev}은 접속할 서버의 URL이다.) 그리고 페이지 소스보기를 해 해당 애셋의 js/css 자원들이 포함되었는지 확인한다.

예제 분석

이 애셋 패키지는 HTML에 자바스크립트 파일과 CSS 파일을 쉽게 추가할 수 있도록 해준다. 우선, 라우트에 사용하려는 각 애셋을 등록하는 과정이 필요하다. 이 예제에서는 이를 쉽게 처리하려고 필터를 이용해 그 안에 필요한 모든 애셋을 추가하고 라우트 이전에 호출되도록 했다.

이런 방식으로 구현하면 애셋 등록에 관련된 코드를 한 곳에 유지할 수 있어 관리가 아주 용이해진다. 이 예제에서는 제이쿼리, 제이쿼리 UI, 부트스트랩 CSS를 CDN 소스로부터 사용했다.

add() 메소드의 첫 번째 인자는 해당 애셋에 부여하는 이름이다. 두 번째 인자는 그 애셋의 URL인데 이는 상대 경로가 될 수도 있고 절대 URL 경로가 될 수도 있다. 세 번째 옵션 인자는 해당 애셋의 의존성dependency 값이다. 이 예제에서 사용한 제이쿼리 UI의 경우에 제이쿼리가 먼저 로드되어 있어야만 한다는 의존 관계가 있으므로 세 번째 인자 값으로 제이쿼리를 전달했다.

그런 다음, 필터를 추가하려고 라우트를 수정했다. 이 필터 안에서 애셋을 추가하거나 삭제하면, 그 변경내용이 각 라우트에 자동으로 반영된다.

중첩 뷰를 사용하므로, 헤더와 푸터 뷰에만 애셋을 추가하면 된다. CSS 파일들은 styles() 메소드로 호출하고, 자바스크립트 파일들은 scripts() 메소드로 호출한다. 라라벨은 애셋 파일들의 확장자를 체크해서 자동으로 정확한 장소에 애셋을 배치시킨다. 소스 코드를 살펴보면, 라라벨이 제이쿼리를 제이쿼리 UI 이전에 배치한 것을 알 수 있는데, 이는 의존성 옵션을 통해 이런 순서로 출력되도록 설정했기 때문이다.

참고 사항

5장의 '라우트에 필터 사용' 절을 참고하자.

블레이드 사용

PHP에서 사용할 수 있는 다양한 템플릿 엔진들 중에서 라라벨의 블레이드Blade는 가장 훌륭한 제품 중 하나다. 이번 해법에서는 블레이드 템플릿 엔진을 사용할 수 있는 손쉬운 확장법을 살펴본다.

준비

이 해법에는 라라벨의 표준 설치가 필요하다.

예제 구현

이 해법을 완성하려면 다음 절차를 따른다.

1. app/routes.php 파일 안에, 다음처럼 페이지를 위한 새로운 라우트를 만든다.

```
Route::get('blade-home', function()
```

202

```
{
  return View::make('blade.home');
});

Route::get('blade-second', function()
{
  return View::make('blade.second');
});
```

2. app/views 디렉터리 안에 layout이라는 새 폴더를 만든다.

3. app/views/layout 디렉터리 안에, index.blade.php라는 파일을 만들고 다음 코드를 추가한다.

```
<!doctype html>
<html lang="en">
  <head>
    <meta charset="utf-8">
    <title>My Site</title>
  </head>
  <body>
    <h1>
    @section('page_title')
      Welcome to
    @show
    </h1>
    @yield('content')
  </body>
</html>
```

4. app/views 디렉터리 안에 blade라는 폴더를 생성한다.

5. app/views/blade 디렉터리 안에 home.blade.php라는 파일을 만들고 다음 코드를 추가한다.

```
@extends('layout.index')

@section('page_title')
  @parent
    Our Blade Home
@endsection

@section('content')
  <p>
    Go to {{ HTML::link('blade-second', 'the Second Page.') }}
  </p>
@endsection
```

6. app/views/blade 디렉터리 안에 second.blade.php라는 파일을 만들고 다음 코드를 추가한다.

```
@extends('layout.index')

@section('page_title')
  @parent
    Our Second Blade Page
@endsection

@section('content')
  <p>
    Go to {{ HTML::link('blade-home', 'the Home Page.')}}
  </p>
@endsection
```

7. http://{example.dev}/blade-home에 접속한 뒤 링크를 클릭해 뷰가 정상 동작하는지 확인한다. ({example.dev}은 접속할 서버의 URL이다.) 그리고 페이지 소스 보기를 해 블레이드 레이아웃이 포함되었는지 확인한다.

예제 분석

예제의 시작부에서는, 블레이드 뷰를 반환하는 간단한 라우트를 만든다. 점 표기를 사용한 것을 보면, app/views 폴더의 하위 디렉터리인 blade 디렉터리 안에 사용할 뷰 파일이 들어간다는 것을 알 수 있다.

다음 단계는 블레이드 레이아웃 뷰를 생성하는 것이다. 이 뷰는 모든 페이지들의 뼈대가 되며, app/views 폴터의 하위 디렉터리인 layout 디렉터리 안에 놓인다. 그리고 해당 파일의 파일 확장자는 blade.php이다. 이 블레이드 레이아웃 뷰는 @section()과 @yield() 영역이 있다는 두 가지 예외사항을 제외하면 그냥 단순한 HTML이다. 그 영역이 뷰 안에서 변경되거나 추가될 부분이다.

라우트의 뷰는 어떤 블레이드 레이아웃을 사용할 것인지 선언하는 부분으로 시작한다. 이 예제의 경우는 @extends('layout.index')를 사용했고 그 레이아웃의 @section('content') 영역은 사용자가 지정한 내용으로 추가되거나 변경된다. @section('page_title') 영역의 경우, 레이아웃 뷰에 기본으로 들어있는 내용에 사용자가 @section('page_title')부터 @endsection 안에서 지정한 내용을 덧붙여서 출력하는데, 이를 위해서 그 섹션의 시작 부분에서 @parent를 호출했다.

@section('content')의 경우에는 레이아웃 안에 기본적으로 들어있는 내용이 없으므로, 사용자가 @section('content')부터 @endsection 안에서 지정한 내용으로 대체된다. 블레이드를 사용할 때 이중 중괄호 {{ }}를 사용하면 PHP 문의 모든 결과도 출력할 수 있다. 이 예제에서는 링크를 출력하는 라라벨 HTML::link() 메소드의 내용을 출력하려고 이중괄호를 사용했다. 이제 브라우저를 이용해서 해당 페이지에 가보면 모든 콘텐츠 영역이 레이아웃 안의 정확한 장소에 표시되는 것을 확인할 수 있다.

트윅 템플릿 엔진 사용

라라벨은 훌륭한 블레이드 템플릿 엔진을 지니고 있지만, 간혹 다른 PHP 템플릿 라이브러리를 사용해야만 하는 경우도 있다. 트윅Twig이라는 인기있는 템플 릿 엔진이 있는데, 이번 해법은 이 트윅 템플릿 엔진을 라라벨 애플리케이션 에서 어떻게 사용할 수 있는지 살펴본다.

준비

이 해법에는 라라벨의 표준 설치가 필요하다.

예제 구현

이 해법을 완성하려면 다음 절차를 따른다.

1. composer.json 파일을 열어 `require` 섹션에 다음 라인을 추가한다.

   ```
   "rcrowe/twigbridge": "0.4.*"
   ```

2. 해당 패키지(TwigBridge)를 설치할 수 있게 명령 행에서 콤포저 업데이트 명령을 실행한다.

   php composer.phar update

3. app/config/app.php 파일을 열어 `providers` 배열 마지막 부분에 다음처 럼 서비스 프로바이더를 추가한다.

   ```
   'TwigBridge\TwigServiceProvider'
   ```

4. 명령 행에서 해당 패키지(TwigBridge)용 설정 파일을 생성하려면 다음 명령 을 실행한다.

   php artisan config:publish rcrowe/twigbridge

5. app/routes.php에서 다음 라우트를 생성한다.

   ```
   Route::get('twigview', function()
   {
   ```

```
    $link = HTML::link('http://laravel.com', 'the Laravel site.');
    return View::make('twig')->with('link', $link);
});
```

6. views 디렉터리 안에 twiglayout.twig라는 파일을 생성하고 다음 코드를 추가한다.

```
<!doctype html>
<html lang="en">
  <head>
    <meta charset="utf-8">
    <title>My Site</title>
  </head>
  <body>
  <h1>
    {% block page_title %}
      Welcome to
    {% endblock %}
  </h1>
  {% block content %}{% endblock %}
  </body>
</html>
```

7. app/views 디렉터리에 twig.twig라는 파일을 생성하고 다음 코드를 추가한다.

```
{% extends "twiglayout.twig" %}

{% block page_title %}
  {{ parent() }}
  My Twig Page
{% endblock %}

{% block content %}
  <p>
    Go to {{ link|raw }}
```

```
    </p>
{% endblock %}
```

8. http://{example.dev}/twigview에 접속한 뒤 링크를 클릭해 뷰가 정상 동
   작하는지 확인한다. ({example.dev}은 접속할 서버의 URL이다.) 그리고 페이지 소
   스 보기를 해 해당 트윅 레이아웃이 포함되었는지 확인한다.

예제 분석

애플리케이션에 TwigBranch 패키지를 설치하는 것부터 시작한다. 이 패키지
를 설치하면 트윅 라이브러리도 같이 설치된다. 설치가 끝나면 php artisan 명
령을 사용해서 해당 패키지의 설정 파일을 생성하고 해당 서비스 프로바이더
를 추가한다.

라우트 안에서, 라라벨에 내장된 뷰 라이브러리와 동일한 문법을 사용해 뷰를
호출한다. 또한 간단한 링크를 생성해서 변수에 저장하고, 그 변수를 해당 뷰
로 전달했다.

그런 다음에 사용할 레이아웃을 생성한다. 모든 트윅 뷰 파일은 .twig 확장자
를 갖고 있어야만 하므로 이 예제의 레이아웃을 twiglayout.twig 이라 명명했
다. 해당 레이아웃의 내부에는 표준 HTML 뼈대에 트윅용 콘텐츠 영역 두 개가
들어있다. page_title 블록 영역에는 기본 내용이 있고, content 블록 영역에
는 기본 내용이 없다.

라우트의 뷰는 레이아웃 뷰를 확장하는 것으로 시작한다. 라우트의 page_
title 블록 영역에서 {{ parent() }}를 사용했으므로, 레이아웃의 page_
title 블록 영역에 기본적으로 들어있는 내용이 먼저 출력된 후, 해당 라우트
의 뷰에서 지정한 내용이 추가로 출력된다. 그 다음 위치한 content 블록 영
역에서는 변수로 전달한 링크를 출력한다. 트윅 템플릿에서는 변수 앞에 달러
기호($)를 사용하지 않으며, HTML 내용을 전달 시 자동으로 이스케이프escape
처리를 하므로, 예제에서 보인 것처럼 링크를 출력 시 raw 필터를 반드시 지정
해서 이스케이프 처리를 막아야 한다.

이제 브라우저로 해당 페이지에 가면 모든 내용이 제대로 표시되는 것을 볼 수 있다.

고급 블레이드 사용법 활용

라라벨의 블레이드 템플린 엔진을 사용할 때, 빠르게 개발할 수 있도록 만들어 주는 강력한 컨트롤 구조를 사용할 수 있다. 이 해법에서는 데이터를 블레이드 뷰로 전달한 후에 루프문과 조건문을 사용해 본다.

이 해법을 위해서 '블레이드 사용' 절에서 작성한 코드가 필요하다.

이 해법을 완성하려면 다음 절차를 따른다.

1. app/routes.php 파일을 열어 blade-home과 blade-second 라우트를 다음처럼 수정한다.

```
Route::get('blade-home', function()
{
  $movies = array(
    array('name' => 'Star Wars', 'year' => '1977',
      'slug'=> 'star-wars'),
    array('name' => 'The Matrix', 'year' => '1999', 'slug' => 'matrix'),
    array('name' => 'Die Hard', 'year' => '1988', 'slug'=> 'die-hard'),
    array('name' => 'Clerks', 'year' => '1994', 'slug' => 'clerks')
  );
  return View::make('blade.home')->with('movies', $movies);
});

Route::get('blade-second/(:any)', function($slug)
```

```
{
  $movies = array(
    'star-wars' => array('name' => 'Star Wars', 'year' => '1977',
      'genre' => 'Sci-Fi'),
    'matrix' => array('name' => 'The Matrix', 'year' => '1999',
      'genre' => 'Sci-Fi'),
    'die-hard' => array('name' => 'Die Hard', 'year' => '1988',
      'genre' => 'Action'),
    'clerks' => array('name' => 'Clerks', 'year' => '1994', 'genre'
      => 'Comedy')
  );
  return View::make('blade.second')->with('movie', $movies[$slug]);
});
```

2. app/views/blade 디렉터리 안에서, home.blade.php 파일을 다음처럼 수
정한다.

```
@extends('layout.index')

@section('page_title')
  @parent
    Our List of Movies
@endsection

@section('content')
  <ul>
    @foreach ($movies as $movie)
      <li>
        {{ HTML::link('blade-second/' . $movie['slug'],
          $movie['name']) }} ( {{ $movie['year'] }} )
      </li>
      @if ($movie['name'] == 'Die Hard')
        <ul>
          <li>Main character: John McClane</li>
        </ul>
      @endif
    @endforeach
```

```
    </ul>
@endsection
```

3. app/views/blade 디렉터리에서, second.blade.php 파일을 다음처럼 수정한다.

```
@extends('layout.index')

@section('page_title')
  @parent
    Our {{ $movie['name'] }} Page
@endsection

@section('content')
  @include('blade.info')
  <p>
    Go to {{ HTML::link('blade-home', 'the Home Page.') }}
  </p>
@endsection
```

4. app/views/blade 디렉터리 안에서 info.blade.php라는 파일을 생성하고 다음 내용을 추가한다.

```
<h1>{{ $movie['name'] }}</h1>
<p>Year: {{ $movie['year'] }}</p>
<p>Genre: {{ $movie['genre'] }}</p>
```

5. http://{example.dev}/blade-home에 접속한 뒤 링크를 클릭해, 뷰가 정상으로 동작하는지 확인한다. ({example.dev}은 접속할 서버의 URL이다.)

예제 분석

이 해법에서는 블레이드 뷰에 데이터를 전달해서 루프를 돌리고 조건문을 사용해 보겠다. 일반적으로 데이터의 경우에 모델의 데이터베이스로부터 조건 질의에 맞는 결과를 받아와서 사용하지만, 이 예제에서는 필요한 부분만 단순하게 구현해 보이려고 라우트 안에 배열을 만들고 그 배열에 임의의 데이터를 할당했다.

첫 번째 라우트에서 movies라는 배열을 만들었는데 이 배열은 영화제목, 출시년도, 슬러그slug[3] 등의 값을 지닌다. 두 번째 라우트에도 movies라는 배열이 있지만 구조는 조금 다르다. 이 배열은 슬러그 값을 키key로 하고 해당 영화의 상세 정보를 값value으로 하는 구조로 되어있다. 해당 라우트의 URL 주소 안에서 그 슬러그 값을 입력받고 해당 입력 슬러그 값을 이용해 해당 영화의 상세 정보를 뷰로 전달한다.

첫 번째 뷰에서는 @foreach 루프를 만들고, 전달받은 배열 데이터로 그 루프를 돌린다. @if 조건문을 사용해서 특정 영화인지 체크하고 추가 정보를 출력하게 하는 부분도 포함되어 있다. 루프를 돌면서 두 번째 라우트로의 링크를 출력시키는데 그 링크에는 슬러그 값을 사용했다.

두 번째 뷰의 page_title 섹션에서 영화 제목을 출력하지만 content 섹션 안에서도 @include()를 사용해 또 다른 블레이드 뷰를 포함하고, 그 뷰를 통해 해당 영화의 모든 정보를 출력한다. 이처럼 전달받은 모든 데이터 내용을 포함된 뷰 안에서도 사용할 수 있다. 따라서 info 뷰의 경우에 상위 뷰와 마찬가지로 라우트 안에서 설정 후 전달한 $movie 변수를 그대로 사용할 수 있다.

콘텐츠의 다국어 지원

애플리케이션을 여러 나라 사람이 사용하거나 그 밖의 언어를 사용하는 사람들도 사용하게 된다면, 콘텐츠의 다국어 지원이 필요하다. 라라벨은 이를 쉽게 지원하는 방법을 제공한다.

---

3 URL의 일부로 사용하는 키워드 _ 옮긴이

이 해법에는 라라벨의 표준 설치가 필요하다.

이 해법을 완성하려면 다음 절차를 따른다.

1. app/lang 디렉터리 안에 en, es, ko라는 새로운 디렉터리 세 개를 만든다.
   (만들어져 있다면 생략한다.)

2. en 디렉터리 안에 localized.php라는 파일을 만들고 다음 코드를 추가한다.

```php
<?php

return array(
    'greeting' => 'Good morning :name',
    'meetyou' => 'Nice to meet you!',
    'goodbye' => 'Goodbye, see you tomorrow.',
);
```

3. es 디렉터리 안에 localized.php라는 파일을 만들고 다음 코드를 추가한다.

```php
<?php

return array(
    'greeting' => 'Buenos días :name',
    'meetyou' => 'Mucho gusto!',
    'goodbye' => 'Adiós, hasta mañana.',
);
```

4. ko 디렉터리 안에 localized.php라는 파일을 만들고 다음 코드를 추가한다.

```php
<?php

return array(
    'greeting' => '안녕하세요 :name 님',
    'meetyou' => '만나서 반가와요!',
    'goodbye' => '안녕히 가세요. 내일 또 만나요.',
);
```

5. app/routes.php 파일 안에 다음처럼 라우트 네 개를 만든다.

```php
Route::get('choose', function()
{
    return View::make('language.choose');
});

Route::post('choose', function()
{
    Session::put('lang', Input::get('language'));
    return Redirect::to('localized');
});

Route::get('localized', function()
{
    $lang = Session::get('lang', function() { return 'en';});
    App::setLocale($lang);
    return View::make('language.localized');
});

Route::get('localized-korean', function()
{
    App::setLocale('ko');
    return View::make('language.localized-korean');
});
```

6. app/views 디렉터리 안에 language라는 폴더를 만든다.

7. app/views/language 안에 choose.php라는 파일을 만들고 다음 코드를

추가한다.

```
<h2>Choose a Language:</h2>
<?= Form::open() ?>
<?= Form::select('language', array('en' => 'English', 'es'
    => 'Spanish')) ?>
<?= Form::submit() ?>
<?= Form::close() ?>
```

8. app/views/language 디렉터리 안에 localized.php라는 파일을 만들고 다음 코드를 추가한다.

```
<h2>
    <?= Lang::get('localized.greeting', array('name' =>
      'Lindsay Weir')) ?>
</h2>
<p>
    <?= Lang::get('localized.meetyou') ?>
</p>
<p>
    <?= Lang::get('localized.goodbye') ?>
</p>
<p>
    <?= HTML::link('localized-korean', 'Page 2') ?>
</p>
```

9. app/views/language 디렉터리 안에 localized-korean.php라는 파일을 만들고 다음 코드를 추가한다.

```
<h2>
    <?= Lang::get('localized.greeting', array('name' =>
      'Lindsay Weir')) ?>
</h2>
<p>
    <?= Lang::get('localized.meetyou') ?>
</p>
<p>
    <?= Lang::get('localized.goodbye') ?>
```

```
</p>
```

10. 브라우저에서 http://{example.dev}/choose에 접속해 폼을 제출하고 다 국어 지원 테스트를 해 본다. ({example.dev}은 접속할 서버의 URL이다.)

예제 분석

이번 해법에서는 app/lang 디렉터리 안에 지원할 언어 디렉터리들을 설정하는 것부터 시작한다. 영어 파일은 en 디렉터리를 사용하고, 스페인어 파일은 es 디렉터리를, 그리고 한국어 파일은 ko 디렉터리를 사용한다. 각 디렉터리 안에 모두 동일한 이름을 사용해 파일을 만들고, 그 파일 안에 동일한 키 값을 지닌 배열을 추가한다.

첫 번째 라우트는 언어 선택 페이지이며, 이 페이지에서 사용자는 영어나 스 페인어를 선택할 수 있다. 사용자가 폼을 제출하면 POST 방식으로 해당 라우 트를 호출하는데, 이 POST 라우트에서는 사용자가 선택한 언어를 세션에 저 장한 뒤에 해당 언어를 사용해 내용을 출력하는 localized 라우트로 사용자를 이동시킨다.

localized 라우트는 세션 값을 검사해서 선택한 언어 값을 애플리케이션의 지역정보를 설정하는 App::setLocale() 메소드로 전달한다. 설정된 세션이 없는 경우라면 기본 값으로 영어('en')를 선택한다.

localized 뷰에서는 Lang::get() 메소드를 이용해서 텍스트를 출력한다. app/ lang 하위에 존재하는 언어 파일의 첫 번째 라인에는 :name이라는 자리표시 자place holder가 있으므로, 해당 언어 파일을 호출할 때 자리표시자 이름을 키 값으로 하는 배열을 사용해 값을 전달할 수 있다. (이 예제에서는 array('name' => 'Lindsay Weir')를 사용했다.)

마지막 라우트는 라우트 안에서 정적으로 기본 언어를 설정하는 방법을 보여 준다.

라라벨에서 메뉴 만들기

메뉴는 모든 웹사이트의 일반적인 기능이다. 이 해법에서는 라라벨의 중첩 뷰를 사용해, 우리가 어느 페이지에 있는지에 따라 그 메뉴 아이템의 기본 '상태 값'이 바뀌게 한다.

이 해법에는 라라벨의 표준 설치가 필요하다.

이 해법을 완성하려면 다음 절차를 따른다.

1. app/routes.php 파일 안에 다음과 같은 세 가지 라우트를 만든다.

```
Route::get('menu-one', function()
{
  return View::make('menu-layout')
  ->nest('menu', 'menu-menu')
  ->nest('content', 'menu-one');
});

Route::get('menu-two', function()
{
  return View::make('menu-layout')
  ->nest('menu', 'menu-menu')
  ->nest('content', 'menu-two');
});

Route::get('menu-three', function()
{
  return View::make('menu-layout')
  ->nest('menu', 'menu-menu')
  ->nest('content', 'menu-three');
});
```

2. app/views 디렉터리 안에 menu-layout.php라는 파일을 만들고 다음 코드를 추가한다.

```
<!doctype html>
<html lang="en">
  <head>
    <meta charset="utf-8">
    <title>Menu Example</title>
    <style>
      #container {
        width: 1024px;
        margin: 0 auto;
        border-left: 2px solid #ddd;
        border-right: 2px solid #ddd;
        padding: 20px;
      }
      #menu { padding: 0 }
      #menu li {
          display: inline-block;
          border: 1px solid #ddf;
          border-radius: 6px;
          margin-right: 12px;
          padding: 4px 12px;
      }
      #menu li a {
          text-decoration: none;
          color: #069;
      }
      #menu li a:hover { text-decoration: underline}
      #menu li.active { background: #069 }
      #menu li.active a { color: #fff }
    </style>
  </head>
  <body>
    <div id="container">
      <?= $menu ?>
      <?= $content ?>
```

```
      </div>
    </body>
  </html>
```

3. app/views 디렉터리에서 menu-menu.php라는 파일을 만들고 다음 코드를 추가한다.

```
<ul id="menu">
  <li class="<?= Request::segment(1) == 'menu-one' ?'active' : ''
    ?>">
  <?= HTML::link('menu-one', 'Page One') ?>
  </li>
  <li class="<?= Request::segment(1) == 'menu-two' ? 'active' : ''
    ?>">
  <?= HTML::link('menu-two', 'Page Two') ?>
  </li>
  <li class="<?= Request::segment(1) == 'menu-three' ?'active' : ''
    ?>">
  <?= HTML::link('menu-three', 'Page Three') ?>
  </li>
</ul>
```

4. app/views 디렉터리에서 menu-one.php, menu-two.php, menu-three.php라는 뷰 파일 세 개를 만든다.

5. menu-one.php에는 다음 코드를 사용한다.

```
<h2>Page One</h2>
<p>
  Lorem ipsum dolor sit amet.
</p>
```

6. menu-two.php에는 다음 코드를 사용한다.

```
<h2>Page Two</h2>
<p>
  Suspendisse eu porta turpis.
</p>
```

7. menu-three.php에는 다음 코드를 사용한다.

```
<h2>Page Three</h2>
<p>
  Nullam varius ultrices varius.
</p>
```

8. 브라우저에서 http://{example.dev}/menu-one을 접속해보고 메뉴 링크들을 클릭해 본다. ({example.dev}은 접속할 서버의 URL이다.)

예제 분석

3개 페이지를 위한 라우트 세 개를 만드는 것부터 시작한다. 각 라우트는 하나의 레이아웃 뷰를 사용하고, 라우트마다 특정한 값을 갖는 메뉴 뷰와 콘텐츠 뷰를 서브 뷰로 포함한다.

레이아웃 뷰는 CSS 요소를 포함한 기본적인 HTML 뼈대이다. 현재 페이지의 메뉴 아이템을 강조 처리highlight하려고 하므로, 강조 처리할 메뉴 아이템에 active라고 명명된 클래스 이름을 사용했다.

다음으로 메뉴 뷰를 만든다. 이 메뉴는 UL(Unordered List)를 사용하고 각 페이지로의 링크를 지닌다. 현재 페이지의 메뉴 아이템에 active 클래스를 추가하려면 라라벨의 Request::segment(1) 메소드를 이용해 현재 사용자가 있는 라우트의 URI를 구한다. 그 값이 메뉴 아이템의 값과 같으면 active 클래스를 추가하고 그렇지 않으면 빈칸으로 남겨둔다. 그런 다음 라라벨의 HTML::link() 메소드를 사용해서 페이지 링크를 추가했다.

나머지 3개 뷰는 하나의 헤더와 몇 자의 단어로 구성된 아주 간단한 콘텐츠 내용이다. 이제 브라우저로 해당 페이지를 접속하면 현재 페이지의 메뉴 아이템만 강조 처리된 것을 볼 수 있다. 반면에 나머지 메뉴 아이템은 강조 처리되지 않는다. 링크를 클릭하면, 클릭한 그 메뉴 아이템만 강조 처리되고 그 밖의 모든 메뉴 아이템의 강조 처리는 사라진다.

부트스트랩 사용

부트스트랩Bootstrap 프론트엔드 프레임워크는 최근에 아주 많은 인기를 누린다. 이 해법에서는 라라벨에서 이 프레임워크를 어떻게 사용하는지 알아 본다.

이 해법에는 라라벨의 표준 설치가 필요하다. 또한 '애셋 추가' 절에서 소개한 애셋 패키지의 설치도 필요하다. 선택적으로 부트스트랩 파일을 내려받아서 로컬에 저장할 수도 있다.

이 해법을 완성하려면 다음 절차를 따른다.

1. app/routes.php 파일 안에 다음처럼 새로운 라우트를 만든다.

```
Route::any('boot', function()
{
  Asset::add('jquery', 'http://ajax.googleapis.com/ajax/libs/
    jquery/1.10.2/jquery.min.js');
  Asset::add('bootstrap-js', 'http://netdna.bootstrapcdn.com/
    twitter-bootstrap/2.3.2/js/bootstrap.min.js', 'jquery');
  Asset::add('bootstrap-css', 'http://netdna.bootstrapcdn.com/
    twitter-bootstrap/2.3.2/css/bootstrap-combined.min.css');
  $superheroes = array('Batman', 'Superman', 'Wolverine',
    'Deadpool', 'Iron Man');
  return View::make('boot')->with('superheroes', $superheroes);
});
```

2. app/views 디렉터리 안에 boot.php라는 파일을 만들어서 다음 코드를 추가한다.

```
<!doctype html>
<html lang="en">
  <head>
    <meta charset="utf-8">
    <title>My Bootstrap Page</title>
    <?= Asset::styles() ?>
  </head>
  <body>
    <div class="container">
      <h1>Using Bootstrap with Laravel</h1>
      <ul class="nav nav-tabs">
        <li class="active">
          <a href="#welcome" data-toggle="tab">Welcome</a></li>
        <li>
          <a href="#about" data-toggle="tab">About Us</a></li>
        <li>
          <a href="#contact" data-toggle="tab">Contact</a></li>
      </ul>
      <div class="tab-content">
        <div class="tab-pane active" id="welcome">
          <h4>Welcome to our site</h4>
          <p>Here's a list of Superheroes:</p>
          <ul>
          <?php foreach($superheroes as $hero): ?>
            <li class="badge badge-info"><?= $hero ?></li>
          <?php endforeach; ?>
          </ul>
        </div>
        <div class="tab-pane" id="about">
          <h4>About Us</h4>
          <p>Cras at dui eros. Ut imperdiet pellentesque
            mi faucibus dapibus.Phasellus vitae lacus at
            massa viverra condimentum quis quis augue.
            Etiam pharetra erat id sem pretium egestas.
            Suspendisse mollis, dolor a sagittis hendrerit,
            urna velit commodo dui, id adipiscing magna
            magna ac ligula. Nunc in ligula nunc.</p>
```

```
        </div>
        <div class="tab-pane" id="contact">
          <h3>Contact Form</h3>
          <?= Form::open('boot', 'POST') ?>
          <?= Form::label('name', 'Your Name') ?>
          <?= Form::text('name') ?>
          <?= Form::label('email', 'Your Email') ?>
          <?= Form::text('email') ?>
          <br>
          <?= Form::button('Send',
              array('class' =>'btn btn-primary')) ?>
          <?= Form::close() ?>
        </div>
      </div>
    </div>
    <?= Asset::scripts() ?>
  </body>
</html>
```

3. 브라우저에서 http://{example.dev}/home에 접속한 뒤 탭을 클릭하며 탭
   간 이동을 해 본다. ({example.dev}은 접속할 서버의 URL이다.)

예제 분석

이 해법에서는 라우트를 한 개 만들고 부트스트랩 탭 플러그인을 사용해
서 콘텐츠의 내용을 바꾼다. 모든 요청에 대응하는 라우트를 만들기 위해서
Route::any()를 사용하고 클로저를 전달했다. 자바스크립트와 CSS 애셋을 추
가하려고 '애셋 추가' 절에서 보여준 방법처럼 필터를 사용할 수 있다. 하지만
이 예제는 한 개의 라우트만 사용할 것이라서 그냥 클로저 내에 해당 애셋을
삽입했다. 또한 필요한 애셋을 로컬에 내려받지 않아도 되므로 그냥 부트스트
랩과 제이쿼리의 CDN 버전을 사용했다.

이 라우트 안에서 사용할 샘플 데이터도 필요하다. 물론, 데이터베이스로부터
필요한 데이터를 가져오는 것이 애플리케이션을 만들기 위한 일반적인 구현

방법이겠지만, 이 예제의 목적에 맞춰 슈퍼 히어로들의 이름을 내용으로 하는 간단한 배열을 라우트 안에 만들었고 그 배열을 뷰로 전달해 사용했다.

뷰는 HTML 뼈대를 가지고 있는데 헤더부에 CSS 스타일 자원을 포함시켰고 </body> 태그를 닫기 바로 전에 스크립트 자원을 포함시켰다. 페이지의 상단부에는 탭 링크를 만들기 위해서 nav, nav-tabs, data-toggle과 같은 부트스트랩의 내비게이션 스타일들과 데이터 속성 값들을 사용했다. 그 다음 <body> 태그 영역 안에 3개의 탭 패널tab-pane을 사용했는데, 각 패널pane은 내비게이션 메뉴 안의 <a href> 태그에 대응하는 id 값을 지닌다.

브라우저에서 해당 페이지를 열어 보면, 첫 번째 페이지만 보이고 그 밖의 나머지 내용은 보이지 않는다. 다른 탭을 클릭하면 비로소 해당 탭과 연결된 패널이 보이도록 전환된다.

참고 사항

'애셋 추가' 절을 참고하자.

네임드 뷰와 뷰 콤포저 사용

이 해법에서는 라우트의 코드를 간단하게 만들기 위해서 라라벨의 네임드 뷰와 뷰 콤포저를 사용하는 법을 살펴본다.

준비

이 해법은 '라라벨에서 메뉴 만들기' 절에서 작성한 코드를 사용한다. 또한 '애셋 추가' 절에서 소개한 애셋 패키지의 설치도 필요하다.

이 해법을 완성하려면 다음 절차를 따른다.

1. app/routes.php 파일 안에 다음 코드를 추가해 네임드 뷰를 등록한다.

```
View::name('menu-layout', 'layout');
```

2. app/routes.php 파일에서 뷰 콤포저를 다음처럼 추가한다.

```
View::composer('menu-layout', function($view)
{
  Asset::add('bootstrap-css', 'http://netdna.bootstrapcdn.com/
    twitter-bootstrap/2.2.2/css/bootstrap-combined.min.css');
  $view->nest('menu', 'menu-menu');
  $view->with('page_title', 'View Composer Title');
});
```

3. app/routes.php 파일에서 메뉴 라우트를 다음처럼 수정한다.

```
Route::get('menu-one', function()
{
  return View::of('layout')->nest('content', 'menu-one');
});

Route::get('menu-two', function()
{
  return View::of('layout')->nest('content', 'menu-two');
});

Route::get('menu-three', function()
{
  return View::of('layout')->nest('content', 'menu-three');
});
```

4. app/views 디렉터리에서, menu-layout.php 파일을 다음 코드로 수정한다.

```html
<!doctype html>
<html lang="en">
  <head>
    <meta charset="utf-8">
    <title><?= $page_title ?></title>
    <?= Asset::styles() ?>
    <style>
      #container {
        width: 1024px;
        margin: 0 auto;
        border-left: 2px solid #ddd;
        border-right: 2px solid #ddd;
        padding: 20px;
      }
      #menu { padding: 0 }
      #menu li {
        display: inline-block;
        border: 1px solid #ddf;
        border-radius: 6px;
        margin-right: 12px;
        padding: 4px 12px;
      }
      #menu li a {
        text-decoration: none;
        color: #069;
      }
      #menu li a:hover { text-decoration: underline }
      #menu li.active { background: #069 }
      #menu li.active a { color: #fff }
    </style>
  </head>
  <body>
    <div id="container">
    <?= $menu ?>
    <?= $content ?>
    </div>
  </body>
</html>
```

5. 브라우저에서 http://{example.dev}/menu-one을 방문 후, 메뉴 링크를 클릭하면서 메뉴 간 이동을 해 본다. ({example.dev}은 접속할 서버의 URL이다.)

예제 분석

이번 해법은 menu-layout 뷰를 위한 새로운 별칭alias을 등록하는 것부터 시작한다. 길거나 복잡한 파일명이나 디렉터리 구조를 갖는 뷰가 있다면 이런식으로 뷰에 간단한 별칭을 부여할 수 있다. 별칭을 사용하면 나중에 뷰 파일명이 바뀌었을 때, 애플리케이션의 여러 곳에서 해당 뷰를 사용하고 있더라도, 맨 처음 별칭을 등록했던 한 줄만 바꾸면 된다.

그 다음으로 뷰 콤포저를 정의했다. 해당 콤포저 콜백함수 안에 있는 모든 코드는 해당 뷰를 생성할 때마다 자동으로 실행된다. 이 예제에서는 뷰를 생성할 때마다 부트스트랩 CSS 파일 애셋, 삽입하려는 서브 뷰, 해당 뷰에 전달하고자 하는 변수 등 세 가지를 포함하게끔 만들었다.

애플리케이션 라우트 파일 안에 만든 메뉴 라우트 세 개를 보면 View::make ('menu-layout') 대신에 우리가 정한 별칭인 layout을 사용해 View::of ('layout')으로 호출하고, 해당 레이아웃의 콘텐츠 영역에 각 서브 뷰를 중첩 뷰로 전달했다. 이 레이아웃 뷰는 뷰 콤포저를 갖고 있으므로 생성될 때마다 자동으로 CSS 애셋이 추가되고, 메뉴가 중첩 뷰로 포함되고, 페이지 타이틀도 전달받는다.

참고 사항

'라라벨에서 메뉴 만들기' 절을 참고하자.

콤포저 패키지 생성과 사용

7

7장에서 다룰 내용은 다음과 같다.

- 패키지를 내려받아 설치
- Generators 패키지 사용
- 라라벨에서 콤포저 패키지를 생성
- Packagist에 콤포저 패키지 등록
- Packagist에 등록하지 않은 패키지를 콤포저에 추가
- 커스텀 artisan 명령 생성

소개

라라벨의 막강한 기능들 중 하나는 번들 패키지를 이용해서 다른 사람들이 만든 클래스 라이브러리를 쉽게 가져다 쓸 수 있는 편의성이다. 라라벨 사이트에는 이미 수많은 유용한 번들 패키지가 존재한다. 특정 업무를 자동화해주는 것도 있고, 제3자 API에 결합하게 도와주는 것도 있다.

콤포저composer는 비교적 최근에 PHP 세계로 등장했는데, 이 콤포저로 인해 라라벨에 특화되지 않은 라이브러리들(또는 패키지들)을 사용하는 것이 가능해졌고, 혹자는 이로 인해 PHP의 르네상스 시대가 열렸다고 표현할 정도다.

7장에서는 각종 번들을 이용해 설치하고 작동해 보며, 다른 사람들이 내려받을 수 있는 번들 패키지까지 만들어 본다. 또한 애플리케이션에서 폭넓은 PHP 라이브러리들을 적용할 수 있도록, 라라벨 설치 시 콤포저를 활용하는 방법도 알아 본다.

패키지를 내려받아 설치

라라벨의 가장 큰 장점 중 하나는 프레임워크 자체가 잘 모듈화되었다는 점이다. 이 라라벨 프레임워크의 대부분을 여러 프로젝트에서 폭넓게 사용 중인데, 이들 프레임워크는 충분히 테스트를 거친 라이브러리(혹은 패키지)를 사용해서 만든 패키지이다. 의존성dependency 관리를 위해 콤포저를 사용하면 그 밖의 유용한 패키지들을 쉽게 불러와서 라라벨 애플리케이션과 매끄럽게 통합시킬 수 있다.

이 해법에서는 아주 유명한 패키지 두 개를 설치한다. 제프리 웨이Jeffrey Way의 '라라벨 4 제너레이터Laravel 4 Generators' 패키지와 이미지 처리 패키지인 '이매진Imagine'이 바로 그것이다.

준비

이 해법에는 콤포저를 사용한 라라벨의 표준 설치가 필요하다.

예제 구현

이 해법을 완성하려면 다음 절차를 따른다.

1. https://packagist.org/에 방문한다.

2. Search packages...라는 검색창에서 다음 스크린 샷에서처럼 way generator
을 검색한다.

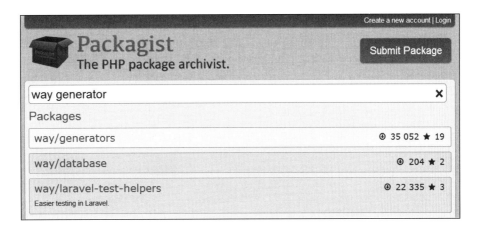

3. way/generators 링크를 클릭한다.

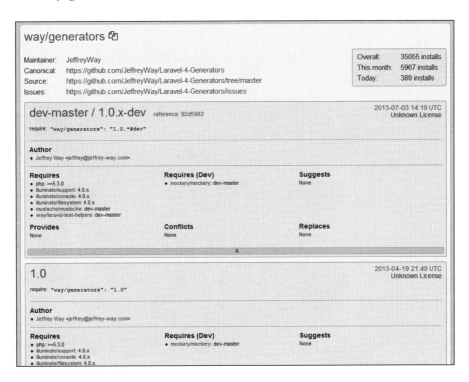

4. https://packagist.org/packages/way/generators에서 상세한 내용을 보고 나서 요건_{requires}을 적은 줄을 주목해 해당 패키지의 버전 정보를 얻는다. 이 예제에서는 'way/generators':'1.0.*'을 사용한다.

5. 애플리케이션의 최상위 디렉터리에서 composer.json 파일을 열고 해당 패키지의 require 섹션에 다음 내용을 추가한다.

```
require": {
    "laravel/framework": "4.0.*",
    "way/generators": "1.0.*"
},
```

6. https://packagist.org/에 다시 방문해 다음 화면처럼 imagine을 검색한다.

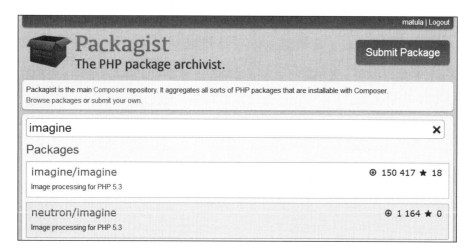

7. imagine/imagine 링크를 클릭하고 dev-master용으로 require 코드를 복사한다.

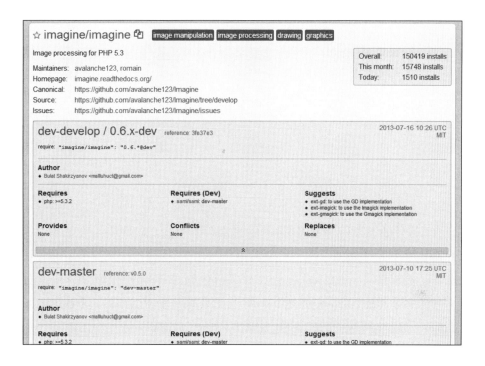

8. 다시 composer.json 파일을 열고 require 섹션에 imagine 패키지를 포함하도록 수정한다. 해당 섹션을 다음처럼 수정해야 한다.

```
"require": {
    "laravel/framework": "4.0.*",
    "way/generators": "1.0.*",
    "imagine/imagine": "dev-master"
},
```

9. 명령 행을 열고 애플리케이션의 최상위 디렉터리로 이동해 다음처럼 콤포저 업데이트 명령을 내린다.

```
php composer.phar update
```

10. 마지막으로 해당 패키지를 위한 서비스 프로바이더를 추가하면 되는데, app/config/app.php 파일을 열어서 `providers` 배열 마지막에 다음 라인을 추가한다.

```
'Way\Generators\GeneratorsServiceProvider'
```

예제 분석

원하는 패키지를 받기 위해 우선 packagist.org 사이트를 방문해 사용하려 하는 패키지를 검색한다. 또는 **Browse packages**라는 링크를 클릭해 최신 패키지와 가장 인기있는 패키지의 리스트를 볼 수도 있다. 원하는 패키지를 클릭하면 해당 패키지의 리포Repository(저장소)와 홈페이지 등 다양한 정보가 나오는 상세 페이지로 이동한다. 또한 패키지 관리자의 링크를 누르면 그 개발자가 배포하는 그 밖의 패키지들도 볼 수 있다.

상세 페이지 하단 부분에는, 해당 패키지의 다양한 버전들이 리스트 형태로 나온다. 특정 버전을 선택해서 그 버전의 상세 페이지를 보면 composer.json 파일에 사용할 `require` 코드가 나온다. 사용자는 해당 패키지의 특정 버전을 정확한 숫자를 입력해서 선택할 수도 있고, 버전 숫자 일부에 와일드카드를 추가한 형태로 입력해서 선택할 수도 있고, 아니면 dev-master를 입력해서 해당 패키지의 master 브랜치상의 최신 업데이트 버전을 선택할 수도 있다. 이예제에서는 Generators 패키지의 경우에 1.0 버전을 사용할 것인데, 해당 버전에 마이너한 픽스 업데이트를 허용하려고 와일드카드를 넣어 1.0.*라고 지정했다. Imagine 패키지의 경우, dev-master로 지정해서 그 리포의 master 브랜치에 무엇이 있든 버전 번호와 상관없이 최신 버전을 내려받게 했다.

콤포저 업데이트 명령을 실행하면, 콤포저는 사용자가 지정한 모든 패키지를 자동으로 내려받고 설치까지 해준다. 마지막으로 애플리케이션에서 Generators 패키지를 사용하려면 app/config/app.php 파일 안에 해당 서비스 프로바이더를 등록해야 한다.

Generators 패키지 사용

제너레이터Generators 패키지는 파일 생성의 상당부분을 자동화해주는 라라벨의 인기 패키지다. 이 패키지를 artisan CLI(command-line interface)를 통해 사용하면 컨트롤러와 모델 뿐만 아니라 뷰, 마이그레이션, 데이터베이스 시드seed 등을 자동으로 생성시켜준다.

준비

이 해법에서는, 제프리 웨이Jeffrey Way가 개발하고 관리하는 라라벨 4 제너레이터 패키지를 사용해 본다. 해당 패키지의 설치법이 '패키지를 내려받아 설치' 절에 설명되어 있다. 또한 정상적으로 동작중인 MySQL 데이터베이스가 필요하다.

예제 구현

이 해법을 완성하려면 다음 절차를 따른다.

1. 명령 행에서 애플리케이션의 최상위 디렉터리로 이동 후, 제너레이터를 이용해 아래와 같이 cities 테이블을 위한 스캐폴드scaffold[1]를 생성한다.

```
php artisan generate:scaffold citites -fields="city:string"
```

2. 명령 행에서 다음처럼 superheroes를 위한 스캐폴드도 생성한다.

```
php artisan generate:scaffold superheroes
  --fields="name:string, city_id:integer:unsigned"
```

3. app/database/seeds 디렉터리에서 CitiesTableSeeder.php라는 파일을 찾아서 열고, $citites 배열에 다음처럼 데이터를 추가한다.

```
<?php
```

---

[1] 편의를 위해 제공하는 보일러플레이트 코드 _ 옮긴이

```php
class CitiesTableSeeder extends Seeder {

  public function run()
  {
    DB::table('cities')->delete();

    $cities = array(
      array(
        'id'         => 1,
        'city'       => 'New York',
        'created_at' => date('Y-m-d g:i:s',time())
      ),
      array(
        'id'         => 2,
        'city'       => 'Metropolis',
        'created_at' => date('Y-m-d g:i:s',time())
        ),
      array(
        'id'         => 3,
        'city'       => 'Gotham',
        'created_at' => date('Y-m-d g:i:s',time())
        )
    );

    DB::table('cities')->insert($cities);
  }
}
```

4. app/database/seeds 디렉터리에서, SuperheroesTableSeeder.php을 열고 데이터를 추가한다.

```php
<?php

class SuperheroesTableSeeder extends Seeder {

  public function run()
```

```
{
    DB::table('superheroes')->delete();

    $superheroes = array(
        array(
            'name'       => 'Spiderman',
            'city_id'    => 1,
            'created_at' => date('Y-m-d g:i:s', time())
        ),
        array(
            'name'       => 'Superman',
            'city_id'    => 2,
            'created_at' => date('Y-m-d g:i:s', time())
        ),
        array(
            'name'       => 'Batman',
            'city_id'    => 3,
            'created_at' => date('Y-m-d g:i:s', time())
        ),
        array(
            'name'       => 'The Thing',
            'city_id'    => 1,
            'created_at' => date('Y-m-d g:i:s', time())
        )
    );

    DB::table('superheroes')->insert($superheroes);
    }
}
```

5. 명령 행에서 다음처럼 artisan 마이그레이션 명령과 데이터베이스 seed 명령을 실행한다.

```
php artisan migrate
php artisan db:seed
```

6. 브라우저를 열고 http://{example.dev}/cities를 방문한다. 그러면 다음과
   같은 화면을 볼 수 있다.

7. 이제 http://{example.dev}/superheroes를 방문하면 다음과 같은 화면을
   볼 수 있다.

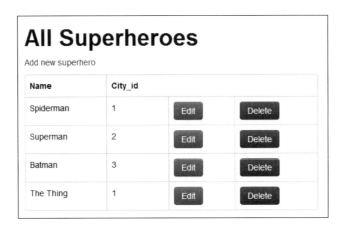

예제 분석

이 해법은 cities와 superheroes 테이블을 위한, 스캐폴드 제너레이터를 실
행하는 것부터 시작한다. --fields 태그를 사용해서 테이블 안에 어떤 칼럼이
필요한지를 지정하고, 데이터 타입같은 옵션도 설정한다. cities 테이블은 도

시명을 위한 칼럼 하나만 만들었고, superheroes 테이블은 영웅superhero의 이름을 위한 칼럼과 그들이 사는 도시의 id 값을 위한 칼럼을 만들었다.

스캐폴드 제너레이터를 실행하면 여러가지 파일들이 자동으로 생성되는데, 예를 들어 cities 테이블에 연관된 것을 나열해 보면 models 디렉터리 안에 City.php 파일, controllers 디렉터리 안에 CitiesController.php 파일, 그리고 views 디렉터리 안에 cities 디렉터리, 그 cities 디렉터리 안에 index, show, create, edit 등 네 개의 뷰가 만들어지고 create_cities_table.php 마이그레이션 파일, CitiesTableSeeder.php 시드 파일, tests 디렉터리 안에 CitiesTest.php 파일도 만들어진다. 또한 DatabaseSeeder.php 파일과 routes.php 파일의 경우에는 필요한 모든 내용이 포함되도록 수정된다.

테이블에 데이터를 추가하려면 CitiesTableSeeder.php 파일을 열고 $cities 배열에 원하는 레코드 내용을 추가한다. SuperheroesTableSeeder.php 파일에도 동일한 방식으로 $superheros 배열의 내용을 추가한다. 그런 다음에 마이그레이션과 시드 명령을 실행하면 데이터베이스가 생성된 후, 원하는 데이터 시드 값들이 해당 테이블에 들어간다.

제너레이터 패키지가 이미 데이터와 뷰를 다루는 데 필요한 기본적인 컨트롤러를 만들었으므로 브라우저로 접속해보면 데이터베이스의 모든 데이터를 볼 수 있다. 그 뿐만 아니라 새로운 레코드를 추가할 수도 있고 기존 레코드를 수정하거나 삭제할 수도 있다.

라라벨에서 콤포저 패키지를 생성

라라벨의 워크벤치를 사용하면 콤포저를 통해 설치 및 사용이 가능한 패키지를 쉽게 만들 수 있다. 또한 해당 패키지가 라라벨 애플리케이션과 매끄럽게 통합될 수 있는 기능을 더할 수도 있다. 이 해법에서는 특정 사용자를 위한 비메오Vimeo 비디오 리스트를 보여 주는 간단한 패키지를 만들어 본다.

이 해법에는 라라벨의 표준 설치가 필요하다.

이 해법을 완성하려면 다음 절차를 따른다.

1. app/config 디렉터리 안에서 workbench.php 파일을 열고 다음 정보로 내용을 수정한다.

```php
<?php

return array(

  'name' => 'Terry Matula',
  'email' => 'terrymatula@gmail.com',

);
```

2. 명령 행에서 다음 artisan 명령을 사용해 새로운 패키지를 설정한다.

```
php artisan workbench matula/vimeolist --resources
```

3. 패키지 소스파일의 홈 디렉터리를 찾아서 Vimedolist.php라는 파일을 만든다. 이 예제에서는, workbench/matula/vimeolist/src/Matula/Vimeolist/ 디렉터리 안에 해당 파일을 만들었다.

```php
<?php namespace Matula\Vimeolist;

class Vimeolist
{
  private $base_url = 'http://vimeo.com/api/v2/{username}/videos.
    json';
  private $username;
```

```php
public function __construct($username = 'userscape') {
  $this->setUser($username);
  return $this;
}

/**
 * Set the username for our list
 *
 * @return void
 */
public function setUser($username = NULL) {
  $this->username = is_null($username) ? $this->username :
    urlencode($username);
  return $this;
}

/**
 * Set up the url and get the contents
 *
 * @return json
 */
private function getFeed() {
  $url  = str_replace('{username}', $this->username,
    $this->base_url);
  $feed = file_get_contents($url);
  return $feed;
}

/**
 * Turn the feed into an object
 *
 * @return object
 */
public function parseFeed() {
    $json = $this->getFeed();
    $object = json_decode($json);
```

```
            return $object;
    }

    /**
     * Get the list and format the return
     *
     * @return array
     */
    public function getList() {
        $list = array();
        $posts = $this->parseFeed();
        foreach ($posts as $post) {
            $list[$post->id]['title'] = $post->title;
            $list[$post->id]['url'] = $post->url;
            $list[$post->id]['description'] = $post->description;
            $list[$post->id]['thumbnail'] = $post->thumbnail_small;
        }
        return $list;
    }
}
```

4. 같은 디렉터리 안에서 VimeolistServiceProvider.php 파일을 열고 다음처 럼 수정한다.

```
<?php namespace Matula\Vimeolist;

use Illuminate\Support\ServiceProvider;

class VimeolistServiceProvider extends ServiceProvider {

    /**
     * Indicates if loading of the provider is deferred.
     *
     * @var bool
     */
    protected $defer = false;
```

```php
/**
 * Bootstrap the application events.
 *
 * @return void
 */
public function boot()
{
  $this->package('matula/vimeolist');
}


/**
 * Register the service provider.
 *
 * @return void
 */
public function register()
{
  $this->app['vimeolist'] = $this->app->share(function($app)
  {
    return new Vimeolist;
  });
}


/**
 * Get the services provided by the provider.
 * @return array
 */
public function provides()
{
  return array('vimeolist');
}
}
```

5. app/config/app.php 파일을 열어서 providers 배열 안에 지금 만든 이 패
   키지를 위한 서비스 프로바이더를 다음처럼 추가한다.

```php
'Matula\Vimeolist\VimeolistServiceProvider',
```

6. 명령 행에서 다음 명령을 실행한다.

```
php composer.phar dump-autoload
```

7. app/routes.php 파일 안에 데이터를 출력시킬 라우트를 다음처럼 추가한다.

```
Route::get('vimeo/{username?}', function($username = null) use ($app)
{
  $vimeo = $app['vimeolist'];
  if ($username) {
    $vimeo->setUser($username);
  }
  dd($vimeo->getList());
});
```

예제 분석

우선 app/config/workbench.php에 위치하는 workbench 설정 파일을 수정해
서 name과 email 옵션 필드에 적당한 값을 써 넣는다. 이 설정 파일은 앞으로
만들 모든 번들 패키지에서 공통적으로 사용된다.

다음으로 새로운 패키지 파일들을 만들기 위해 artisan workbench 명령을 실
행한다. 이 명령은 기본적으로는 프레임워크에 무관한 패키지를 생성하지
만 --resources 플래그를 사용하면 라라벨에서 사용하는 migrations, views,
config 등의 디렉터리를 같이 생성한다. 이 명령의 실행이 끝나면 해당 패키지
파일들을 보관할 새로운 폴더들이 workbench 디렉터리 안에 만들어진다. 디
렉터리 구조를 탐색해 보면 src/{Vendor}/{Package} 디렉터리가 이 패키지 클
래스의 홈 디렉터리이며, 이 곳에 서비스 프로바이더 파일이 위치한다. (이 예제
의 경우 workbench/matula/vimeolist/src/Matula/Vimeolist/이다.) 그곳에 새로 만들 패키지의
클래스 파일을 추가한다.

이 예제 클래스(Vimeolist.php)가 하는 일은 그저 비미오 API로부터 지정한 사용
자를 위한 비디오 리스트를 받아온다. 이 클래스에는 사용자 이름username을 설

정하고, API 엔드 포인트에서 콘텐츠를 가져오고, JSON 데이터를 PHP 객체로 바꾸고, 특정 형식의 배열 생성 후 반환하는 등의 일을 하는 여러 메소드가 있다. 패키지를 만드는 가장 이상적인 방법을 논하자면, tests 디렉터리에 해당 클래스를 위한 테스트 케이스를 만들고, 그 테스트를 패스하는지 검사하는 과정도 필요하다.

해당 패키지가 라라벨 애플리케이션과 잘 결합될 수 있게 하려면, 서비스 프로바이더 파일을 수정해야만 한다.[2] 우선 register() 메소드를 수정해 라라벨 $app 변수에 원하는 이름을 설정한다.[3] 다음으로 provides() 메소드를 수정해 바인딩한 해당 패키지 이름을 반환하게 만든다. 그런 다음에 composer dump-autoload 명령을 실행하면 이 새로운 패키지의 사용 준비가 끝난다.

마지막으로 이 새로운 패키지와 상호 동작하는 라우트를 만드는데, 여기에는 username이란 옵션 인자가 하나 있다. 또한 이 라우트에 애플리케이션 컨테이너 인스턴스인 $app 변수가 전달되도록 해야 한다. 이제 $app['vimeolist'] 를 호출하면 해당 서비스 프로바이더가 자동으로 그 패키지 객체 인스턴스를 생성하고 비메오 비디오 리스트를 액세스하게 만든다. 이 예제에서는 라라벨의 dd() 헬퍼 함수를 사용해서 내용 출력 후 바로 종료해 버리지만, 이 데이터를 뷰로 전달해서 더 근사하게 보이도록 만들 수도 있다.

부연 설명

라라벨에는 패키지를 사용할 때 $vimeo = Vimeolist::setUser() 형태로 호출해서 쓸 수 있게 만드는 파사드façade를 생성하는 옵션이 있다. 라라벨 패키지에 관련된 더 자세한 설명은 http://laravel.com/docs/packages에 있는 라라벨 문서 파일을 참고하자.

---

2 이 서비스 프로바이더는 부트스트랩 기능을 하는 파일이다. 해당 패키지를 사용하기 전, 마이그레이션 설정이 필요하다든지, 파일을 오토 로딩해야 한다든지, 뷰 폴더가 필요하다든지 등의 부트스트랩 기능이 필요하면 이 모든 것을 서비스 프로바이더에서 할 수 있다. _ 옮긴이

3 각 서비스 프로바이더는 $app 프로퍼티를 지닌다. 이 프로퍼티는 애플리케이션 컨테이너의 인스턴스이다. register() 메소드 안에서, $this->app['package'] = new Package; 형태로 새로운 패키지를 애플리케이션 컨테이너에 바인딩할 수 있다. 이 예제에서는, 이 바인딩을 shared 형태의 바인딩으로 만들었는데, 이렇게 하면 애플리케이션 어디서든지 해당 패키지의 동일한 인스턴스를 공유할 수 있다. _ 옮긴이

Packagist에 콤포저 패키지를 등록

Packagist는 콤포저 패키지 리포다. 패키지 배포를 쉽게 하려면 해당 패키지 정보를 packagist.org 웹사이트로 제출해야만 한다. 이 해법에서는 깃허브_{GitHub}에 패키지를 셋업하고, 그 패키지를 Packagist에 추가하는 법을 살펴본다.

준비

이 해법을 위해 '라라벨에서 콤포저 패키지를 생성' 절을 먼저 끝내야 한다. 또한 사용할 수 있는 깃허브 계정도 필요하다.

예제 구현

이 해법을 완성하려면 다음 절차를 따른다.

1. 명령 행에서, workbench/matula/vimeolist 디렉터리로 이동한다. 그리고 로컬 깃_{git} 리포를 다음처럼 만든다.

```
git init
git add -A
git commit -m 'First Package commit'
```

2. https://github.com/new에서 vimeolist라는 이름의 새로운 깃허브 리포를 만든다.

3. 깃허브에 패키지를 추가한다.

```
git remote add origin git@github.com:{username}/vimeolist.git
git push -u origin master"
```

4. https://packagist.org/login/에 방문해 깃허브 계정으로 로그인한다.

5. 다음 스크린 샷 안에 보이는 녹색 **Submit Package**_{패키지 제출} 버튼을 클릭한다.

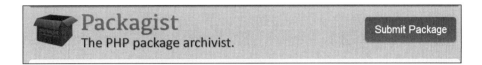

6. 다음 스크린 샷 안에 보이는 것처럼, Repository URL(저장소 URL)이라는 텍스트 필드안에, git://으로 시작하는 깃허브의 Git 읽기전용 URL을 추가한다.

7. Check확인 버튼을 클릭하고, 모든게 정상으로 확인되면 Submit제출 버튼을 클릭한다.

패키지의 메인 디렉터리인 workbench/matula/vimeolist 안에 로컬 깃 리포를 만든다. 그런 다음, 패키지 파일들을 위한 깃허브 리포도 만든다. 현재 작업중인 로컬 리포에 해당 remote 주소를 추가하고, 로컬 리포를 깃허브로 푸시한다.

Packagist 사이트에서, 깃허브 계정으로 로그인하고 packagist.org 액세스를 허용한다. 그런 다음, 해당 패키지의 깃허브 리포에서 깃허브 URL을 카피 후

https://packagist.org/packages/submit에 제출한다. **Check** 버튼을 클릭한 후에는 Packagist가 코드를 살펴보고 콤포저와 사용할 수 있도록 형식을 구성한다. 에러가 발생하면 수정할 부분을 다시 물어본다.

모든 검사가 통과된 후에, **Submit** 버튼을 클릭하면, 제출한 새로운 패키지가 Packagist 웹사이트에 올라간다.

참고 사항

'라라벨에서 콤포저 패키지를 생성' 절을 참고하자.

Packagist에 등록하지 않은 패키지를 콤포저에 추가

composer.json 파일에 한 줄을 추가하는 것만으로, 콤포저가 알아서 패키지를 자동으로 내려받고 설치한다는 점은 매우 훌륭하다. 하지만 이를 위해서는 packagist.org 상에 해당 패키지가 등록되어 있어야만 한다. 이 해법에서는 Packgist에 등록 안된 패키지를 어떻게 설치하고 사용하는지 살펴본다.

준비

이 해법에는 라라벨 표준 설치가 필요하다.

예제 구현

이 해법을 완성하려면 다음 절차를 따른다.

1. 깃허브에서 우리가 사용할 패키지를 찾는다. 예를 들면 이 예제에서는 https://github.com/wesleytodd/Universal-Forms-PHP에 있는 UniversalForms 패키지를 사용해 보겠다.

2. 메인 composer.json 파일을 열어서 require 섹션을 다음처럼 수정한다.

```
"require": {
    "laravel/framework": "4.0.*",
    "wesleytodd/universal-forms": "dev-master"
},
```

3. composer.json의 `require` 섹션 아래에, 다음처럼 사용하려는 패키지의
   저장소_{repository}를 추가한다.

```
"repositories": [
  {
    "type": "vcs",
    "url": "https://github.com/wesleytodd/Universal-Forms-PHP"
  }
],
```

4. 명령 행에서 다음처럼 콤포저 업데이트 명령을 실행한다.

   php composer.phar update

5. app/config/app.php 파일을 열고 providers 배열 값에 다음 라인을 추가
   한다.

   ```
   'Wesleytodd\UniversalForms\Drivers\Laravel\
   UniversalFormsServiceProvider',
   ```

6. app/routes.php 안에서 해당 클래스의 인스턴스를 생성한 후, 다음처럼
   라우트들에서 사용한다.

   ```
   $form_json = '{
     "action" : "uform",
     "method" : "POST",
     "fields" : [
       {
         "name" : "name",
         "type" : "text",
         "label" : "Name",
   ```

```
            "rules" : ["required"]
      },
      {
        "name" : "email",
        "type" : "email",
        "label" : "Email",
        "value" : "myemail@example.com",
        "rules" : ["required", "email"]
      },
      {
        "name" : "message",
        "type" : "textarea",
        "label" : "Message",
        "rules" : ["required", "length[30,0]"]
      }
    ]
}';


$uform = new Wesleytodd\UniversalForms\Drivers\Laravel\Form($form_
    json);


Route::get('uform', function() use ($uform)
{
  return $uform->render();
});


Route::post('uform', function() use ($uform)
{
  // 인증
  $valid = $uform->valid(Input::all());
  if ($valid) {
      // DB에 저장할 수도 있다
      dd(Input::all());
  } else {
      // 폼으로 되돌려 보낼 수도 있다
      dd($uform->getErrors());
  }
});
```

250

우선 다른 콤포저 패키지들처럼 `require` 섹션에 패키지 라인을 추가한다. 하지만 이 패키지는 packagist.org에 등록되어 있는 패키지가 아니므로, 이런 상태에서 콤포저 업데이트 명령을 실행하면 에러가 발생한다. 이 패키지가 동작하게 만들려면, 콤포저가 사용할 리포 정보를 composer.json 파일에 추가해야 한다. 콤포저에는 그 밖의 리포 사용에 필요한 옵션들이 많이 있는데, 여기서 사용한 VCS (Version Control System) 옵션에 대한 설명을 http://getcomposer.org/doc/05-repositories.md#vcs에서 찾아 볼 수 있다.

그런 다음에 콤포저 업데이트 명령을 사용하면, 콤포저가 해당 패키지를 내려받고 설치해 준다. 이 패키지의 경우 라라벨용 서비스 프로바이더를 제공하므로 app/config/app.php 파일을 수정해서 해당 서비스 프로바이더를 등록한다.

이제 해당 패키지를 애플리케이션에서 사용할 수 있는 준비가 됐다. 이 예제에서는 라우트 밖에서 해당 클래스 인스턴스를 생성한 후에 라우트들의 클로저에 전달했다. 그 클로저 안에서는 보통 라이브러리처럼 해당 패키지를 사용할 수 있다. 이 패키지의 경우에 JSON 스트링이나 파일을 받아서 자동으로 폼을 생성한다.

커스텀 artisan 명령 생성

라라벨의 artisan 명령 행 도구는 다양한 업무를 쉽게 처리하게 만든다. 애플리케이션과 동작하는 커스텀 artisan 명령을 만들어 사용하는 과정은 어렵지 않다. 이 해법에서는 views 디렉터리 안에 자동으로 HTML5 뼈대를 자동으로 생성하는 커스텀 artisan 명령을 어떻게 만드는지 살펴본다.

이 해법에는 라라벨 표준 설치가 필요하다.

이 해법을 완성하려면 다음 절차를 따른다.

1. 명령 행에서 필요한 파일들을 생성하는 artisan 명령을 실행한다.

```
php artisan command:make SkeletonCommand
```

2. app/commands 디렉터리 안에서, SkeletonCommand.php 파일을 열고 다음처럼 코드를 수정한다.

```php
<?php

use Illuminate\Console\Command;
use Symfony\Component\Console\Input\InputOption;
use Symfony\Component\Console\Input\InputArgument;
use Illuminate\Filesystem\Filesystem as File;

class SkeletonCommand extends Command {

    /**
     * The console command name.
     *
     * @var string
     */
    protected $name = 'skeleton:make';

    /**
     * The console command description.
     *
     * @var string
     */
    protected $description = 'Creates an HTML5 skeleton view.';

    /**
     * File system instance
     *
     * @var File
```

```php
    */
protected $file;

/**
 * Create a new command instance.
 *
 * @return void
 */
public function __construct()
{
  parent::__construct();
  $this->file = new File();
}

/**
 * Execute the console command.
 *
 * @return void
 */
public function fire()
{
  $view = $this->argument('view');
  $file_name = 'app/views/' . $view;
  $ext = ($this->option('blade')) ? '.blade.php' :'.php';
  $template = '<!DOCTYPE html>
    <html>
    <head>
      <meta charset=utf-8 />
      <title></title>
      <link rel="stylesheet" type="text/css"media="screen"
        href="css/style.css" />
      <script type="text/javascript"
        src="http://ajax.googleapis.com/ajax/libs/jquery/2.0.3/
          jquery.min.js">
      </script>
      <!--[if IE]>
        <script src="http://html5shiv.googlecode.com/svn/trunk/
```

```
html5.js"></script>
        <![endif]-->
    </head>
    <body>
    </body>
    </html>';

    if (!$this->file->exists($file_name)) {
        $this->info('HTML5 skeleton created!');
        return $this->file->put($file_name . $ext,$template) !== false;
    } else {
        $this->info('HTML5 skeleton created!');
        return $this->file->put($file_name . '-' .time() . $ext,
            $template) !== false;
    }

    $this->error('There was a problem creating yourHTML5 skeleton');
    return false;
}

/**
 * Get the console command arguments.
 *
 * @return array
 */
protected function getArguments()
{
  return array(
      array('view', InputArgument::REQUIRED, 'The name of the view.'),
  );
}

/**
 * Get the console command options.
 *
 * @return array
 */
```

```
protected function getOptions()
{
  return array(
  array('blade', null, InputOption::VALUE_OPTIONAL,
    'Use Blade templating?', false),
  );
}
}
```

3. app/start 디렉터리 안에서, artisan.php 파일을 열어 다음 라인을 추가한다.

```
Artisan::add(new SkeletonCommand);
```

4. 명령 행에서 새로 만든 커스텀 artisan 명령을 테스트한다.

php artisan skeleton:make MyNewView --blade=true

예제 분석

처음에는 artisan의 command:make 명령을 사용해서 새로 만들 커스텀 명령의 이름을 전달한다. 이 명령을 실행한 뒤에 app/commands 디렉터리 안에서 지정한 커스텀 명령 이름과 동일한 명령어 스텁 파일stub file[4]을 찾는다.

이 SkeletonCommand.php 파일은 $name에 커스텀 명령의 이름을 등록하는 것부터 시작한다. 이것은 artisan이 해당 명령을 인식할 수 있는 고유한 이름이 된다. 그 다음에는 $description에 해당 명령의 설명문을 등록한다. 이 설명문은 php artisan 명령을 사용해서 모든 artisan 명령을 출력할 때, 각 명령 이름 옆에 나오는 설명 문구이다.

이 예제에서 만드는 커스텀 명령은 파일 시스템을 사용하므로 라라벨의 Filesystem 클래스를 반드시 추가해야 되며, 생성자 안에서 그 클래스의 인스턴스를 생성해야 한다. 그런 다음에 fire() 메소드에 도달하는데, 여기가 바로 실행하고자 하는 모든 코드의 내용이 들어가야 할 자리이다.

---

4 보일러플레이트 코드가 들어 있는 파일 _ 옮긴이

이 커스텀 명령에서는 생성할 뷰 파일의 이름을 인자 값으로 지정하므로 getArgument() 메소드에서 그 인자 값을 처리하고, 블레이드 형식의 파일로 생성할 것인지를 옵션으로 지정하기 때문에 getOptions() 메소드에서 그 옵션 관련 처리를 한다. 이 때 --blade 옵션이 쓰이면 블레이드 파일로 만든다. $template 변수에 HTML 템플릿의 내용을 문자열로 지정했다. 물론 이 변수의 내용은 별도의 파일을 만들어서 그 파일 내용을 불러오도록 만들 수도 있다.

이제 우리가 만든 커스텀 명령을 app/start/artisan.php 파일에 등록해야 한다. 그런 다음에 명령 행에서 이 커스텀 artisan 명령을 실행하면 해당 HTML 템플릿을 이용해 새로운 파일을 만들고 콘솔에 성공 메시지를 보여준다.

8

에이잭스와 제이쿼리 사용

8장에서 다룰 내용은 다음과 같다.

- 그 밖의 페이지로부터 데이터를 받기
- JSON 데이터를 반환하는 컨트롤러 설정
- 에이잭스 검색 함수 생성
- 에이잭스로 사용자를 생성하고 검증
- 체크박스로 데이터 필터링
- 에이잭스 뉴스레터 등록박스 만들기
- 라라벨과 제이쿼리를 사용해 이메일 전송
- 제이쿼리와 라라벨을 사용해 정렬 가능한 테이블을 생성

소개

수많은 최신 웹 애플리케이션이 동적으로 사용자와 상호 동작하는 인터페이스를 구현하기 위해 자바스크립트에 의존한다. 제이쿼리jQuery 라이브러리와

라라벨의 내장 함수들을 이용하면 애플리케이션에서 이러한 상호 동작들을 쉽게 구현할 수 있다.

8장에서는 다른 페이지에서 비동기적으로 데이터를 받는 처리부터 시작해서, 데이터베이스에 저장할 수 있는 데이터를 보내는 처리까지 진행한다.

다른 페이지에서 데이터 받기

애플리케이션이 다른 페이지로부터 HTML 요소를 액세스할 때가 있다. 라라벨과 제이쿼리를 사용하면 이런 작업을 쉽게 구현할 수 있다.

준비

이 해법에는 라라벨의 표준 설치가 필요하다.

예제 구현

이 해법을 완성하려면 다음 절차를 따른다.

1. routes.php 파일을 열고 라우트를 만든다.

```
Route::get('getting-data', function()
{
  return View::make('getting-data');
});

Route::get('tab1', function()
{
  if (Request::ajax()) {
    return View::make('tab1');
  }
  return Response::error('404');
});
```

```
Route::get('tab2', function()
{
  if (Request::ajax()) {
    return View::make('tab2');
  }
  return Response::error('404');
});
```

2. views 디렉터리 안에서, tab1.php라는 파일을 만든다.

```
<h1>CHAPTER 1 - Down the Rabbit-Hole</h1>
<p>
   Alice was beginning to get very tired of sitting by her sister on
the bank,and of having nothing to do: once or twice she had peeped
into the book her sister was reading, but it had no pictures or
conversations in it, 'and what is the use of a book,' thought Alice
'without pictures or conversation?'
</p>
<p>
   So she was considering in her own mind (as well as she could,
for the hot day made her feel very sleepy and stupid), whether the
pleasure of making a daisy-chain would be worth the trouble of
getting up and picking the daisies, when suddenly a White Rabbit with
pink eyes ran close by her.
</p>
```

3. views 디렉터리에서, tab2.php 파일을 만든다.

```
<h1>Chapter 1</h1>
<p>"TOM!"</p>
<p>No answer.</p>
<p>"TOM!"</p>
<p>No answer.</p>
<p>"What's gone with that boy,  I wonder? You TOM!"</p>
<p>No answer.</p>
<p>
```

The old lady pulled her spectacles down and looked over them about
the room; then she put them up and looked out under them. She seldom
or never looked through them for so small a thing as a boy; they were
her state pair, the pride of her heart, and were built for "style,"
not service—she could have seen through a pair of stove-lids just as
well. She looked perplexed for a moment, and then said, not fiercely,
but still loud enough for the furniture to hear:
</p>
<p>"Well, I lay if I get hold...</p>
<p>

   She did not finish, for by this time she was bending down and
punching under the bed with the broom, and so she needed breath to
punctuate the punches with. She resurrected nothing but the cat.
</p>

4. views 디렉터리에서, getting-data.php라는 파일을 만든다.

```
<!DOCTYPE html>
<html>
<head>
  <meta charset=utf-8 />
  <title>Getting Data</title>
  <script type="text/javascript" src="//ajax.googleapis.com/ajax/
    libs/jquery/1.9.0/jquery.min.js"></script>
</head>
<body>
  <ul>
    <li><a href="#" id="tab1" class="tabs">Alice In Wonderland</a>
      </li>
    <li><a href="#" id="tab2" class="tabs">Tom Sawyer</a></li>
  </ul>
  <h1 id="title"></h1>
  <div id="container"></div>
  <script>
  $(function() {
    $(".tabs").on("click", function(e) {
      e.preventDefault();
```

```
    var tab = $(this).attr("id");
    var title = $(this).html();
    $("#container").html("loading…");
    $.get(tab, function(data) {
      $("#title").html(title);
      $("#container").html(data);
    });
  });
});
</script>
</body>
</html>
```

5. http://{example.dev}/getting-data 페이지에 접속해, 내용을 불러오기 위한 링크들을 클릭한다.

라우트를 설정하는 것부터 시작한다. 첫 번째 라우트는 링크들을 출력하고, 그 링크를 클릭하면 해당 페이지 안으로 콘텐츠를 불러온다. 다음 라우트 두 개에는 메인 페이지에 뿌려줄 각 실제 콘텐츠가 있다. 이들 페이지들은 직접적으로 액세스하지 못하게, 에이잭스 요청만 허용하는 Request::ajax() 메소드를 사용했다. 누군가 직접적으로 해당 페이지를 액세스하면, ajax() 메소드가 에러 페이지를 출력한다.

두개의 뷰 파일에는 이상한 나라의 앨리스와 톰소여의 모험에서 발췌한 내용이 들어 있다. 이 파일들은 다른 페이지 속으로 로딩되는 내용이라서, 완전한 HTML 문서일 필요가 없지만, 메인 페이지의 경우 완전한 HTML 문서 페이지이다. 메인 페이지에서는, 구글이 제공하는 CDNContent Delivery Network을 사용해 제이쿼리를 로딩했다. 그 다음에 사용할 도서 목록이 나오는데, 구현의 편의성을 위해 앞서 생성한 라우트명과 링크 id 값을 일치시켰다.

누군가 링크를 클릭하면 해당 자바스크립트는 id 값을 사용해서 같은 이름의 라우트로부터 콘텐츠를 받아오고, 그 내용을 DIV 컨테이너에 로딩한다.

JSON 데이터를 반환하는 컨트롤러 설정

자바스크립트를 사용해 데이터를 액세스할 때 가장 간편한 방법은 JSON 형태의 데이터를 사용하는 것이다. 라라벨에서는 컨트롤러가, 다른 페이지의 자바스크립트에서 사용할 JSON 형태의 데이터를 반환할 수 있다.

준비

이 해법에는 라라벨의 표준 설치가 필요하다.

예제 구현

이 해법을 완성하려면 다음 절차를 따른다.

1. app/controllers 디렉터리 안에, BooksController.php라는 파일을 만든다.

```php
<?php

class BooksController extends BaseController {
  public function getIndex()
  {
    return View::make('books.index');
  }

  public function getBooks()
  {
    $books = array(
        'Alice in Wonderland',
        'Tom Sawyer',
        'Gulliver\'s Travels',
        'Dracula',
        'Leaves of Grass'
      );
    return Response::json($books);
  }
}
```

2. app/routes.php 안에 books 컨트롤러를 등록한다.

```
Route::controller('books', 'BooksController');
```

3. app/views 디렉터리 안에 books라는 폴더를 생성하고 그 폴더안에
index.php라는 파일을 만든다.

```html
<!DOCTYPE html>
<html>
<head>
  <meta charset=utf-8 />
  <title>Show Books</title>
  <script type="text/javascript" src="//ajax.googleapis.com/ajax/
      libs/jquery/1.9.0/jquery.min.js"></script>
</head>
<body>
<a href="#" id="book-button">Load Books</a>
<div id="book-list"></div>
<script>
$(function() {
   $('#book-button').on('click', function(e) {
     e.preventDefault();
     $('#book-list').html('loading...');
     $.get('books/books', function(data) {
        var book_list = '';
        $.each(data, function() {
           book_list += this + '<br>';
        });
        $("#book-list").html(book_list);
        $('#book-button').hide();
     });
   });
});
</script>
</body>
</html>
```

도서 리스트를 위한 RESTful 컨트롤러를 생성하는 것부터 시작하는데, 이 컨트롤러는 BaseController를 확장한다. 해당 컨트롤러에는 메소드가 두 개 있다. 하나는 리스트를 출력하는 메소드고, 그 밖의 한 개는 JSON 형태의 데이터를 반환하는 메소드다. getBooks() 메소드는 데이터 소스로 배열을 만들어서 사용했고, 라라벨 Response::json() 메소드를 사용해 자동으로 알맞게 형 변환을 했다.

메인 페이지의 자바스크립트는 books/books 페이지에 GET 요청을 보내어 JSON 형태의 데이터를 받아서 루프 처리를 한다. 루프를 돌면서 자바스크립트 변수 book_list에 도서명 리스트를 만들고, 그 내용을 아이디가 book-list인 DIV 컨테이너에 집어넣는다.

이 리스트의 내용은 다양한 데이터 소스로부터 가져올 수 있다. 예를 들면 데이터베이스에서 필요한 데이터를 읽어오게 구현할 수도 있고, 심지어는 API 호출을 통해서 필요한 데이터를 받아오게 구현할 수도 있다. 라라벨은 Response::json() 메소드로 JSON 결과를 보낼 때, 정상적인 헤더 값을 만들어 데이터와 같이 보낸다.[1]

에이잭스 검색 함수 생성

애플리케이션 내의 정보를 검색하고 싶은 경우에 그 검색을 비동기로 실행할 수 있으면 유용하다. 그러면 사용자가 새로운 페이지로 이동할 필요가 없으므로, 해당 페이지 내의 모든 애셋들을 리프레시할 필요도 없다. 라라벨과 자바스크립트를 사용하면 아주 간단한 방식으로 검색을 수행할 수 있다.

---

1 정상적인 경우에 JSON 포맷은 content-type이 application/json으로 설정된 헤더가 JSON 데이터와 같이 전달되어야만 한다. CI(CodeIgniter)의 json_encode($data) 함수 같은 경우 기본 헤더 값을 content-type: text/html로 설정하므로 정확한 JSON 헤더라고 할 수 없다. JSON은 HTML이 아니기 때문이다. _ 옮긴이

이 해법에는 라라벨의 표준 설치가 필요하다.

이 해법을 완성하려면 다음 절차를 따른다.

1. app/controllers 디렉터리에서 SearchController.php라는 파일을 만든다.

```php
<?php

class SearchController extends BaseController {

  public function getIndex()
  {
    return View::make('search.index');
  }

  public function postSearch()
  {
    $return = array();
    $term = Input::get('term');

    $books = array(
      array('name' => 'Alice in Wonderland', 'author' => 'Lewis Carroll'),
      array('name' => 'Tom Sawyer', 'author' => 'Mark Twain'),
      array('name' => 'Gulliver\'s Travels', 'author' =>'Jonathan Swift'),
      array('name' => 'The Art of War', 'author' => 'Sunzi'),
      array('name' => 'Dracula', 'author' => 'Bram Stoker'),
      array('name' => 'War and Peace', 'author' =>'LeoTolstoy'),
    );

    foreach ($books as $book) {
      if (stripos($book['name'], $term) !== FALSE) $return[] =$book;
    }
```

```
        return Response::json($return);
    }
}
```

2. app/routes.php 파일에서 컨트롤러를 등록한다.

```
Route::controller('search', 'SearchController');
```

3. app/views 디렉터리에서 search 폴더를 만들고 그 디렉터리 안에서
   index.php라는 파일을 만든다.

```html
<!DOCTYPE html>
<html>
<head>
  <meta charset=utf-8 />
  <title>AJAX Search</title>
  <script type="text/javascript" src="//ajax.googleapis.com/ajax/
      libs/jquery/1.9.0/jquery.min.js"></script>
</head>
<body>
  <h1>Search</h1>
  <form id="search-form">
    <input name="search" id="term"> <input type="submit">
  </form>
  <div id="results"></div>
<script>
$(function() {
  $("#search-form").on("submit", function(e) {
    e.preventDefault();
    var search_term = $("#term").val();
    var display_results = $("#results");
    display_results.html("loading...");
    var results = '';
    $.post("search/search", {term: search_term}, function(data) {
      if (data.length == 0) {
        results = 'No Results';
```

```
      } else {
        $.each(data, function() {
          results += this.name + ' by ' + this.author + '<br>';
        });
      }
      display_results.html(results);
    });
  })
});
</script>
</body>
</html>
```

예제 분석

우선 메소드가 두 개인 RESTful 컨트롤러를 만든다. 그 중 하나는 메인 페이지를 위한 메소드이고, 그 밖의 한 개는 검색을 수행할 메소드다. 메인 페이지는 텍스트 필드 한 개와 Submit 버튼을 지닌다. 폼을 제출하면 자바스크립트는 검색 메소드에 POST 명령으로 사용자가 입력한 내용을 보낸다. 검색한 결과가 존재하는 경우에 루프를 돌면서 결과 리스트를 만들고 아이디가 results인 DIV 컨테이너에 그 내용을 출력한다.

두 번째 postSearch() 메소드 안에서는 간단한 배열을 만들어서 그것을 데이터 소스로 사용했다. 검색할 문자열 데이터가 POST 요청으로 넘어오면 루프를 돌면서, 해당 배열 안에 그 문자열과 일치하는 내용이 들어있는지 조사한다. 일치하는 부분이 발견되면, 새로운 배열 변수 $return에 해당 아이템 내용을 추가한다. 마지막으로 해당 $return 배열 내용을 JSON 형태로 형 변환해 반환한다.

에이잭스로 사용자를 생성하고 검증

사용자가 웹 애플리케이션에 방문하면 다른 페이지로 이동할 필요없이 해당 페이지에서 로그인이나 가입하길 원한다. 라라벨과 에이잭스를 이용하면 폼 제출 작업과 인증 작업을 비동기적으로 실행하게 처리할 수 있다.

준비

이 해법에는 라라벨의 표준 설치와 정상적으로 동작 중인 MySQL 데이터베이스가 필요하다. 또한 해당 데이터베이스에 사용자 테이블 설정도 필요한데, 이를 위해 아래의 코드를 사용한다.

```
CREATE TABLE users (
  id int(10) unsigned NOT NULL AUTO_INCREMENT,
  email varchar(255) DEFAULT NULL,
  password char(60) DEFAULT NULL,
  PRIMARY KEY (id)
) ENGINE=InnoDB DEFAULT CHARSET=utf8;
```

예제 구현

이 해법을 완성하려면 다음 절차를 따른다.

1. app/controllers 디렉터리 안에서, UsersController.php 파일을 만든다.

   ```php
   <?php
   class UsersController extends BaseController {
     public function getIndex()
     {
       return View::make('users.index');
     }

     public function postRegister()
     {
   ```

268

```
    $rules = array('email' => 'required|email','password' =>
'required|min:6');
    $validation = Validator::make(Input::all(), $rules);

    if ($validation->fails())
    {
      return Response::json($validation->errors()->toArray());
    }
    else
    {
      DB::table('users')->insert(
        array(
          'email' => Input::get('email'),
          'password' => Hash::make(Input::get('password'))
        )
      );
      return Response::json(array('Registration is complete!'));
    }
  }
}
```

2. app/routes.php 파일 안에 컨트롤러를 등록한다.

```
Route::controller('users', 'UsersController');
```

3. app/views 디렉터리 안에 users라는 폴더를 만들고, 그 폴더 안에 index.
php라는 파일을 다음처럼 만든다.

```
<!doctype html>
<html lang="en">
<head>
  <meta charset="utf-8">
  <title>User Register</title>
  <script type="text/javascript"
    src="http://ajax.googleapis.com/ajax/libs/jquery/1.9.0/jquery.
      min.js"></script>
</head>
```

```
<body>
<form id="register">
  <label for="email">Your email:</label>
  <input type="email" name="email" id="email"><br>
  <label for="password">Your password:</label>
  <input type="password" name="password" id="password"><br>
  <input type="submit">
</form>
<div id="results"></div>
<script>
$(function(){
  $("#register").on("submit", function(e) {
    e.preventDefault();
    var results = '';
    $.post('users/register', {
      email: $("#email").val(),
      password: $("#password").val()
    }, function(data) {
      $.each(data, function(){
        results += this + '<br>';
      });
      $("#results").html(results);
    });
  });
});
</script>
</body>
</html>
```

예제 분석

이 해법은 사용자 가입 폼을 포함하는 메인페이지를 생성하는 것으로부터 시작한다. 해당 폼을 제출하면 폼에 있는 사용자 입력 데이터가 POST 형태로 postRegister() 메소드로 전달되고, 해당 메소드의 결과는 아이디가 results 인 DIV 컨테이너 안에 출력된다.

PostRegister() 함수는 입력 값 검증을 위한 검증규칙을 설정하는 것부터 시작한다. 이 예제의 경우에 이메일 필드는 입력 값이 있어야하고 유효한 이메일 값이어야만 한다는 검증 조건과, 패스워드 필드는 입력 값이 있어야하고 최소 여섯 글자 이상이어야만 한다는 검증 조건을 사용했다. 검증에 실패하면 오류 메시지를 JSON 형태로 반환해 메인 페이지에서 그 오류를 출력시키고, 검증에 통과하면 데이터베이스에 해당 내용을 저장하고 성공 메시지를 JSON 형태로 반환한다.

부연 설명

에이잭스 호출에만 반응하는 메소드를 만들고 싶다면, Request::ajax() 메소드를 사용한다. 이는 곧 해당 메소드는 에이잭스로 호출할 때만 실행할 거라는 의미이다.

체크박스로 데이터 필터링

사용자에게 데이터를 보여줄 때 데이터를 필터링할 수 있는 기능을 제공하면 편리하다. 또한 사용자가 Submit 버튼을 클릭해, 매번 페이지를 새로 고침reload 하게 만들지 않으려면, 모든 필터링에 에이잭스를 사용할 수 있다. 이 해법에서는 도서 목록을 출력하고 사용자가 장르별로 필터링하게 만든다.

준비

이 해법을 위해서 데이터베이스와 함께 동작하게 설정한 라라벨의 표준 설치가 필요하다. 또한 다음 SQL 문을 실행시켜서 테이블을 설정해야 한다.

```
DROP TABLE IF EXISTS books;
CREATE TABLE books (
  id int(10) unsigned NOT NULL AUTO_INCREMENT,
  name varchar(255) DEFAULT NULL,
```

```
   author varchar(255) DEFAULT NULL,
   genre varchar(255) DEFAULT NULL,
   PRIMARY KEY (id)
) ENGINE=InnoDB DEFAULT CHARSET=latin1;

INSERT INTO books VALUES ('1', 'Alice in Wonderland',
   'Lewis Carroll', 'fantasy');
INSERT INTO books VALUES ('2', 'Tom Sawyer', 'Mark Twain', 'comedy');
INSERT INTO books VALUES ('3', 'Gulliver\'s Travels',
   'Jonathan Swift', 'fantasy');
INSERT INTO books VALUES ('4', 'The Art of War', 'Sunzi',
   'philosophy');
INSERT INTO books VALUES ('5', 'Dracula', 'Bram Stoker', 'horror');
INSERT INTO books VALUES ('6', 'War and Peace', 'Leo Tolstoy',
   'drama');
INSERT INTO books VALUES ('7', 'Frankenstein', 'Mary Shelley',
   'horror');
INSERT INTO books VALUES ('8', 'The Importance of Being Earnest',
   'Oscar Wilde', 'comedy');
INSERT INTO books VALUES ('9', 'Peter Pan', 'J. M. Barrie',
   'fantasy');
```

예제 구현

이 해법을 완성하려면 다음 절차를 따른다.

1. app/controllers 디렉터리 안에, BooksController.php라는 새 파일을 생성한다.

```php
<?php
class BooksController extends BaseController {
  public function getIndex()
  {
    return View::make('books.index');
  }
```

```
public function postBooks()
{
  if (!$genre = Input::get('genre')) {
    $books = Book::all();
  } else {
    $books = Book::whereIn('genre', $genre)->get();
  }
  return $books;
}
}
```

2. app/routes.php 파일 안에, 컨트롤러를 등록한다.

```
Route::controller('books', 'BooksController');
```

3. app/views 디렉터리 안에 books라는 새로운 폴더를 만들고, 그 폴더 안에 index.php라는 파일을 만든다.

```
<!doctype html>
<html lang="en">
<head>
  <meta charset="utf-8">
  <title>Books filter</title>
  <script
src="//ajax.googleapis.com/ajax/libs/jquery/1.10.2/jquery.min.js"></
script>
</head>
<body>
  <form id="filter">
    Comedy: <input type="checkbox" name="genre[]" value="comedy"><br>
    Drama: <input type="checkbox" name="genre[]" value="drama"><br>
    Fantasy: <input type="checkbox" name="genre[]"
      value="fantasy"><br>
    Horror: <input type="checkbox" name="genre[]" value="horror"><br>
    Philosophy: <input type="checkbox" name="genre[]"
      value="philosophy"><br>
```

```
    </form>
    <hr>
    <h3>Results</h3>
    <div id="books"></div>
    <script>
    $(function(){
      $("input[type=checkbox]").on('click', function() {
      var books = '';
      $("#books").html('loading...');
      $.post('books/books', $("#filter").serialize(), function(data){
        $.each(data, function(){
          books += this.name + ' by ' + this.author + ' (' + this.genre
            + ')<br>';
        });
        $("#books").html(books);
      });
    });
    });
    </script>
    </body>
    </html>
```

4. app/models 디렉터리 안에 Book.php라는 파일을 만든다.

```
<?php
class Book extends Eloquent {
}
```

5. 브라우저에서 http://{example.dev}/book에 방문해 체크박스를 클릭하면
   서 결과를 살펴 본다.

예제 분석

이 예제의 데이터베이스 설정을 갖고 메인 리스트 페이지 구현을 시작한
다. 해당 메인 페이지는 다수의 체크박스를 갖고 있는데 각 체크박스의 값은

books 데이터베이스 테이블의 장르 값과 일대일 대응한다. 체크박스가 선택되면 해당 폼이 비동기적으로 postBooks() 메소드로 제출되고, 그 반환 값을 사용해서 루프를 돌면서 아이디가 books인 DIV 컨테이너에 결과를 출력한다.

postBooks() 메소드는 우선 장르 값이 해당 폼을 통해 제출되었는지 검사한다. 장르 값이 넘어오지 않았다면 아무런 체크박스도 선택하지 않았다는 의미이므로 장르를 구분하지 않고 모든 도서들을 반환한다. 어떤 장르를 선택했다면 데이터베이스로부터 선택한 장르의 도서들만 가져온다. 라라벨 Eloquent 모델은 반환할 때 자동으로 JSON 포맷의 데이터를 제공하므로, 그 결과 그대로 반환하면, index.php 뷰에서 루프를 돌면서 내용이 정확히 출력된다.

에이잭스 뉴스레터 등록 박스 만들기

사용자를 이메일 리스트에 등록하는 한 가지 방법은 사용자가 웹사이트를 통해 등록하게 만드는 것이다. 이 예제에서는 메일침프MailChimp API를 사용한 사용자 등록 폼을 모달 대화상자modal window[2]으로 보여 주고 에이잭스 호출을 통해 폼을 전송한다.

준비

이 해법에는 라라벨의 표준 설치가 필요하다. 또한 뉴스레터 전송은 메일침프 API를 이용할 것인데, http://www.mailchimp.com에서 무료 계정과 API 키를 발급 받을 수 있다.

예제 구현

이 해법을 완성하려면 다음 절차를 따른다.

1. composer.json 파일을 열어 require 섹션을 다음 코드처럼 수정한다.

---

2 부모 창에서 돌출되어 작업을 돕는 창. 파일 선택 창이 대표적인 예이다. 모달 윈도라고도 부른다. _ 옮긴이

```
"require": {
  "laravel/framework": "4.0.*",
  "rezzza/mailchimp": "dev-master"
}
```

2. 명령 행에서 artisan 파일이 있는 애플리케이션의 루트 디렉터리로 이동
   후, 다음 명령을 실행시킨다.

   php composer.phar update

3. app/config 디렉터리 안에, mailchimp.php라는 파일을 만든다.

```php
<?php

return array('key' => '12345abcde-us1', 'list' => '123456789');
```

4. app/views 디렉터리 안에 signup.php라는 파일을 만든다.

```html
<!doctype html>
<html lang="en">
<head>
  <meta charset="utf-8">
  <title>Newsletter Signup</title>
  <link href="//netdna.bootstrapcdn.com/twitter-bootstrap/2.2.2/css/
    bootstrap-combined.min.css" rel="stylesheet">
  <script src="//ajax.googleapis.com/ajax/libs/jquery/1.9.0/jquery.
    min.js"></script>
  <script src="//netdna.bootstrapcdn.com/twitter-bootstrap/2.2.2/js/
    bootstrap.min.js"></script>
</head>
<body>
<p>
  <a href="#signupModal" role="button" class="btn btn-info" data-
    toggle="modal">Newsletter Signup</a>
</p>

<div id="results"></div>
```

```
<div id="signupModal" class="modal hide fade">
  <div class="modal-header">
    <button type="button" class="close" data-dismiss="modal" aria-
      hidden="true">&times;</button>
    <h3>Sign-up for our awesome newsletter!</h3>
  </div>
  <div class="modal-body">
    <p>
    <form id="newsletter_form">
      <label>Your First Name</label>
      <input name="fname"><br>
      <label>Last Name</label>
      <input name="lname"><br>
      <label>Email</label>
      <input name="email">
    </form>
    </p>
  </div>

  <div class="modal-footer">
    <a href="#" class="btn close" data-dismiss="modal">Close</a>
    <a href="#" class="btn btn-primary" id="newsletter_
      submit">Signup</a>
  </div>
</div>

<script>
  $(function(){
  $("#newsletter_submit").on('click', function(e){
    e.preventDefault();
    $("#results").html("loading...");
    $.post('signup-submit', $("#newsletter_form").serialize(),
      function(data){
        $('#signupModal').modal('hide');
        $("#results").html(data);
      });
```

```
    });
  });
</script>
</body>
</html>
```

5. app/routes.php 파일 안에 다음처럼 필요한 라우트를 추가한다.

```
Route::get('signup', function()
{
  return View::make('signup');
});


Route::post('signup-submit', function()
{
  $mc = new MCAPI(Config::get('mailchimp.key'));

  $response = $mc->listSubscribe('{list_id}',
    Input::get('email'),
    array(
      'FNAME' => Input::get('fname'),
      'LNAME' => Input::get('lname')
    )
  );
  if ($mc->errorCode){
    return 'There was an error: ' . $mc->errorMessage;
  } else {
    return 'You have been subscribed!';
  }
});
```

예제 분석

메일침프 SDK의 콤포저 버전을 사용해 애플리케이션 안에 메일침프 패키지를
설치하는 것부터 시작한다. 그런 다음 설정 파일을 만들어 사용할 API 키와 리

278

스트 아이디를 저장한다.

등록 페이지는 제이쿼리와 부트스트랩을 활용해 처리도 하고 출력도 한다. 사용자가 가입을 원할 때만 해당 폼을 출력하려 하므로, 클릭했을 때 모달 대화상자와 가입 폼을 출력할 버튼이 필요하다. 그 가입 폼은 이름, 성, 이메일 주소를 입력 받는다.

해당 가입 폼을 제출하면 signup-submit 라우트로 데이터를 직렬화_{serialize}해서 POST 전송을 한다. 이 라우트가 결과를 반환하면 모달 대화상자를 사라지게 만들고 해당 결과를 페이지에 출력한다.

signup-submit 라우트 안에서는, 전달된 사용자 정보를 가지고 뉴스레터 구독자 리스트에 추가하는 API 함수를 호출한다. 결과를 받으면 에러 코드가 있는지 검사해 에러 코드가 있다면 해당 오류 메시지를 보여 주고 에러 코드가 없다면 성공 메시지를 보여준다.

부연 설명

이 예제의 signup-submit 라우트의 경우 입력 값을 전혀 검증하지 않는다. 사용자 입력 값을 검증하는 기능을 넣으려면 '에이잭스로 사용자를 생성하고 검증' 절의 예제를 살펴본다.

참고 사항

'에이잭스로 사용자를 생성하고 검증' 절을 참고하자.

라라벨과 제이쿼리를 사용한 이메일 발송

컨택 폼을 만들때 사용자가 해당 폼을 비동기적으로 발송하게 만들 수 있다. 라라벨과 제이쿼리를 사용하면 사용자가 다른 페이지로 이동할 필요없이 해당 폼을 제출할 수 있다.

이 해법에는 라라벨의 표준 설치가 필요하고 애플리케이션이 이용할 메일 서버 정보를 정확히 설정해야만 한다. 메일에 관련된 설정은 app/config/mail. php 파일 안에서 변경할 수 있다.

이 해법을 완성하려면 다음 절차를 따른다.

1. app/views 디렉터리 안에서 emailform.php라는 뷰 파일을 만들고 다음 과 같은 코드를 작성한다.

```html
<!doctype html>
<html lang="en">
<head>
  <meta charset="utf-8">
  <title></title>
  <script src="//ajax.googleapis.com/ajax/libs/jquery/1.10.2/jquery.
min.js"></script>
</head>
<body>
  <div id="container">
  <div id="error"></div>
  <form id="email-form">
  <label>To: </label>
  <input name="to" type="email"><br>
  <label>From: </label>
  <input name="from" type="email"><br>
  <label>Subject: </label>
  <input name="subject"><br>
  <label>Message:</label><br>
  <textarea name="message"></textarea><br>
  <input type="submit" value="Send">
  </form>
```

```
    </div>
    <script>
    $(function(){
      $("#email-form").on('submit', function(e){
        e.preventDefault();
        $.post('email-send', $(this).serialize(), function(data){
          if (data == 0) {
            $("#error").html('<h3>There was an error</h3>');
          } else {
            if (isNaN(data)) {
              $("#error").html('<h3>' + data + '</h3>');
            } else {
              $("#container").html('Your email has been sent!');
            }
          }
        });
      });
    });
    </script>
</body>
</html>
```

2. app/views 디렉터리 안에서 ajaxemail.php라는 이메일 템플릿 뷰 파일을
   만들고 다음과 같은 코드를 작성한다.

```
<!DOCTYPE html>
<html lang="en-US">
<head>
  <meta charset="utf-8">
</head>
<body>
  <h2>Your Message:</h2>
  <div><?= $message ?></div>
</body>
</html>
```

3. app/routes.php 파일 안에 다음과 같은 라우트를 만든다.

```php
Route::get('email-form', function()
{
  return View::make('emailform');
});


Route::post('email-send', function()
{
  $input = Input::all();

  $rules = array(
    'to'      => 'required|email',
    'from'    => 'required|email',
    'subject' => 'required',
    'message' => 'required'
  );

  $validation = Validator::make($input, $rules);

  if ($validation->fails())
  {
    $return = '';
    foreach ($validation->errors()->all() as $err) {
      $return .= $err . '<br>';
    }
    return $return;
  }

  $send = Mail::send('ajaxemail',
    array('message' =>Input::get('message')),
    function($message) {
      $message->to(Input::get('to'))
        ->replyTo(Input::get('from'))
        ->subject(Input::get('subject'));
    });
```

```
        return $send;
    });
```

이 해법에서는 이메일을 발송하므로 이메일을 보내는 이메일 서버 정보를 제대로 설정해야 한다. 라라벨은 이메일 발송을 위해서 SMTP, PHP의 `mail()` 함수, `sendmail` 등 다양한 선택 옵션들을 지원한다. 심지어는 메일건Mailgun이나 포스트마크Postmark와 같은 제3자 이메일 발송 서비스를 이용할 수도 있다.

이메일 발송 폼은 필드가 4개인 일반 HTML 폼이다. 그 필드는 보내는 이의 이메일 주소들과 받는 이의 이메일 주소들, 제목 줄, 그리고 실제 이메일 내용이다. 해당 이메일 발송 폼을 제출하면 모든 필드의 값들을 직렬화한 뒤, email-send 라우트로 POST 전송을 한다.

그 email-send 라우트에서는 처음에 모든 사용자 입력 값을 검증한 뒤에 검증 시 오류가 발견되면 해당 오류 메시지 문자열을 반환하고, 검증에 통과하면 `Mail::send()` 메소드에 필요한 내용을 보내어 이메일을 발송한다.

email-form 라우트 안의 자바스크립트에서는, email-send의 결과 값이 FALSE 인지를 검사해 그렇다면 오류 메시지를 출력하고, 아니라면 또 다시 그 결과 값이 숫자인지를 검사해, 숫자가 아니라면 검증 오류가 발생했다는 의미이기에 해당 오류 메시지를 출력하고, 결과 값이 숫자인 경우라면 이메일이 정상적으로 전송했다는 의미이기에 성공 메시지를 출력한다.

제이쿼리와 라라벨을 사용해 정렬 가능한 테이블을 생성

대량 데이터를 다룰 때는 테이블 뷰로 해당 자료들을 보여 주는 것이 유용할 수 있다. 데이터를 테이블에 출력한 후, 검색이나 정렬과 같은 조작할 때 dataTables라는 자바스크립트 라이브러리를 이용하면 편리하다. 이렇게 하면 뷰를 바꿀 때마다 데이터베이스 호출을 하지 않아도 된다.

이 해법에는 라라벨의 표준 설치와 정상적으로 동작중인 MySQL 데이터베이스가 필요하다.

이 해법을 완성하려면 다음 절차를 따른다.

1. 데이터베이스에서 다음 명령을 이용해 새로운 테이블을 만들고 예제 데이터를 추가한다.

```sql
DROP TABLE IF EXISTS bookprices;

CREATE TABLE bookprices (
    id int(10) unsigned NOT NULL AUTO_INCREMENT,
    price float(10,2) DEFAULT NULL,
    book varchar(100) DEFAULT NULL,
    PRIMARY KEY (id)
) ENGINE=InnoDB DEFAULT CHARSET=utf8;

INSERT INTO bookprices VALUES ('1', '14.99', 'Alice in Wonderland');
INSERT INTO bookprices VALUES ('2', '24.50', 'Frankenstein');
INSERT INTO bookprices VALUES ('3', '29.80', 'War andPeace');
INSERT INTO bookprices VALUES ('4', '11.08', 'Moby Dick');
INSERT INTO bookprices VALUES ('5', '19.72', 'The Wizard of Oz');
INSERT INTO bookprices VALUES ('6', '45.00', 'The Odyssey');
```

2. app/models 디렉터리 안에 Bookprices.php라는 파일을 만들고 다음 코드를 추가한다.

```php
<?php
class Bookprices extends Eloquent {
}
```

3. app/routes.php 파일 안에 다음 코드에서 제공된 것처럼 라우트를 추가한다.

```php
Route::get('table', function()
{
  $bookprices = Bookprices::all();
  return View::make('table')->with('bookprices', $bookprices);
});
```

4. app/views 디렉터리 안에 table.php라는 파일을 만들고 다음 코드를 추가한다.

```php
<!doctype html>
<html lang="en">
<head>
  <meta charset="utf-8">
  <title></title>
  <script src="//ajax.googleapis.com/ajax/libs/jquery/1.10.2/jquery.
    min.js"></script>
  <script src="//ajax.aspnetcdn.com/ajax/jquery.dataTables/1.9.4/
    jquery.dataTables.min.js"></script>
  <link rel="stylesheet" type="text/css" href="//ajax.aspnetcdn.com/
    ajax/jquery.dataTables/1.9.4/css/jquery.dataTables.css">
</head>
<body>
  <h1>Book List</h1>

  <table>
  <thead>
  <tr>
  <th>Price</th>
  <th>Name</th>
  </tr>
  </thead>
  <tbody>
  <?php foreach ($bookprices as $book): ?>
```

```
<tr>
<td><?php echo $book['price'] ?></td>
<td><?php echo $book['book'] ?></td>
</tr>
<?php endforeach; ?>
</tbody>
</table>

<script>
$(function(){
  $("table").dataTable();
});
</script>
</body>
</html>
```

예제 분석

이 해법은 도서 가격 정보를 저장할 데이터베이스 테이블을 만드는 것부터 시작한다. 그런 다음에 해당 테이블에 도서 가격 데이터를 집어 넣는다. 다음, Eloquent 모델을 만들어서, 해당 데이터베이스 테이블과 연동할 수 있도록 하고, 뷰 안으로 그 데이터를 전송한다.

뷰 안에서는 제이쿼리와 dataTables 플러그인을 로드한다. 그런 다음에 데이터를 집어 넣을 테이블을 만들고 해당 데이터를 루프로 돌리면서 각 레코드가 한 줄에 하나씩 들어가게 만든다. 이 테이블에 .dataTable() 함수를 사용해서 해당 플러그인을 적용하면 자동으로 각 칼럼 별로 테이블을 정렬할 수 있게 된다.

dataTables는 테이블 데이터를 조작할 수 있는 강력한 제이쿼리 플러그인이다. 해당 플러그인의 자세한 정보를 문서파일인 http://www.datatables.net/에서 살펴본다.

9

보안과 세션의 효율적 사용

9장에서 다룰 내용은 다음과 같다.

- 데이터 암호화와 복호화
- 패스워드와 데이터를 해시 처리
- 폼에서 CSRF 토큰과 필터를 사용
- 폼에서 커스텀 검증 기능을 사용
- 쇼핑 카트 구축
- 레디스Redis를 이용한 세션 저장
- 세션과 쿠키 사용
- 안전한 API 서버 생성

소개

보안은 웹 애플리케이션을 만들 때 가장 중요하게 여겨야 하는 것 중 하나다. 특히나 사용자의 중요 데이터를 다루는 경우라면 더더욱 그렇다. 라라벨은 애플리케이션을 안전하게 만드는 방법을 다양하게 제공한다.

9장에서는 중요 데이터를 암호화하는 다양한 방법, CSRF_{Cross-site Request Forgery}
공격으로부터 폼을 안전하게 만드는 방법, API를 안전하게 만드는 법 등에 대
해 살펴본다. 또한 쇼핑카트를 만들기 위한 세션 사용법과 레디스_{Redis}를 이용
한 세션 데이터 저장법 등도 알아 본다.

데이터 암호화와 복호화

신용카드 정보처럼 보안이 필요한 중요 데이터를 다루는 애플리케이션을 개
발 시, 데이터베이스에 저장하는 데이터를 암호로 만들어야 할 때가 있다. 라
라벨은 이런 업무 처리를 위한 솔루션을 제공한다.

준비

이 해법에는 라라벨의 표준 설치와 정상적으로 동작 중인 MySQL 데이터베이
스가 필요하다.

예제 구현

이 해법을 완성하려면 다음 절차를 따른다.

1. app/config/app.php 파일에서 key의 값을 비운다.

   ```
   'key' => '',
   ```

2. 애플리케이션의 루트 디렉터리로 이동한 후에 명령 행에서 다음 명령을
   이용해서 새로운 키를 생성한다.

   ```
   php artisan key:generate
   ```

3. 다음 명령어를 사용해 데이터베이스 안에, 보안이 필요한 중요 데이터 필

드가 포함된 테이블을 생성한다.

```sql
CREATE TABLE accounts(
  id int(11) unsigned NOT NULL AUTO_INCREMENT,
  business varchar(255) DEFAULT NULL,
  total_revenue varchar(255) DEFAULT NULL,
  projected_revenue varchar(255) DEFAULT NULL,
  PRIMARY KEY (id)
) ENGINE=InnoDB DEFAULT CHARSET=utf8;
```

4. app/models 디렉터리 안에서, Account.php라는 파일을 만들고 다음 코드를 입력한다.

```php
<?php

class Account extends Eloquent {
  protected $table = 'accounts';
  public $timestamps = false;

  public function setBusinessAttribute($business)
  {
    $this->attributes['business'] = Crypt::encrypt($business);
  }

  public function setTotalrevenueAttribute($total_revenue)
  {
    $this->attributes['total_revenue'] = Crypt::encrypt($total_
      revenue);
  }

  public functionsetProjectedrevenueAttribute($projected_revenue)
  {
    $this->attributes['projected_revenue'] =
      Crypt::encrypt($projected_revenue);
  }

  public function getBusinessAttribute()
```

```
  {
    return Crypt::decrypt($this->attributes['business'])
  }

  public function getTotalrevenueAttribute()
  {
    return number_format(Crypt::decrypt($this
        ->attributes['total_revenue']));
  }

  public function getProjectedrevenueAttribute()
  {
    return number_format(Crypt::decrypt($this
        ->attributes['projected_revenue']));
  }
}
```

5. app/routes.php 파일 안에, 정보의 입출력을 담당하는 라우트를 만들기 위해 다음 코드를 추가한다.

```
Route::get('accounts', function()
{
  $accounts = Account::all();
  return View::make('accounts')->with('accounts', $accounts);
});

Route::post('accounts', function()
{
  $account = new Account();
  $account->business = Input::get('business');
  $account->total_revenue = Input::get('total_revenue');
  $account->projected_revenue = Input::get('projected_revenue');
  $account->save();
  return Redirect::to('accounts');
});
```

6. app/views 디렉터리 안에 accounts.php라는 파일을 만든다.

```
<form action="accounts" method="post">
  <label for="business">Business:</label><br>
  <input name="business"><br><br>
  <label for="total_revenue">Total Revenue ($):</label><br>
  <input name="total_revenue"><br><br>
  <label for="projected_revenue">Projected Revenue($):</label><br>
  <input name="projected_revenue"><br><br>
  <input type="submit">
</form>
<hr>
<?php if ($accounts): ?>
<table border="1">
  <thead>
  <tr>
  <th>Business</th>
  <th>Total Revenue</th>
  <th>Projected Revenue</th>
  </tr>
  </thead>
  <tbody>
  <?php foreach ($accounts as $account): ?>
  <tr>
  <td><?= $account->business ?></td>
  <td>$<?= $account->total_revenue ?></td>
  <td>$<?= $account->projected_revenue ?></td>
  </tr>
  <?php endforeach; ?>
  </tbody>
</table>
<?php endif; ?>
```

라라벨 설정 파일 안에서 디폴트 애플리케이션 키를 삭제하는 것부터 시작한다. 그런 다음에 artisan key:generate라는 명령 행 명령을 이용해서 새로운 키를 생성하고 자동으로 설정 파일 안에 저장한다. 이 artisan 명령은 상당히 강력한 애플리케이션 키를 자동으로 생성해 주므로, 이 키 값을 수동으로 만들 필요가 없다.[1]

안전한 애플리케이션 키 값을 생성한 이후에는 이 값이 노출되거나 변하지 않도록 주의한다. 이미 암호화되어 데이터베이스에 저장된 내용이 있는 경우에 애플리케이션 키가 변하게 되면, 암호화 결과도 따라서 같이 변해 기존의 저장된 내용을 사용하지 못하는 경우가 발생할 수 있으므로, 해당 키 값이 변하지 않도록 주의가 필요하다.

그 다음은 보안상 암호화시킬 중요 데이터를 갖는 데이터베이스 테이블을 설정했다. 이 예제에서는 사업체 이름과 그 업체의 관련 재무 데이터를 저장하는 샘플 테이블을 만들었다.

다음 단계에서는 Eloquent 모델을 사용해 Account 모델을 설정했다. 예제를 단순하게 하려고 모델 내에서 세터setter와 게터getter를 사용해 Account 모델에 데이터를 설정할 때(setter를 사용할 때)는 라라벨의 Crypt::encrypt() 메소드를 사용하고, 그 모델에서 데이터를 가져올 때(getter를 사용할 때)는 라라벨의 Crypt::decrypt() 메소드를 사용해 암호화와 복호화를 했다.

다음으로 라우트를 두 개 만들었다. 첫 번째 라우트에서는 정보를 입력하는 폼을 보여 주고, 데이터베이스에 이미 저장된 자료가 있는 경우는 그 내용을 가져와 리스트 형태로 출력한다. 다음 라우트에서는 해당 입력 폼을 통해 전달받은 사용자 입력 내용을 accounts 테이블 안에 저장한다. 저장 후에는 입력 폼과 리스트를 보여 주는 첫 번째 라우트로 사용자를 리다이렉션하는데,

---

1 명령 행에서 composer create-project laravel/laravel {myproject} 명령을 이용해 라라벨을 설치하는 경우, 라라벨 설치가 끝난 뒤에 artisan key:generate 명령까지 자동으로 실행되게 composer.json 파일이 구성되어 있으므로 이 절차가 필요없다. _ 옮긴이

새롭게 추가된 내용을 포함한 모든 내용이 그 페이지 하단에 출력된다.

하지만 데이터베이스에 기록된 레코드의 내용은 암호화되어 있으므로, 알 수 없는 텍스트로 저장되어 있다. 이런식으로 자료를 저장해 놓으면 설령 누군가 데이터베이스를 불법적으로 액세스하더라도 해당 정보의 내용을 쉽게 알아볼 수 없다.

패스워드와 데이터를 해시 처리

사용자 비밀번호password를 데이터베이스에 저장할 때, 해시hash처리하는 것은 일반적인 관행이다. 이렇게 하면 데이터베이스에 누군가 비정상 접속을 하더라도 다른 사람들의 비밀번호를 알아낼 수 없다. 하지만 비밀번호 말고도 이메일 주소나 다른 정보들까지도 이런 식으로 해시 처리해 그 내용을 감추고 싶은 경우가 있다. 이런 경우 라라벨의 해시 함수를 이용하면 쉽게 구현할 수 있다.

준비

이 해법에는 라라벨의 표준 설치와 정상적으로 동작중인 MySQL 데이터베이스가 필요하다.

예제 구현

이 해법을 완성하려면 다음 절차를 따른다.

1. 다음 명령어로 데이터베이스 테이블을 설정한다.

```
CREATE TABLE register (
  id int(10) unsigned NOT NULL AUTO_INCREMENT,
  username varchar(255) DEFAULT NULL,
  email char(60) DEFAULT NULL,
  password char(60) DEFAULT NULL,
```

```
    PRIMARY KEY (id)
) ENGINE=InnoDB AUTO_INCREMENT=1
```

2. app/views 디렉터리 안에서 다음 코드를 이용해 register.php라는 파일을
   만든다.

```html
<!doctype html>
<html lang="en">
<head>
  <meta charset="utf-8">
  <title>Register</title>
</head>
<body>
  <p>
  <h3>Register</h3>
  <form method="post" action="register">
    <label>User Name</label>
    <input name="username"><br>
    <label>Email</label>
    <input name="email"><br>
    <label>Password</label>
    <input name="password"><br>
    <input type="submit">
  </form>
  </p>
  <p style="border-top:1px solid #555">
  <h3>Login</h3>
  <form method="post" action="login">
    <label>User Name</label>
    <input name="username"><br>
    <label>Email</label>
    <input name="email"><br>
    <label>Password</label>
    <input name="password"><br>
    <input type="submit">
  </form>
  </p>
```

```
<hr>
<table border='1'>
<?php if ($users): ?>
<tr>
  <th>User Name</th>
  <th>Email</th>
  <th>Password</th>
</tr>
<?php foreach ($users as $user): ?>
<tr>
  <td><?= $user->username ?></td>
  <td><?= $user->email ?></td>
  <td><?= $user->password ?></td>
</tr>
<?php endforeach; ?>
<?php endif; ?>
</table>
</body>
</html>
```

3. app/routes.php 파일 안에 다음 코드를 추가해 라우트들을 만든다.

```
Route::get('register', function()
{
  $users = DB::table('register')->get();
  return View::make('register')->with('users', $users);
});

Route::post('register', function()
{
  $data = array(
    'username' => Input::get('username'),
    'email' => Hash::make(Input::get('email')),
    'password' => Hash::make(Input::get('password'))
  );

  DB::table('register')->insert($data);
```

```
    return Redirect::to('register');
});

Route::post('login', function()
{
    $user = DB::table('register')->where('username', '=',
      Input::get('username'))->first();
    if (!is_null($user) and Hash::check(Input::get('email'),
      $user->email) and Hash::check(Input::get('password'),
      $user->password)) {
      echo "Log in successful";
    } else {
      echo "Not able to login";
    }
});
```

예제 분석

사용자명, 이메일주소, 패스워드 필드를 갖는 기본적인 사용자 테이블을 만드는 것부터 시작한다. 이 예제에서는 username만 텍스트로 저장하고 나머지 이메일 주소와 패스워드의 경우 해시된 결과를 저장한다.

뷰에서는 폼을 두 개 생성하는데 그 중 한 개는 사용자 등록을 위한 것이고 그밖의 한 개는 로그인을 위한 것이다. 또한 데이터베이스에 저장된 형태 그대로를 보여 주기 위해서 모든 사용자의 데이터를 있는 그대로 출력한다.

사용자 등록 폼을 제출할 때 해당 입력 정보는 register 라우트로 POST되며 그 내용은 배열 안에 넣는다. 이메일 주소와 패스워드의 경우에 라라벨의 Hash::make() 메소드를 사용해서 해시된 결과를 담게 했다. 그런 다음에 해당 배열을 데이터베이스의 register 테이블에 삽입하고 사용자를 입력 폼과 리스트가 출력되는 첫번째 라우트로 리다이렉션한다.

되돌려 보내진 사용자는 새롭게 추가된 줄을 볼 수 있는데, 이메일 주소와 패스워스가 해시되어 알아볼 수 없는 문자로 보인다. 재미있게도 Hash::make() 의 결과 값은 동일한 입력 데이터를 사용하더라도 매번 완전히 다른 결과를 반환한다.[2]

이제 사용자명, 이메일주소, 비밀번호를 입력해 로그인할 수 있다. 로그인을 담당하는 라우트에서는 사용자 입력 값을 받아서, 입력된 사용자명과 일치하는 레코드를 읽어 온다. 그런 다음 라라벨 Hash::check() 메소드에 사용자 입력 값과 데이터베이스 레코드의 값을 전달해서 해시 비교 검사를 한다. 검사를 통과하면 TRUE가 반환되므로, TRUE가 반환되었는지를 검사해 애플리케이션에서 로그인 처리를 한다.

부연 설명

이 예제를 프로덕션 환경에서 사용하려면 일부 입력 내용 검증 부분이 필요하게 될 것이다. 또한 Eloquent ORM을 활용해 해시 작업을 좀 더 간결하게 만들고자 할 수도 있다.

굳이 사용자의 이메일 주소에까지 해시 함수를 적용할 필요가 없다면, 라라벨이 기본 제공하는 Auth::attempt() 메소드를 사용하는 방법을 고려해 봄직하다. 라라벨이 제공하는 사용자 인증에 관련된 내용은 다음 주소에서 볼 수 있는 라라벨 문서파일을 참고한다.

http://laravel.com/docs/security#authenticating-users

폼에서 CSRF 토큰과 필터를 사용

웹 애플리케이션의 폼은 사용자 개인정보나 웹사이트 접속 권한을 빼내가려는 해커들이 노리는 것으로 악명이 높다. 웹 폼을 좀 더 보안성을 높여 안전하게 하려면, CSRFCross-Site Request Forgery라는 라라벨 내장 필터 기능을 사용해 공

---

2 라라벨의 Hash::make() 메소드는 해시 값을 만들 때 CRYPT_BLOWFISH 알고리즘을 사용한다. 이 알고리즘은 함수를 호출할 때마다 자동으로 생성한 솔트salt값을 사용하므로, 솔트없이 사용하는 MD5 같은 해시 함수와는 달리 매번 다른 해시 결과를 만들어 낸다. _ 옮긴이

격을 막을 수 있는데, 이 기능을 사용하면 사용자 세션 밖에 있는 제3자가 해당 폼을 통해 입력하는 것을 막을 수 있다.

이 해법에는 라라벨의 표준 설치가 필요하다.

이 해법을 완성하려면 다음 절차를 따른다.

1. app/routes.php 파일 안에 다음 코드처럼 폼을 보여 주고 폼 입력을 처리하는 라우트를 만든다.

```
Route::get('cross-site', function()
{
  return View::make('cross-site');
});


Route::post('cross-site', array('before' => 'csrf',function()
{
  echo 'Token: ' . Session::token() . '<br>';
  dd(Input::all());
}));
```

2. app/filters.php 파일 안에 다음처럼 csrf 토큰을 위한 필터가 있는지 확인한다.

```
Route::filter('csrf', function()
{
  if (Session::token() != Input::get('_token'))
  {
    throw new Illuminate\Session\TokenMismatchException;
  }
});
```

3. views 디렉터리 안에 cross-site.php라는 파일을 만들고 CSRF 테스트에 쓸 폼 두 개를 다음처럼 추가한다.

```
<!doctype html>
<html lang="en">
<head>
  <meta charset="utf-8">
  <title>CSRF Login</title>
</head>
<body>
  <p>
  <h3>CSRF Login</h3>
  <?= Form::open(array('url' => 'cross-site', 'method' =>'post')) ?>
  <?= Form::token() ?>
  <?= Form::label('email', 'Email') ?>
  <?= Form::text('email') ?>
  <?= Form::label('password', 'Password') ?>
  <?= Form::password('password') ?>
  <?= Form::submit('Submit') ?>
  <?= Form::close() ?>
  </p>
  <hr>
  <p>
  <h3>CSRF Fake Login</h3>
  <?= Form::open(array('url' => 'cross-site', 'method' =>'post')) ?>
  <?= Form::hidden('_token', 'smurftacular') ?>
  <?= Form::label('email', 'Email') ?>
  <?= Form::text('email') ?>
  <?= Form::label('password', 'Password') ?>
  <?= Form::password('password') ?>
  <?= Form::submit('Submit') ?>
  <?= Form::close() ?>
  </p>
</body>
</html>
```

4. 브라우저를 열고 http://{example.dev}/cross-site에 방문 후, 각 폼을 제출해서 결과를 비교한다. ({example.dev}은 우리가 작업중인 서버의 접속 URL이다.)

첫 번째 단계로 CSRF 폼을 위한 라우트를 만든다. 이 폼 안에서 해야 할 일은 Form::token() 메소드를 추가하는 것 뿐이다. 이렇게 하면 _token이라는히든 필드가 삽입되고 현재 사용자의 세션 ID가 그 값으로 들어간다. 제출한 폼을 처리하는 라우트에 before 필터로 csrf 필터를 지정한다. 이렇게 하면 세션 밖에 있는 제3자가 해당 라우트로 적당한 데이터와 함께 POST 요청을 날려도 해당 요청이 조작되었단 것이 판별되어 오류페이지가 출력된다.

다음 폼은 해커가 조작한 POST 요청을 보내는 상황을 재현하게 만든 샘플이다. 이 폼에는 Form::token() 메소드 대신 수동으로 해당 히든 필드에 의미없는 값smurftacular을 채웠다. 사용자가 해당 폼에 이메일과 비밀번호 정보를 임의로 입력 후 제출하면, TokenMismatchException 오류와 함께 실패했다는 메시지가 표시된다. 이 화면이 바로 CSRF 공격을 행한 해커가 보게 될 화면이다.

라라벨에서 Form::open() 메소드를 사용하면 csrf 토큰이 자동으로 생성되므로, 수동으로 추가할 필요가 없다.

폼에서 커스텀 검증 기능을 사용

입력 폼을 검증할 때 입력 값이 유효한 이메일 주소인지, 최소 입력 값이 몇자 이상이어야 한다든지 등, 라라벨 프레임워크에서 제공하는 기본 검증 규칙 외에 그 밖의 조건들을 검사해야 할 때도 있다. 이 해법에서는 이런 특화된 커스텀 검증 조건이 필요한 경우, 어떻게 커스텀 검증 규칙을 만들고 적용시킬 수 있는지 살펴본다.

이 해법에는 라라벨의 표준 설치가 필요하다.

이 해법을 완성하려면 다음 절차를 따른다.

1. app/views 디렉터리 안에서, valid.php라는 파일을 만들고 다음 코드를
   사용해 폼을 만든다.

```
<!doctype html>
<html lang="en">
<head>
  <meta charset="utf-8">
  <title>Custom Validation</title>
</head>
<body>
  <p>
  <?php if ($errors): ?>
  <?php echo $errors->first('email') ?>
  <?php echo $errors->first('captain') ?>
  <?php endif; ?>
  </p>
  <p>
  <h3>Custom Validation</h3>
  <?= Form::open(array('url' => 'valid', 'method' => 'post'))?>
  <?= Form::label('email', 'Email') ?>
  <?= Form::text('email') ?><br><br>
  <?= Form::label('captain', 'Your favorite captains (choosethree)')
      ?><br>
  <?= 'Pike: ' . Form::checkbox('captain[]', 'Pike') ?><br>
  <?= 'Kirk: ' . Form::checkbox('captain[]', 'Kirk') ?><br>
  <?= 'Picard: ' . Form::checkbox('captain[]', 'Picard')?><br>
  <?= 'Sisko: ' . Form::checkbox('captain[]', 'Sisko') ?><br>
  <?= 'Janeway: ' . Form::checkbox('captain[]', 'Janeway')?><br>
```

```
<?= 'Archer: ' . Form::checkbox('captain[]', 'Archer')?><br>
<?= 'Crunch: ' . Form::checkbox('captain[]', 'Crunch')?><br>
<?= Form::submit('Submit') ?>
<?= Form::close() ?>
</p>
</body>
</html>
```

2. app/routes.php 파일 안에 다음 코드를 사용해 라우트들을 추가한다.

```
Route::get('valid', function()
{
  return View::make('valid');
});


Route::post('valid', function()
{
  $rules = array('email' => 'required|email', 'captain' =>
     'required|check_three');
  $messages = array('check_three' => 'Thou shalt choose three
captains. No more. No less. Three shalt be the number thou shalt
choose, and the number of the choosing shall be three.',);
  $validation = Validator::make(Input::all(), $rules,$messages);
  if ($validation->fails())
  {
    return Redirect::to('valid')->withErrors($validation);
  }
  echo "Form is valid!";
});
```

3. app/routes.php 파일 안에 다음에 주어진 코드처럼 커스텀 검증기인
   Validator를 추가한다.

```
Validator::extend('check_three', function($attribute, $value,
$parameters)
{
  return count($value) == 3;
});
```

뷰 안에 폼을 만드는 것부터 시작한다. 이 폼은 이메일이 유효한 주소여야만 하고, 3개의 체크박스는 모두 체크되어 있어야만 하는 검증 조건을 요구한다. 이메일 유효성을 검사하는 검증 규칙은 라라벨이 기본 제공하지만, 3개의 체크박스가 모두 체크되어 있어야만 한다는 라라벨 검증 규칙은 존재하지 않으므로, 우리가 커스텀 밸리데이터Custom validator(사용자 지정 유효성 검증기)를 만들어야만 한다.

이 예제의 check_three라는 커스텀 밸리데이터는 입력 배열값을 받아서 그 갯수만을 센다. 그 개수가 3이면 TRUE를 반환하고 아니면 FALSE를 반환해 검증을 실패 처리한다.[3]

폼 입력을 처리하는 POST 라우트로 돌아가서 해야 할 일은, $rules라는 검증 규칙 배열에 이 커스텀 밸리데이터의 이름만 추가하면 된다. 커스텀 오류 메시지를 설정하고 싶으면 그것도 가능하다. (커스텀 오류메시지 설정에 관한 설명은 2장의 '오류 메시지 변경' 절을 참고하자.)

이 예제의 밸리데이터를 app/routes.php 파일 안에 위치시킨 것은 간단하게 만드려는 의도였다. 다수의 커스텀 밸리데이터를 사용할 경우 별도의 밸리데이터 파일을 만들어서 따로 관리하는 것이 나은 방법이다. 그렇게 하려면 app 디렉터리 안에 validator.php라는 파일을 만들고 필요한 밸리데이터들을 추가한다. 그런 다음 app/start/global.php 파일을 열어서, 가장 아래 쪽에 require app_path().'/validator.php'; 라인을 추가한다. 이렇게 하면 모든 커스텀 검증을 위한 밸리데이터들이 자동으로 로딩되고, 하나의 파일 내에서 관리할 수 있어서 소스의 유지/보수상 좋다.

---

3 커스텀 밸리데이터의 클로저에는 3개 인자 값이 필요한데 첫 번째 $attribute는 검증할 필드의 이름이고, 두 번째 $value는 그 필드의 값이고, 세 번째 $parameters는 해당 검증 규칙으로 전달된 인자 배열이다. _ 옮긴이

쇼핑 카트 구축

웹 상에서 전자상거래는 상당히 큰 사업이다. 대부분의 전자상거래 사이트에서는 쇼핑 카트 시스템이 꼭 필요하다. 이 해법은 판매하는 아이템을 저장하고, 쇼핑 카트를 만들기 위해 라라벨 세션을 어떻게 사용하는지 자세히 살펴본다.

준비

이 해법에는 라라벨의 표준 설치와 정상적으로 동작중인 MySQL 데이터베이스가 필요하다.

예제 구현

이 해법을 완성하려면 다음 절차를 따른다.

1. 데이터베이스에서 다음 코드를 사용해 테이블을 생성하고 예제 데이터를 추가한다.

```
CREATE TABLE items (
    id int(10) unsigned NOT NULL AUTO_INCREMENT,
    name varchar(255) DEFAULT NULL,
    description text,
    price int(11) DEFAULT NULL,
    PRIMARY KEY (id)
) ENGINE=InnoDB;

INSERT INTO items VALUES ('1', 'Lamp', 'This is a Lamp.','14');
INSERT INTO items VALUES ('2', 'Desk', 'This is a Desk.','75');
INSERT INTO items VALUES ('3', 'Chair', 'This is a Chair.', '22');
INSERT INTO items VALUES ('4', 'Sofa', 'This is a Sofa/Couch.',
    '144');
INSERT INTO items VALUES ('5', 'TV', 'This is a Television.', '89');
```

2. app/routes.php 파일 안에서 다음 코드를 사용해 쇼핑 카트를 위한 여러
   개의 라우트를 만든다.

```php
Route::get('items', function()
{
  $items = DB::table('items')->get();
  return View::make('items')
    ->with('items', $items)
    ->nest('cart', 'cart', array('cart_items' => Session::get('cart')));
});

Route::get('item-detail/{id}', function($id)
{
  $item = DB::table('items')->find($id);
  return View::make('item-detail')
    ->with('item', $item)
    ->nest('cart', 'cart', array('cart_items' => Session::get('cart')));
});

Route::get('add-item/{id}', function($id)
{
  $item = DB::table('items')->find($id);
  $cart = Session::get('cart');
  $cart[uniqid()] = array('id' => $item->id,
      'name' => $item->name,
      'price' => $item->price);
  Session::put('cart', $cart);
  return Redirect::to('items');
});

Route::get('remove-item/{key}', function($key)
{
  $cart = Session::get('cart');
  unset($cart[$key]);
  Session::put('cart', $cart);
  return Redirect::to('items');
});
```

```
Route::get('empty-cart', function()
{
  Session::forget('cart');
  return Redirect::to('items');
});
```

3. app/views 디렉터리 안에 items.php라는 파일을 만들고 다음 코드를 추가한다.

```
<!doctype html>
<html lang="en">
<head>
  <meta charset="utf-8">
  <title>Item List</title>
</head>
<body>
  <div>
  <?php foreach ($items as $item): ?>
  <p>
  <a href="item-detail/<?= $item->id ?>">
  <?= $item->name ?>
  </a> --
  <a href="add-item/<?= $item->id ?>">Add to Cart</a>
  </p>
  <?php endforeach; ?>
  </div>
  <?php $cart_session = Session::get('cart') ?>
  <?php if ($cart_session): ?>
  <?= $cart ?>
  <?php endif; ?>
</body>
</html>
```

4. app/views 디렉터리 안에 item-detail.php라는 파일을 만들고 다음 코드를 추가한다.

```
<!doctype html>
<html lang="en">
<head>
  <meta charset="utf-8">
  <title>Item: <?= $item->name ?></title>
</head>
<body>
  <div>
  <h2><?= $item->name ?></h2>
  <p>Price: <?= $item->price ?></p>
  <p>Description: <?= $item->description ?></p>
  <p>
  <a href="../add-item/<?= $item->id ?>">Add to Cart</a>
  </p>
  <p><a href="../items">Item list</a></p>
  </div>
  <? if (Session::has('cart')): ?>
  <?= $cart ?>
  <? endif; ?>
</body>
</html>
```

5. app/views 디렉터리 안에 cart.php라는 파일을 만들고 다음 코드를 추가
   한다.

```
<div class="cart" style="border: 1px solid #555">
  <?php if ($cart_items): ?>
  <?php $price = 0 ?>
  <ul>
  <?php foreach ($cart_items as $cart_item_key => $cart_item_value):
     ?>
  <?php $price += $cart_item_value['price']?>
  <li>
  <?= $cart_item_value['name'] ?>:
  <?= $cart_item_value['price'] ?> (<a href="remove-item/<?=
    $cart_item_key ?>">remove</a>)
  </li>
```

```
    <?php endforeach; ?>
    </ul>
    <p><strong>Total: </strong> <?= $price ?></p>
    <?php endif; ?>
</div>
```

6. 이제 브라우저를 사용해서 http://{example.dev}/items에 방문하면 데이터베이스에 들어있는 아이템들의 리스트, 해당 아이템들의 상세 페이지로 갈 수 있는 링크, 카트에 담기 옵션 등이 보인다. 카트에 아이템을 담으면 그 내용이 페이지 하단에 나타난다.

예제 분석

이 예제를 시작하려면 쇼핑 카트에 추가할 아이템들을 저장하는 데이터베이스 테이블을 설정해야 한다. 테이블에 덧붙여서 판매하는 샘플 아이템들의 자료도 추가했다.

첫 번째 items 라우트는 데이터베이스 테이블 안에 들어있는 모든 아이템들을 가져와서 출력한다. 또한 카트 안에 이미 집어넣은 내용을 보여 주기 위해 cart 뷰를 중첩해서 보여준다. 그 중첩 뷰에는 cart 세션의 내용을 함께 전달해 해당 세션에 들어있는 아이템 리스트를 출력하게 만든다.

다음 item-detail 라우트는 비슷한 일을 하지만 하나의 아이템만 입력받아서 그 상세 정보를 보여준다.

다음 add-item 라우트에서는 아이템 ID를 받아서 세션에 그 아이템을 추가한다. 우선 아이템 ID를 가지고 데이터베이스를 검색해 해당 아이템 정보를 가져오고, $cart라는 변수에는 현재의 cart 세션 정보를 저장한다. 아이템 정보는 배열에 담아 $cart 변수에 추가하는데, 이 때 유일한 키 값을 갖도록 PHP의 uniqid() 함수를 사용했다. 다음, $cart 변수를 다시 cart 세션에 넣어서 새로운 아이템을 cart 세션에 추가하고 사용자를 items 라우트로 리다이렉션해 보낸다.

아이템을 제거하려면 해당 아이템의 ID를 받고 그 해당 아이템의 내용을 $cart 배열 변수에서 삭제한다. 또 다른 삭제 방법은, 모든 세션을 삭제하고 새롭게 시작하는 것이다.

뷰 안에서는, 카트에 실제로 어떤 아이템이 들어있는 경우에만 카트의 아이템 리스트를 출력하게 만든 점을 주목하자.

부연 설명

이 해법의 예제는 더 완전한 기능을 갖추도록 쉽게 확장할 수 있다. 예를 들어 새 아이템을 여러 번 클릭하면 새 레코드를 추가하는 것이 아니라 각 아이템 개수를 늘릴 수도 있다. 이런 식으로 만들려면, 각 아이템 옆에 구매하고 싶은 아이템 개수를 적는 폼 필드를 추가한다.

레디스를 이용한 세션 저장

레디스Redis는 아주 인기있는 키/값 형태로 된 데이터 저장소이며, 아주 빠르다. 라라벨은 레디스를 지원하므로 레디스 데이터와 연동하는 애플리케이션을 쉽게 만들 수 있다.

준비

이 해법에는 정상적으로 설정되어 작동 중인 레디스 서버가 필요하다. 레디스에 대한 더 자세한 정보는 http://redis.io/에 나와있다.

예제 구현

이 해법을 완성하려면 다음 절차를 따른다.

1. app/routes.php 파일 안에, 다음에 주어진 코드를 사용해 라우트들을 만든다.

```php
Route::get('redis-login', function()
{
  return View::make('redis-login');
});


Route::post('redis-login', function()
{
  $redis = Redis::connection();
  $redis->hset('user', 'name', Input::get('name'));
  $redis->hset('user', 'email', Input::get('email'));
  return Redirect::to('redis-view');
});


Route::get('redis-view', function()
{
  $redis = Redis::connection();
  $name = $redis->hget('user', 'name');
  $email = $redis->hget('user', 'email');
  echo 'Hello ' . $name . '. Your email is ' . $email;
});
```

2. app/views 디렉터리에 redis-login.php라는 파일을 만들고 다음 코드를 추가한다.

```php
<!doctype html>
<html lang="en">
<head>
  <meta charset="utf-8">
  <title>Redis Login</title>
</head>
<body>
  <p>
  <h3>Redis Login</h3>
  <?= Form::open(array('url' => 'redis-login', 'method' =>'post'))
```

```
  ?>
    <?= Form::label('name', 'Your Name') ?>
    <?= Form::text('name') ?>
    <?= Form::label('email', 'Email') ?>
    <?= Form::text('email') ?>
    <?= Form::submit('Submit') ?>
    <?= Form::close() ?>
    </p>
  </body>
</html>
```

3. 이제 브라우저를 열어 http://{example.dev}/redis-login을 방문하고 폼을 채
   워 넣는다. 폼을 제출하면 레디스로부터 가져온 정보를 화면에 표시한다.

레디스에 데이터를 입력하는 데 사용할 간단한 폼을 만드는 것으로 시작한다.
이 예제의 redis-login 라우트에서, 이름과 이메일 주소를 입력받기 위한 뷰
를 사용한다. 사용자가 정보를 입력 후 제출하면, redis-login 라우트로 POST
전송이 이뤄진다.

POST 전송이 된 이후에는 app/config/database.php 파일에 레디스 관련 설정
내용을 참고하는 Redis::connection() 메소드를 사용해 새로운 레디스 인스
턴스를 생성한다. 이 예제에서는 레디스에 정보를 저장시킬 때 해시와 데이터
설정을 담당하는 hset() 함수를 사용했지만, 레디스 인스턴스는 레디스가 지
원하는 어떤 명령도 사용할 수 있으므로 set() 함수라든지 sadd() 함수 같은
다양한 레디스 명령을 골라서 사용해도 된다.

일단 레디스에 데이터가 저장되고 나면 해당 데이터를 출력시킬 라우트로 사
용자를 리다이렉션한다. 레디스로부터 출력할 데이터를 가져올 때, 키 값과 필
드 값을 가지고 hget() 함수를 호출했다.

세션과 쿠키 사용

데이터베이스에 정보를 저장하지 않은 채 한 페이지에서 다른 페이지로 데이터를 전달하고 싶을 때가 있다. 라라벨이 제공하는 다양한 세션Session과 쿠키Cookie 메소드를 사용해 이를 구현할 수 있다.

준비

이 해법에는 라라벨의 표준 설치가 필요하다.

예제 구현

이 해법을 완성하려면 다음 절차를 따른다.

1. app/views 디렉터리 안에, session-one.php라는 파일을 만들고 다음 코드를 추가한다.

```
<!DOCTYPE html>
<html>
<head>
  <title>Laravel Sessions and Cookies</title>
  <meta charset="utf-8">
</head>
<body>
  <h2>Laravel Sessions and Cookies</h2>
  <?= Form::open() ?>
  <?= Form::label('email', 'Email address: ') ?>
  <?= Form::text('email') ?>
  <br>
  <?= Form::label('name', 'Name: ') ?>
  <?= Form::text('name') ?>
  <br>
  <?= Form::label('city', 'City: ') ?>
  <?= Form::text('city') ?>
  <br>
```

```
    <?= Form::submit('Go!') ?>
    <?= Form::close() ?>
</body>
</html>
```

2. app/routes.php 파일 안에, 다음에 주어진 코드처럼 라우트들을 생성한다.

```
Route::get('session-one', function()
{
  return View::make('session-one');
});

Route::post('session-one', function()
{
  Session::put('email', Input::get('email'));
  Session::flash('name', Input::get('name'));
  $cookie = Cookie::make('city', Input::get('city'), 30);
  return Redirect::to('session-two')->withCookie($cookie);
});

Route::get('session-two', function()
{
  $return = 'Your email, from a Session, is ' .
    Session::get('email') . '. <br>';
  $return .= 'You name, from flash Session, is ' .
    Session::get('name') . '. <br>';
  $return .= 'You city, from a cookie, is ' .
    Cookie::get('city') . '.<br>';
  $return .= '<a href="session-three">Next page</a>';
  echo  $return;
});

Route::get('session-three', function()
{
  $return = '';

  if (Session::has('email')) {
```

```
        $return .= 'Your email, from a Session, is ' .
            Session::get('email') . '. <br>';
    } else {
        $return .= 'Email session is not set.<br>';
    }

    if (Session::has('name')) {
        $return .= 'Your name, from a flash Session, is ' .
            Session::get('name') . '. <br>';
    } else {
        $return .= 'Name session is not set.<br>';
    }

    if (Cookie::has('city')) {
        $return .= 'Your city, from a cookie, is ' . Cookie::get('city')
            . '. <br>';
    } else {
        $return .= 'City cookie is not set.<br>';
    }

    Session::forget('email');
    $return .= '<a href="session-three">Reload</a>';
    echo $return;
});
```

예제 분석

이 해법은 세션과 쿠키에 정보를 제출할 수 있게 간단한 폼을 만드는 것부터 시작한다. 폼을 통해 입력한 값들을 POST로 전달할 때, 이메일 필드의 값은 일반 세션에 넣고, 이름 필드의 값은 플래시 세션에 넣고, 도시 필드의 값을 쿠키에 넣었다. 또한 해당 쿠키를 30분이 지나면 만료되도록 설정했다. 각 값들이 모두 세션과 쿠키에 설정된 후에는 두 번째 페이지인 session-two 라우트로 사용자를 이동시키는데, 이때 쿠키 값도 withCookie()를 통해 같이 전달한다.

두 번째 페이지는 간단히 값들을 전달받아서, 제대로 설정되었는지 확인할 수 있도록 화면상에 출력한다. 이 요청이 완료되는 시점에 이름 필드에 입력했던 플래시 세션 값은 사라지게 된다.

Next page 링크를 클릭해서 세 번째 페이지로 이동하면, 세션 값과 쿠키 값이 아직도 존재하는지 보기 위해서 has() 메소드를 사용해 검사한다. 이 페이지에 이메일 필드에 입력했던 값과 도시 필드에 입력했던 값은 출력되지만 이름 필드에 입력했던 값은 출력되지 않는다. 그 다음 forget() 메소드를 사용해서 이메일 필드에 입력했던 세션 값도 삭제한다. Reload 링크를 클릭해 해당 페이지가 다시 로드되면 쿠키에 저장되어 있는 도시명만 출력된다.

부연 설명

보통 세션 데이터는 forget() 메소드를 사용해 명시적으로 삭제하지 않는 한 계속해서 그 데이터 내용이 유지되는 반면, 플래시 세션 데이터[4]는 다음 페이지 요청까지만 유지되고 세션에서 자동으로 삭제된다. 플래시 세션 데이터를 그 다음번 요청에서도 한 번 더 사용하고 싶은 경우 Session::reflash() 메소드를 사용해야 한다. 이 메소드는 플래시 세션 데이터를 그 다음번 요청까지 한 번 더 유지하게 만든다. 플래시된 데이터가 여러 개이고, 그 중 일부분만 그 다음번 요청까지 유지하고 싶은 경우에는 Session::keep(array('session-key1', 'session-key2')) 메소드를 사용한다. (이 경우에 배열값으로 지정한 session-key1과 session-key2의 세션값들만 유지된다.)

안전한 API 서버 생성

이 해법에서는 데이터베이스로부터 정보를 가져와 보여 주는 간단한 API를 제작한다. 아무나 이 API를 호출해 데이터에 액세스하는 것을 통제하기 위해, 사용자가 키를 발급받게 한 뒤 해당 키를 사용해 API 호출을 하는 경우에만 정상적인 JSON 형태의 결과를 반환하게 만든다.

---

4 일반적으로 플래시된 데이터라고 표현한다. _ 옮긴이

이 해법에는 라라벨의 표준 설치와 정상적으로 동작중인 MySQL 데이터베이스가 필요하다.

이 해법을 완성하려면 다음 절차를 따른다.

1. 데이터베이스에서, 다음에 주어진 코드를 이용해 API 키들을 보관할 테이블을 만든다.

```
CREATE TABLE api (
    id int(10) unsigned NOT NULL AUTO_INCREMENT,
    name varchar(255) DEFAULT NULL,
    api_key varchar(255) DEFAULT NULL,
    status tinyint(1) DEFAULT NULL,
    PRIMARY KEY (id)
) ENGINE=InnoDB DEFAULT CHARSET=utf8;
```

2. 데이터베이스에서, 다음에 주어진 코드를 이용해 샘플 정보를 보관할 테이블을 만들고 레코드 몇 개를 생성한다.

```
CREATE TABLE shows (
    id int(10) unsigned NOT NULL AUTO_INCREMENT,
    name varchar(200) NOT NULL,
    year int(11) NOT NULL,
    created_at datetime NOT NULL,
    updated_at datetime NOT NULL,
    PRIMARY KEY (id)
) ENGINE=InnoDB CHARSET=utf8;

INSERT INTO shows VALUES ('1', 'Happy Days', '1979','2014-01-01
00:00:00', '2014-01-01 00:00:00');
INSERT INTO shows VALUES ('2', 'Seinfeld', '1999', '2014-01-01
```

```
00:00:00', '2014-01-01 00:00:00');
INSERT INTO shows VALUES ('3', 'Arrested Development', '2006', '2014-
01-01 00:00:00', '2014-01-01 00:00:00');
INSERT INTO shows VALUES ('4', 'Friends', '1997','2014-01-01
00:00:00', '2014-01-01 00:00:00');
```

3. app/models 디렉터리 안에 Api.php라는 파일을 만든다.

```php
<?php
class Api extends Eloquent {
  public $table = 'api';
  public $timestamps = FALSE;
}
```

4. app/models 디렉터리 안에 Show.php라는 파일을 만든다.

```php
<?php
class Show extends Eloquent {
}
```

5. app/views 디렉터리 안에 api-key.php라는 파일을 만든다.

```php
<!DOCTYPE html>
<html>
<head>
  <title>Create an API key</title>
  <meta charset="utf-8">
</head>
<body>
  <h2>Create an API key</h2>
  <?php echo Form::open() ?>
  <?php echo Form::label('name', 'Your Name: ') ?>
  <?php echo Form::text('name') ?>
  <br>
  <?php echo Form::submit('Go!') ?>
  <?php echo Form::close() ?>
</body>
```

```
</html>
```

6. app/routes.php 파일 안에 `api-key` 등록을 위한 라우트들을 만든다.

```php
Route::get('api-key', function() {
  return View::make('api-key');
});

Route::post('api-key', function() {
  $api = new Api();
  $api->name = Input::get('name');
  $api->api_key = Str::random(16);
  $api->status = 1;
  $api->save();
  echo 'Your key is: ' . $api->api_key;
});
```

7. app/routes.php 파일 안에 다음 코드를 사용해 API를 액세스하는 라우트
를 만든다.

```php
Route::get('api/{api_key}/shows', function($api_key)
{
  $client = Api::where('api_key', '=', $api_key)
    ->where('status', '=', 1)
    ->first();
  if ($client) {
    return Show::all();
  } else {
    return Response::json('Not Authorized', 401);
  }
});

Route::get('api/{api_key}/show/{show_id}', function($api_key, $show_
id)
{
  $client = Api::where('api_key', '=', $api_key)
    ->where('status', '=', 1)
```

```
      ->first();
  if ($client) {
    if ($show = Show::find($show_id)) {
      return $show;
    } else {
      return Response::json('No Results', 204);
    }
  } else {
    return Response::json('Not Authorized', 401);
  }
});
```

8. 테스트하려면 브라우저에서 http://{example.dev}/api-key에 접속해 등
   록 폼을 작성한 뒤 Go 버튼을 클릭한다. ({example.dev}은 개발 서버의 URL이다.)
   다음 페이지에서 생성된 API키를 복사하고 http://{example.dev}/api/{복
   사한API키}/shows에 접속하면 샘플 데이터 리스트가 JSON 형식으로 출
   력된다.

예제 분석

이 예제는 테이블과 모델을 설정하는 것으로 시작한다. 테이블이 두 개 있는
데, api 테이블은 사용자 키가 있는지를 검사하려고 사용하고, shows 테이블
은 샘플 데이터를 액세스하는 데 사용한다.

다음 단계는 이 API 애플리케이션을 위해 키를 생성하는 방법을 만드는 것이
다. 예제에서는 사용자 이름만 입력하고 등록 폼을 제출하면, 16자리 랜덤 문
자열이 생성된다. 이 문자열이 바로 API를 호출할 때 사용할 사용자 키이다.
그러면 해당 정보를 테이블에 저장하고 사용자 화면에 출력한다.

발급받은 사용자 키를 사용하려고 정보를 출력할 두 개의 라우트를 생성했는
데, 그 첫 번째 라우트는 URL에 {api_key}라는 와일드카드를 사용해 해당 클
로저로 그 값을 전달한다. 그러면 전달받은 $api_key 키를 가지고 데이터베이
스 질의를 해 해당 키가 유효한지(상태값이 1인지)를 검사한다. 해당 사용자가 더

이상 API를 이용할 수 없도록 만들려면 그 키의 상태 값을 0으로 바꾸면 된다. 사용자 키가 없거나 유효하지 않다면 401 HTTP 코드와 사용권한이 없다는 메시지를 반환한다. 사용자 키가 유효하다면 모든 레코드가 들어있는 Eloquent 객체를 JSON 형태로 반환한다.

두 번째 라우트는 shows 테이블의 1개 레코드만 출력한다. 그 URL에는 사용자 API 키를 전달할 {api_key} 와일드 카드와, 원하는 레코드의 아이디를 전달할 {show_id} 카드를 사용했다. 이들 정보를 해당 함수에 전달하면 사용자 키가 유효한가를 이전 라우트에서 했던 것처럼 검사하고, 유효한 경우에는 주어진 ID값을 갖는 레코드가 있는지 확인한 후에 해당 레코드의 정보만 담은 Eloquent 객체를 JSON 형태로 반환한다.

부연 설명

또한 사용자 API 키를 POST 요청으로 전달한다면 라라벨 필터를 사용할 수도 있다. 이런 방식으로 API를 구현하려면 app/filters.php 파일 안에 아래와 같은 새로운 필터를 추가한다.

```
Route::filter('api', function()
{
  if ($api_key = Input::get('api_key')) {
    $client = Api::where('api_key', '=', $api_key)
      ->where('status', '=', 1)
      ->first();
    if (!$client) {
      return Response::json('Not Authorized', 401);
    }
  } else {
    return Response::json('Not Authorized', 401);
  }
});
```

그런 다음에 shows 라우트로 POST 요청을 받게하고, 새로 만든 api 필터를

before 필터로 적용한다.

```
Route::post('api/shows', array('before' => 'api', function()
{
  return Show::all();
}));
```

10
애플리케이션
테스트와 디버깅

10장에서 다룰 내용은 다음과 같다.

- PHPUnit 설치와 설정
- 테스트 케이스의 작성과 실행
- 컨트롤러 테스트를 위한 마커리 사용
- 코드셉션을 사용한 억셉턴스 테스트 작성
- 애플리케이션의 디버깅과 프로파일링

소개

웹 애플리케이션은 점점 더 복잡해지고 있으므로, 어떤 코드의 추가나 수정으로 인해 다른 부분에 있는 기존 코드에 악형향을 미치지 않게 해야만 한다. 이런 검사를 하는 한 가지 방법은 유닛 테스트unit tests, 단위 테스트를 작성하는 것이다. 라라벨은 애플리케이션을 개발할 때, 유닛 테스트를 작성할 수 있는 매우 유익한 기능들을 제공한다.

PHPUnit 설치와 설정

이 해법에서는 아주 인기있는 PHP 단위 테스트용 프레임워크인 PHPUnit을 설치하고 설정하는 방법을 살펴본다.

이 해법을 위해서 정상 동작하는 라라벨의 표준 설치가 필요하다. 또한 http://getcomposer.org에서 내려받아 설치할 수 있는 콤포저 의존성dependency 툴도 필요하다.

이 해법을 완성하려면 다음 절차를 따른다.

1. 애플리케이션의 루트 디렉터리 안에 composer.json 파일 안에 다음 라인을 추가한다.

```
"require-dev": {
  "phpunit/phpunit": "3.7.*"
},
```

2. 명령 행에서 루트 디렉터리로 이동한 후에 다음 콤포저 명령을 실행한다.

php composer update

3. PHPUnit 이 설치된 후에 명령 행에서 다음 명령으로 테스트를 실행한다.

vendor/bin/phpunit

composer.json 파일은 어떤 패키지를 설치해야 하는지를 콤포저 툴에 알린다. 따라서 phpunit 패키지가 필요하다는 내용을 해당 파일에 추가시키고, 콤포저 툴로 update 명령을 실행하면 애플리케이션의 vendor 디렉터리에 해당 패키지가 설치된다.

그 phpunit 패키지가 설치된 후에는 phpunit을 테스트할 수 있는 명령을 실행시켜 정확하게 설치되었는지 확인할 수 있다. 라라벨은 app/tests 디렉터리에 샘플 테스트 케이스를 포함하고 있으므로 해당 명령을 실행했을 때 모든 테스트가 정상적으로 통과했다는 내용이 출력되어야만 한다[1].

테스트 케이스의 작성과 실행

PHPUnit이 이미 설치되어 있고 올바르게 동작한다면 테스트 케이스를 작성하고 PHPUnit을 사용해 그것의 유효성을 검사할 수 있다.

준비

테스트 케이스를 실행하려면 정상 동작하는 라라벨의 표준 설치가 필요하다. 또한 이전 'PHPUnit 설치와 설정' 절의 설명처럼 PHPUnit 패키지의 설치가 되어 있어야만 한다.

예제 구현

이 해법을 완성하려면 다음 절차를 따른다.

---

1 PHPUnit으로 테스트할 때마다 vendor/bin/phpunit 명령을 매번 입력하는 것은 너무 번거로우므로, vendor/bin 디렉터리를 PATH에 추가해서 단순히 phpunit를 입력해 테스트할 수 있게 만들거나, alias t="vendor/bin/phpunit"라고 별명(alias)을 지정해서 사용하는 방법을 추천한다. 또는 콤포저 패키지들 중 글로벌하게 사용할 패키지들만 따로 설치/관리하면서 해당 bin 디렉터리의 경로를 PATH에 추가해서 ~/.bash_profile에 등록하는 방법도 있다. _ 옮긴이

1. app/tests 디렉터리 안에서, MyAppTest.php라는 파일을 만들고 다음 코드 내용을 추가한다.

```php
<?php
class MyAppTest extends TestCase {

  /**
   * Testing the MyApp route
   *
   * @return void
   */
  public function testMyAppRoute()
  {
    $response = $this->call('GET', 'myapp');
    $this->assertResponseOk();
    $this->assertEquals('This is my app', $response->getContent());
  }
}
```

2. 명령 행에서 다음 명령으로 테스트를 실행하면, 테스트에 통과하지 못하고 실패했다는 내용이 출력된다.

   vendor/bin/phpunit

3. app/routes.php 파일 안에 다음 코드를 갖는 새로운 라우트를 추가한다.

```php
Route::get('myapp', function()
{
  return 'This is my app';
});
```

4. 명령 행에서 다시 한 번 테스트를 실행하면 테스트에 통과한다.

   vendor/bin/phpunit

PHPUnit 테스트를 실행하면 라라벨은 자동으로 app/tests 디렉터리에서 단위 테스트 파일을 찾는다. 따라서 해당 디렉터리 안에 새로운 MyAppTest.php라는 파일을 만들고, TestCase 클래스를 확장한 MyAppTest라는 이름의 테스트 클래스를 작성한다.

이 예제의 간단한 테스트에서는 call() 메소드를 사용해서, 'myapp' 라우트에 GET 요청을 보낸다.

제일 먼저 검사하는 것은 해당 HTTP 요청에 대한 OK 결과(상태코드 200)를 받는지를 알아 본다. 그런 다음에 반환 되는 결과 내용이 "This is my app"이라는 문자열인지 검사한다. 처음에 이 테스트를 실행할 때는 물론 해당 라우트를 만들지 않은 상태라 테스트를 통과하지 못한다.

다음으로 문자열 "This is my app"을 반환하는 myapp 라우트를 만든다. 이 라우트를 만든 이후에 다시 한번 테스트를 실행하면 해당 테스트에 통과했다는 성공 메시지가 출력된다.

'PHPUnit 설치와 설정' 절을 참고하자.

컨트롤러 테스트를 위한 마커리 사용

경우에 따라서는 데이터베이스 사용 의존성이 있는 코드를 테스트해야 할 때가 있다. 단위 테스트를 할 때 일반적인 관행은 데이터베이스에 실제 질의를 날리면서 테스트하지 않는 대신, 데이터베이스에 질의를 날리는 코드 부분을 마커리Mockery 패키지를 사용해 테스트용 모의 객체mock object를 돌려받도록 해서 해당 코드의 단위 테스트를 행한다.

이 해법에는 정상 동작하는 라라벨의 표준 설치가 필요하며, 'PHPUnit 설치와 설정' 절에서 설명한 PHPUnit의 설치도 필요하다.

이 해법을 완성하려면 다음 절차를 따른다.

1. composer.json 파일을 열어, 다음 코드를 추가한다.

```
"require-dev":
{
  "phpunit/phpunit": "3.7.*",
  "mockery/mockery": "dev-master"
},
```

2. 명령 행에서 다음처럼 콤포저 업데이트 명령을 실행한다.

php composer.phar update

3. 해당 패키지들이 모두 설치된 후, app/controllers 디렉터리 안에 ShipsController.php 파일을 만들어서 다음 코드를 입력한다.

```php
<?php

class ShipsController extends BaseController {

  protected $ships;
  public function __construct(Spaceship $ships)
  {
    $this->ships = $ships;
  }

  public function showShipName()
  {
```

```
    $ship = $this->ships->first();
    return $ship->name;
  }
}
```

4. app/routes.php 파일 안에 이 컨트롤러를 향한 라우트를 다음처럼 추가한다.

   Route::get('ship', 'ShipsController@showShipName');

5. app/tests 디렉터리 안에 SpaceshipTest.php라는 파일을 만들고 다음 코드를 입력한다.

```
<?php

class SpaceshipTest extends TestCase {

  public function testFirstShip()
  {
    $this->call('GET', 'ship');
    $this->assertResponseOk();
  }
}
```

6. 명령 행에서 다음 명령으로 테스트를 실행한다.

   vendor/bin/phpunit

7. 이 시점에서는 테스트에 통과할 수 없다.

```
ReflectionException: Class Spaceship does not exist
```

8. 애플리케이션의 모델 클래스인 Spaceship 클래스의 모의 객체를 마키리를 사용해서 만들어야 하므로 SpaceshipTest 클래스를 다음처럼 수정한다.

```php
<?php

class SpaceshipTest extends TestCase {

  public function testFirstShip()
  {
    $ship = new stdClass();
    $ship->name = 'Enterprise';

    $mock = Mockery::mock('Spaceship');
    $mock->shouldReceive('first')->once()->andReturn($ship);

    $this->app->instance('Spaceship', $mock);
    $this->call('GET', 'ship');
    $this->assertResponseOk();
  }

  public function tearDown()
  {
    Mockery::close();
  }
}
```

9. 명령 행에서 다시 테스트를 실행하면 이번에는 테스트에 통과한다.

예제 분석

콤포저를 이용해서 마커리 패키지를 설치하는 것부터 시작한다. 이 마커리 패키지가 설치되면 애플리케이션 어디서든지 사용할 수 있다. 다음, showShipName()이라는 메소드를 갖는 컨트롤러를 만드는데, 이 메소드는 하나의 배 이름을 출력한다. 이 컨트롤러의 생성자constructor 안에는 의존성 주입dependency injection을 이용해 사용하려는 모델을 전달한다. 이 예제의 경우는 Spaceship이라고 명명된 모델이 전달되고 이 모델은 라라벨의 Eloquent ORM 을 사용한다.

showShipName() 메소드 안에서는 ORM으로부터 하나의 레코드를 받아오고, 그 레코드 이름을 반환한다. 그 다음에 라우트를 만들어서 이 컨트롤러의 showShipName() 메소드에 연결시킨다.

테스트 케이스의 첫 부분에서는 간단히 GET 요청을 호출해 OK 결과를 받았는지 살핀다. 이 시점에서는 Spaceship 모델을 아직 만들지 않았으므로, 테스트를 실행하면 실패 메시지가 출력된다. 물론 필요한 테이블들을 데이터베이스에 추가한 뒤에 Spaceship 모델을 생성하면 해당 테스트 케이스에 통과하겠지만, 일반적으로 단위 테스트는 의존 관계에 있는 외부 객체를 제외하고 해당 객체만 따로 격리시켜 테스트를 한다. '마커리' 패키지는 테스트할 객체가 사용하는 의존성 주입Dependency Injection 코드를 단위 테스트에서 제외시키는 일 즉, 대체시킬 모의 객체mock objectes를 만드는 툴이다.[2]

Spaceship 클래스에서 first() 메소드를 호출하면, 모든 필드 값이 들어있는 객체 한 개를 돌려주므로, 이를 본 따는 모의 객체를 만들기 위해서, 일반 객체generic object를 생성해 $ship이라는 변수에 할당하고 모의 결과 값을 필요한 필드에 넣는다. 그런 다음에 마커리를 이용해 Spaceship 클래스를 위한 모의 객체를 만든다. 이제 컨트롤러에서 first() 메소드를 호출하면 마커리의 모의 객체가 가상의 값을 갖고 있는 일반 객체 $ship을 반환한다.

다음으로 Spaceship 인스턴스가 필요할 때마다 모의 객체를 대신 사용하라고 라라벨에 알린다. 마지막으로 ship 라우트에 GET 호출을 해서, OK 결과를 받는지 확인한다.

참고 사항

'PHPUnit 설치와 설정' 절을 참고하자.

---

2 마커리는 PHPUnit으로 유닛 테스팅할 때, 모의 객체를 만드는 유연한 툴이다. PHPUnit도 자체적으로 모의 객체를 만들 수 있는 기능이 있지만 그 문법이 좀 지저분해서 선호하지 않으며 대신에 마커리 툴을 많이 사용한다._옮긴이

코드셉션을 사용한 억셉턴스 테스트 작성

억셉턴스 테스트Acceptance testing[3]는 애플리케이션의 결과가 브라우저 상에 정확히 출력되는가를 테스트하는 유용한 방법이다. 코드셉션Codeception같은 패키지를 사용하면 억셉턴스 테스트를 자동화할 수 있다.

준비

이 해법을 위해서 동작하는 라라벨의 표준 설치가 필요하다.

예제 구현

이 해법을 완성하려면 다음 절차를 따른다.

1. composer.json 파일을 열어서 `require-dev` 섹션에 다음 라인을 추가한다.

   ```
   "codeception/codeception": "dev-master",
   ```

2. 명령 행에서 다음 명령어로 해당 패키지를 설치한다.

   php composer.phar update

3. 설치가 끝나면 명령 행에서 다음처럼 코드셉션의 bootstrap 명령을 실행한다.

   vendor/bin/codecept bootstrap app

4. app/tests/acceptance 디렉터리 안에 AviatorCept.php라는 파일을 만들어서 다음 코드를 입력한다.

   ```
   <?php

   $I = new WebGuy($scenario);
   ```

---

3 인수 테스트 또는 합격 테스트 _ 옮긴이

```
$I->wantTo('Make sure all the blueprints are shown');
$I->amOnPage('/');
$I->see('All The Blueprints');
```

5. app/routes.php 파일에 다음 코드를 사용해서 기본 라우트를 수정한다.

```
Route::get('/', function()
{
  return 'Way of the future';
});
```

6. 명령 행에서 다음 명령어를 사용해서 억셉턴스 테스트를 실행한다.

vendor/bin/codecept run -c app

7. 이때는 테스트를 통과하지 못했다는 오류 메시지가 출력된다. 테스트에
통과하려면 기본 라우트를 아래와 같이 수정해야만 한다.

```
Route::get('/', function()
{
  return 'All The Blueprints';
});
```

8. 명령 행에서 다음 명령을 사용해서 억셉턴스 테스트를 다시 실행한다.

vendor/bin/codecept run -c app

9. 이번에는 테스트에 통과하는 것을 볼 수 있다.

예제 분석

콤포저를 이용해서 코드셉션 패키지를 설치하는 것으로 시작한다. 설치가 끝
나면 bootstrap 명령을 실행하는데, 이 명령은 코드셉션 툴을 사용할 때 필요
한 모든 필수 파일과 디렉터리를 생성시킨다. 다만 이 명령을 실행하면 기본
적으로 애플리케이션의 루트 디렉터리에 tests라는 디렉터리를 만들어 해당

파일들과 디렉터리들을 생성하므로 라라벨의 기본 테스트 디렉터리인 app/
tests 디렉터리 안에 필요한 파일과 디렉터리들이 만들어지도록 코드셉션
bootstrap 명령에 app이라는 인자를 붙여 이를 지정했다.

다음 app/tests/acceptance 디렉터리 안에 억셉턴스 테스트 파일을 생성한다.
테스트 파일 안에서는 새로운 WebGuy 객체를 만드는 것부터 시작한다. 이 객
체는 억셉턴스 테스트를 실행하는 데 필요한 코드셉션의 클래스이다. 다음 라
인은 무엇을 하려는 건지($I->wantTo)를 말하고(이 예제에서는 모든 청사진을 출력시킨
다고 적음), 그 다음 라인은 테스트가 어느 페이지로 가야 하는지($I->amOnPage)를
말하며 (여기에는 원하는 라우트를 적음), 마지막으로 테스트에게 해당 페이지에서 어
떤 내용을 보고 싶은지($I->see)를 말한다(여기에 지정한 텍스트 내용은 해당 페이지 어딘
가에 출력되어 있어야만 함).

첫 번째 기본 라우트의 예에서는 "Way of the future"라는 문자열이 출력되도
록 만들었으므로 코드셉션으로 억셉턴스 테스트를 실행하면 통과하지 못하고
실패한다. 참고로 코드셉션의 bootstrap 파일들을 app/tests 디렉터리 안에 설
치했으므로, 코드셉션 테스트 명령을 실행할 때 반드시 -c app 플래그를 지정
해야만 한다.

그런 다음에 기본 라우트가 "All The Blueprints"라는 문자열이 출력되도록 수
정한 뒤에 다시 테스트를 실행하면 테스트가 통과하는 것을 볼 수 있다.

부연 설명

코드셉션은 다양한 옵션을 갖는 아주 강력한 테스팅 프레임워크다. 코드셉션
에 대한 자세한 정보는 http://codeception.com/에서 공식 문서 파일을 참고
하자.

애플리케이션의 디버깅과 프로파일링

애플리케이션이 내부적으로 어떻게 동작하는지 알고 싶다면 애플리케이션을 프로파일링profile[4]해야 한다. 이 해법에서는 라라벨 애플리케이션에 프로파일러profiler를 어떻게 추가할 수 있는지를 살펴본다.

준비

이 해법에는 정상 동작중인 라라벨의 표준 설치와 올바르게 설정된 MySQL 데이터베이스가 필요하다.

예제 구현

이 해법을 완성하려면 다음 절차를 따른다.

1. 명령 행에서 다음 명령을 사용해서 마이그레이션을 생성한다.

```
php artisan migrate::make create_spaceships_table -create
-table="spaceships"
```

2. app/database/migrations 폴더 안에서 날짜로 시작하고 create_spaceships_table.php라고 끝나는 파일을 찾아서, 데이터베이스 테이블을 위해 다음과 같은 스키마를 추가한다.

```
<?php

use Illuminate\Database\Schema\Blueprint;
use Illuminate\Database\Migrations\Migration;

class CreateSpaceshipsTable extends Migration {

    /**
```

---

4 실행 분석 _ 옮긴이

```
    * Run the migrations.
    *
    * @return void
    */
   public function up()
   {
     Schema::create('spaceships', function(Blueprint $table)
     {
       $table->increments('id');
       $table->string('name');
       $table->string('movie');
       $table->timestamps();
     });
   }

  /**
   * Reverse the migrations.
   *
   * @return void
   */
   public function down()
   {
     Schema::drop('spaceships');
   }
}
```

3. app/database/seeds 디렉터리 안에 SpaceshipSeeder.php라는 파일을 만
   들고 다음 코드를 입력한다.

```
<?php

class SpaceshipSeeder extends Seeder {

  /**
   * Run the database seeds.
   *
   * @return void
```

```
*/
public function run()
{
    DB::table('spaceships')->delete();

    $ships = array(
        array(
            'name'  => 'Enterprise',
            'movie' => 'Star Trek'
        ),
        array(
            'name'  => 'Millenium Falcon',
            'movie' => 'Star Wars'
        ),
        array(
            'name'  => 'Serenity',
            'movie' => 'Firefly'
        ),
    );

    DB::table('spaceships')->insert($ships);
}
}
```

4. 같은 디렉터리 안에서 DatabaseSeeder.php 파일을 열고 다음처럼 수정한다.

```
public function run()
{
    Eloquent::unguard();
    $this->call('SpaceshipSeeder');
}
```

5. 다시 명령 행에서 아래의 명령으로 마이그레이션을 설치하고 데이터 시드seed 값을 생성한다.

php artisan migrate

```
php artisan db:seed
```

6. app/models 디렉터리 안에 Spaceship.php라는 파일을 만들고 다음 코드
내용을 입력한다.

```php
<?php

class Spaceship extends Eloquent{

  protected $table = 'spaceships';
}
```

7. app/controllers 디렉터리 안에 ShipsController.php라는 파일을 만들고
다음 코드 내용을 입력한다.

```php
<?php

class ShipsController extends BaseController {

  protected $ships;

  public function __construct(Spaceship $ships)
  {
    $this->ships = $ships;
  }

  public function showShipName()
  {
    $ships = $this->ships->all();
    Log::info('Ships loaded: ' . print_r($ships, TRUE));
    return View::make('ships')->with('ships', $ships);
  }
}
```

8. app/routes.php 파일을 열고 다음 라우트를 등록한다.

```
Route::get('ship', 'ShipsController@showShipName');
```

9. app/views 디렉터리 안에 ships.blade.php라는 파일을 만들고 다음 코드
   내용을 입력한다.

```
@foreach ($ships as $s)
   {{ $s->name }} <hr>
@endforeach
```

10. 여기까지 작업을 하고 나서 http://{example.dev}/public/ship에 접속하
    면, ships 테이블의 레코드가 출력되는 걸 볼 수 있다. 이제 composer.
    json 파일을 열고 require-dev 섹션에 다음 내용을 추가한다.

```
"loic-sharma/profiler": "dev-master"
```

11. 명령 행에서 다음 명령을 실행해 해당 패키지와 의존 관계에 있는 파일
    들을 설치한다.

php composer.phar update

12. 다운로드가 끝나면 app/config/app.php 파일을 열고 다음 내용을
    providers 배열의 마지막 아이템으로 추가한다.

```
'Profiler\ProfilerServiceProvider',
```

13. 같은 파일 안에서 다음 내용을 aliases 배열의 마지막 아이템으로 추가
    한다.

```
'Profiler' => 'Profiler\Facades\Profiler',
```

14. 이 파일의 상단부에 debug 항목이 true로 설정되었는지 확인하고, 다시
    브라우저로 http://{example.dev}/public/ship에 접속해 본다. 이제 브라

우저 윈도우 하단에 프로파일러가 보인다.

제일 먼저 프로파일링할 페이지를 생성했다. 다음으로 artisan 명령을 사용해 마이그레이션을 생성하고, 스키마 빌더 코드를 추가해 spaceships 테이블을 만드는 일로 예제가 시작된다. 테이블을 만들고 난 후에는 데이터베이스 시딩 seeding을 위해서 시더seeder 파일에 원하는 정보 값을 추가한다.

그런 다음에 artisan migrate 명령과 db:seed 명령을 사용해 필요한 테이블을 생성하고 테이블의 시드 값들을 집어 넣는다.

다음에는 데이터를 위한 간단한 모델과 컨트롤러를 만들었고, 그 컨트롤러 안에서는 모든 ships의 정보를 받아서 변수에 넣은 다음 그 변수를 ships 뷰로 전달한다. 또한 코드 중간에, 로깅 이벤트도 추가했다. 이렇게 하면 나중에 필요할 때 해당 코드를 디버깅할 수 있다.

여기까지의 작업을 모두 마치고 나면 이제 ships 테이블의 레코드 전체가 리스트로 출력되는 결과 화면을 볼 수 있다.

그런 다음에 composer.json에 지정한 프로파일러 패키지를 설치한다. 이 패키지는 라라벨 3.x 버전에서 볼 수 있었던 프로파일러인 Anbu에 기초해서 개발한 패키지다. 콤포저를 통해서 해당 프로파일러를 설치한 후에는 이 패키지를 애플리케이션에서 사용할 수 있도록 서비스 프로바이더를 등록한다. 또한 우리는 나중에 쓸 수 있게 파사드Facade라는 프로파일러도 등록한다.

애플리케이션의 설정 파일에서 debug 항목의 값을 TRUE로 설정하면 우리가 접속하는 모든 페이지에서 프로파일러가 보이게 되고, 그 debug 값을 FALSE로 설정하면 프로파일러가 사라진다.

부연 설명

또한 다음 코드 조각에서 볼 수 있는 것처럼, `startTimer()`와 `endTimer()` 메소드를 이용하면 애플리케이션에 타이머를 추가할 수 있다.[5]

```
Profiler::startTimer('myTime');
{some code}
Profiler::endTimer('myTime');
```

---

5 근래에는 PHP Debug Bar라는 프로파일러를 라라벨에서 사용할 수 있게 한 패키지 번들 Laravel 4 Debugbar에도 라라벨 커뮤니티가 주목한다. PHP Debug Bar의 공식 페이지 http://phpdebugbar.com/와 해당 패키지의 깃허브 페이지 https://github.com/barryvdh/laravel-debugbar를 방문해보자.

11

애플리케이션에서
외부 서비스 활용

11장에서 다룰 내용은 다음과 같다.

- 큐 생성 후 artisan 명령을 이용해 실행

- 파고다박스 클라우드 호스팅 서비스 사용

- 스트라이프 PG 서비스 이용

- GeoIP 검색과 커스텀 라우팅 설정

- 메일침프 서비스를 이용해 이메일 발송

- 아마존 S3 서비스를 활용해 클라우드 콘텐츠 사용

소개

웹 애플리케이션을 만들 때, 유용한 기능들을 제공받고자 잘 구축된 외부 서비스를 이용하는 경우가 종종 있다. 콤포저와 라라벨을 사용하면 이러한 서비스들을 연동하기 위해 제공하는 라이브러리 코드를 어렵지 않게 통합시킬 수 있다. 11장에서는 라라벨 애플리케이션을 파고다박스PagodaBox에 설치하는 방법, 스트라이프_{Stripe PG} 서비스를 이용하는 방법, GeoIP를 검색하는 방법, 메일침프_{MailChimp} 이메일 발송 서비스를 이용하는 방법, 아마존_{Amazon} 클라우드 서비스에 콘텐츠를 저장하는 방법 등을 살펴본다.

큐 생성 후 Artisan을 이용해 실행

애플리케이션에서 어떤 업무를 수행할 때, 내부적으로는 상당히 많은 일을 처리해야 하는 경우가 있다. 이런 업무들을 처리할 동안 사용자를 장시간 기다리게 하는 대신, 해당 업무들을 큐_{Queue}에 추가해서 업무 처리를 나중에 하게 만들면 사용자 대기시간을 대폭 줄일 수 있다. Beanstalkd, IronMQ, Amazon SQS 등 다양한 큐 시스템이 있지만 이 예제에서는 IronMQ를 사용했다.

준비

이 해법에는 라라벨의 설치와 IronMQ를 사용하는 데 쓸 API 프로젝트 토큰 정보가 필요하다. IronMQ를 사용하는 데 쓸 무료계정을 http://www.iron.io에서 만든 다음, 새로운 프로젝트를 생성해 해당 프로젝트를 위한 토큰을 발급받는다.

예제 구현

이 해법을 완성하려면 다음 절차를 따른다.

1. app/config/queue.php 파일 안에서 default 드라이버 값을 iron으로 설정하고, connections 배열 중 iron 섹션의 project, token 값을 IronMQ로부터 발급 받은 자신의 프로젝트 ID와 토큰 값으로 설정한다.[1]

2. composer.json 파일을 열고 require 섹션을 다음 코드 조각처럼 수정한다.

---

1 iron 섹션의 queue 값은 앱에서 사용할 임의의 원하는 이름으로 지정하면 된다. _ 옮긴이

```
"require": {
  "laravel/framework": "4.0.*",
  "iron-io/iron_mq": "dev-master"
}
```

3. 명령 행에서 다음 명령을 실행해 해당 패키지와 의존성 관련 파일들을 설치한다.

php composer.phar update

4. 패키지 설치 후에는 app/routes.php 파일을 열어 queueships라는 라우트를 만든다. 이 라우트에서는 큐에 배열 내용을 집어 넣는다.

```
Route::get('queueships', function() {
  $ships = array(
    array(
      'name' => 'Galactica',
      'show' => 'Battlestar Galactica'
    ),
    array(
      'name' => 'Millennium Falcon',
      'show' => 'Star Wars'
    ),
    array(
      'name' => 'USS Prometheus',
      'show' => 'Stargate SG-1'
    )
  );
  $queue = Queue::push('Spaceship', array('ships' => $ships));
  return 'Ships are queued.';
});
```

5. app/models 디렉터리 안에 Spaceship.php라는 파일을 만들어서 다음과 같은 코드를 추가한다.

```php
<?php

class Spaceship extends Eloquent {

  protected $table = 'spaceships';

  public function fire($job, $data)
  {
    // 여기서 데이터베이스에 추가될 수 있다!
    Log::info('We can put this in the database: ' .
      print_r($data, TRUE));
    $job->delete();
  }
}
```

6. 브라우저에서 http://{example.dev}/public/queueships를 방문한 다음, 새로고침 버튼을 여러 번 클릭한다. ({example.dev}은 애플리케이션으로 접속할 서버의 URL이다.)

7. IronMQ의 해당 프로젝트 페이지에서 새로운 메시지가 추가되었는지 확인한다.

8. 명령 행 창에서 다음 명령을 실행한다.

php artisan queue:listen

9. 얼마간의 시간이 지난 후에 app/storage/logs 폴더 안에서 이름이 오늘 날짜로 되어 있는 파일을 찾는다. 해당 파일에는 큐에 넣은 배열 내용이 들어있는 것을 볼 수 있다.

예제 분석

라라벨 큐 관련 설정 파일에 디폴트 큐 드라이버로 IronMQ 사용을 지정하는 것부터 시작한다. 그 밖의 큐 시스템을 사용하고자 한다면, IronMQ 대신 해당 큐 드라이버를 지정한다. (큐 드라이버를 지정할 때 API 호출을 위한 사용자 토큰 정보가 필요하다면 해당 정보도 같이 등록한다.) 그런 다음 콤포저를 이용해 애플리케이션에서 사용할 IronMQ 패키지 번들을 설치한다. 콤포저는 의존성 검사를 해 해당 패키지 파일은 물론 그 패키지 동작에 필요한 모든 파일들을 자동으로 내려받고 설치한다.

지금까지의 단순 작업만으로도, 사용자가 선택한 큐 시스템을 라라벨에서 사용할 모든 준비가 끝나게 되며, 이제 해당 큐 서비스를 사용하면 된다. 이 예제에서는 라우트에서 사용할 데이터 배열을 임의로 만들었다. 물론 실무에서는 큐를 통해서 처리하려는 이 배열의 내용을 실제 사용자 입력 값을 가지고 설정할 것이다. 그런 다음에 Queue::push() 메소드를 사용하는데, 첫 번째 인자 값에는 클로저나 클래스 이름을 넘기고 (이 예제에서는 Spaceship이란 클래스 이름을 사용했다.), 두 번째 인자 값에는 전달하려는 데이터를 지정한다.[2]

해당 queueships 라우트를 방문한 다음에 IronMQ 큐를 검사해보면, 한개의 작업job이 처리를 기다리고 있는 걸 볼 수 있다. 다음으로 해야 할 일은 해당 큐를 처리할 클래스를 만드는 것이다. 이를 위해서 Spaceship이라는모델을 만들었다. 이 모델 내에 해당 큐로부터 데이터를 가져와서 작업을 처리하는 fire() 메소드를 만들어야 한다.

fire() 메소드는 두개의 인자가 필요하다. 첫 번째 인자 값은 처리할 작업 인스턴스이고, 두 번째 인자 값은 해당 큐로 푸시push한 데이터 배열이다. 실무에서는 해당 데이터를 데이터베이스 테이블에 저장하거나 시간이 많이 소요되는 그 밖의 작업들을 처리하겠지만, 이 예제에서는 로그 파일에 해당 데이터를 넘기게만 했다. 또한 fire() 메소드 마지막 부분에는, $job->delete() 메소드를 호출해 큐에서 해당 작업job을 삭제해야만 한다.

브라우저를 통해 queueships 라우트를 방문하고 여러 번 새로고침을 하면 큐에 그만큼의 작업들이 쌓이게 되는 것을 볼 수 있다. 하지만 아직 아무런 작업도 처리하지 않고 있다. 따라서 명령 행에서 artisan의 queue::listen 명령을 실행해, 라라벨이 해당 큐를 계속 모니터링하게 만들어야 한다. 이 명령을 실행

---

2 Queue::push() 메소드를 사용하면 라라벨이 자동으로 fire 메소드를 호출하므로, 'Spaceship@fire'라고 지정하지 않고, 이 예제에서처럼 'Spaceship' 이라고만 지정해도 fire 메소드 호출이 이뤄진다. _ 옮긴이

하는 순간부터는 큐의 대기 작업들이 처리되기 시작한다. 잠시 후 로그 디렉터리를 가면 큐로 전달한 데이터 정보가 로그 기록으로 남게 된 것을 볼 수 있다.

큐를 사용하는 다양한 이유가 있다. 대부분의 경우는 이미지 프로세싱이나 무거운 데이터 파싱 작업과 같이 시간이 오래 걸려 즉각적인 반응을 보기 어려운 경우에 큐를 사용한다. 웹사이트에서 이메일을 보내고자 할 때도 매우 유용하다. 라라벨은 이런 경우를 위해 `Mail::queue()` 메소드를 별도로 제공한다.

파고다박스 클라우드 호스팅 서비스 사용

파고다박스PagodaBox는 웹 애플리케이션을 아주 쉽게 생성하는 것을 가능케 하는 인기있는 클라우드 호스팅 서비스다. 라라벨을 위해 미리 만들어 놓은 박스파일을 이용하면, 클라우드에서 라라벨 애플리케이션의 생성과 관리가 매우 수월해 진다.

이 해법을 위해서 파고다박스의 무료계정이 필요하다. 파고다박스 무료 계정은 https://dashboard.pagodabox.com/account/register에서 등록이 가능하며, 계정 등록을 마치면 SSH 키를 그 계정에 추가해야만 하는데, SSH 키에 관련된 상세 정보를 http://help.pagodabox.com/customer/portal/articles/202068에서 찾아보면 된다.

이 해법을 완성하려면 다음 절차를 따른다.

1. 파고다박스로 로그인한 뒤에, 스크린 샷에 보이는 것처럼 New Application 탭을 클릭한다.

2. Quickstart를 선택하고, 아래로 스크롤해서 Laravel-4 옵션을 찾는다. 그런 다음 스크린 샷에 보이는 것처럼 Free 버튼을 클릭한다.

3. 다음 페이지에서 스크린샷에 보이는 것처럼 Launch 버튼을 클릭한다.

4. 다음 스크린샷에 보이는 것처럼 모든 설치가 종료될 때까지 기다린다.

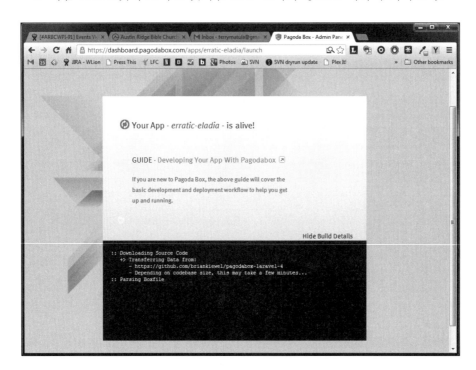

5. 다음 스크린샷에 보이는 것처럼 설치가 종료되면 파란색 Manage Your App 버튼을 클릭한다.

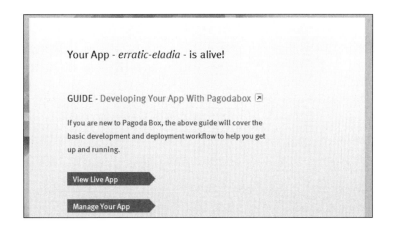

6. 다음 스크린샷에 보이는 것처럼 깃 클론git clone URL을 카피한다.

7. 명령 행에서 서버의 루트 디렉터리로 이동후 깃 클론 명령을 실행한다. 이 예제의 경우 다음과 같다.

```
git clone git@git.pagodabox.com:erratic-eladia.git pagodaapp
```

8. 다운로드가 끝나면 app/routes.php 파일을 열어서 테스트할 수 있는 라우트를 추가한다.

```
Route::get('cool', function()
{
  return 'Pagoda Box is awesome!';
});
```

9. 명령 행에서 수정한 내용을 커밋_{commit}시키고, 다시 파고다박스로 그 내용을 푸시_{push}한다.

```
git commit -am 'Added route'
git push origin master
```

10. 파고다박스에 수정 내용을 푸시한 후에 새로 추가한 라우트가 정상 동작하는지를 살펴본다. 이 예제의 경우에 해당 라우트의 주소는 http://erratic-eladia.gopagoda.com/cool이다.

예제 분석

확장성 있는 애플리케이션 호스팅을 원할 경우라면 클라우드 호스팅 서비스를 고려해 볼 수 있다. 클라우드 호스팅 서비스를 사용하면 트래픽이 많이 유입될 때 성능을 높이고, 트래픽이 줄어들 때 성능을 낮출 수 있다. PHP와 더불어 라라벨 프레임워크를 잘 지원하는 훌륭한 호스팅 서비스로 파고다박스가 있다. 파고다박스는 또한 애플리케이션을 생성하고 테스트해 볼 수 있게 무료 옵션을 제공한다.

시작하려면 파고다박스의 대시보드에서 새로운 애플리케이션을 생성하고, 사용하고자 하는 Quickstart 패키지를 선택한다. 리스트 중에 아주 편리한 라라벨 4 설치 패키지가 있다. 이를 선택하면 의존 관계에 있는 모든 파일을 포함한 라라벨 파일들이 자동으로 설치된다.

설치가 끝나면 깃 클론 코드를 복사해서 파고다박스에 설치된 해당 라라벨 파일들을 로컬 서버로 복사할 수 있다. 내려받기가 끝나면 필요한 작업을 로컬에서 하고 그 수정 내용을 커밋시킨다. 이제 수정한 코드를 깃을 통해 파고다박스로 다시 푸시해 넣으면 수정한 코드가 프로덕션 서버에 자동으로 깔리고, 브라우저를 통해 해당 수정 내용을 볼 수 있다.

라라벨를 지원하는 다양한 클라우드 호스팅 서비스 제공 업체들이 있으며, 대부분은 무료 사용 옵션들을 제공하고 있으므로 부담없이 테스트해 볼 수 있다. 대표적인 서비스 제공 업체들은 아래와 같다. (Heroku의 경우, PHP관련 공식 문서는 제공하고 있지 않지만, 오랫동안 PHP를 지원한다.)

Engine Yard: https://www.engineyard.com/

Digital Ocean: https://www.digitalocean.com/

Fortrabbit: http://fortrabbit.com/

Heroku: https://www.heroku.com/

스트라이프 PG 서비스 이용

전자상거래 사이트는 꾸준한 일거리가 있는 주요 웹 개발 영역이다. 과거에는 신용카드 결제 처리 업무가 구현하기 힘든 업무들 중 하나였고 배우기도 쉽지 않았다. 라라벨과 스트라이프 PGpayment gateway 서비스를 이용하면 신용카드 처리를 쉽게 구현할 수 있다.

준비

이 해법에는 라라벨의 표준 설치와 스트라이프 서비스를 사용하는 데 쓸 정상적인 사용자 키 정보가 필요하다. 스트라이프의 무료계정은 https://stripe.com에서 만들 수 있다.

예제 구현

이 해법을 완성하려면 다음 절차를 따른다.

1. 애플리케이션의 composer.json 파일을 열고 require 섹션을 다음 코드

조각처럼 수정한다.

```
"require": {
  "laravel/framework": "4.0.*",
  "stripe/stripe-php": "dev-master"
},
```

2. 명령 행에서 다음처럼 콤포저 업데이트 명령을 실행한다.

php composer.phar update

3. app/config 디렉터리 안에, stripe.php라는 파일을 만들고 다음처럼 설정한다. (사용자 키 값은 스트라이프에서 본인이 직접 발급받은 값으로 입력한다.)

```
<?php

return array(
  'key' => 'fakeKey-qWerTyuuIo4f5'
);
```

4. app/routes.php 파일 안에 결제 폼으로 이동하는 라우트를 추가한다.

```
Route::get('pay', function()
{
  return View::make('pay');
});
```

5. app/views 폴더 안에 pay.blade.php라는 결제 폼 생성용 뷰 파일을 만든다.

```
{{ Form::open(array('url' => 'pay', 'method' => 'post')) }}
  Card Number:
    {{ Form::text('cc_number', '1111222233334444') }}<br>

  Expiration (month):
    {{ Form::select('cc_exp_month', array(1 => '01', 2 =>
    '02', 3 => '03', 4 => '04', 5 => '05',6 => '06', 7 =>
    '07', 8 => '08', 9 => '09', 10 => '10', 11
```

```
=> '11', 12 => '12')) }}<br>

Expiration (year):
  {{ Form::select('cc_exp_year', array(2014 => 2014,
  2015 => 2015, 2016 => 2016, 2017 => 2017)) }}<br>

{{ Form::submit('Charge $37 to my card') }}
{{ Form::close() }}
```

6. app/routes.php로 다시 돌아가서 해당 결제 폼을 통해 POST로 전달된
   정보를 갖고 신용카드 결제를 수행하는 라우트를 생성한다.

```
Route::post('pay', function()
{
  Stripe::setApiKey(Config::get('stripe.key'));
  $chargeCard = array(
    'number' => Input::get('cc_number'),
    'exp_month' => Input::get('cc_exp_month'),
    'exp_year'  => Input::get('cc_exp_year')
  );
  $charge = Stripe_Charge::create(
    array(
      'card' => $chargeCard,
      'amount' => 3700,
      'currency' => 'usd'
    )
  );

  // Save returned info here
  var_dump($charge);
});
```

이 예제는 composer.json 파일에 스트라이프 패키지(stripe/stripe-php)를 추가한 뒤 콤포저 업데이트를 실행하는 것으로 시작한다. 그러면 스트라이프 패키지 코드는 물론 의존 관계에 있는 파일들까지도 자동으로 내려받아 설치한다. 그런 다음에 스트라이프 API 키를 저장할 설정 파일을 생성한다. 스트라이프 API 키는 개발용 테스트 키와 실제 서비스용 프로덕션 키라는 두 종류가 있는데, 서버의 environment 환경변수를 이용하기 위해, 그 환경변수의 값과 동일한 이름의 하위 디렉터리를 만들고 그 환경별 API 키 설정 파일을 해당 디렉터리에 집어넣는다. 가령 개발 서버(서버의 environment 환경변수의 값이 development)와 실제 프로덕션 서버(서버의 environment 환경변수의 값이 production)가 별도로 있다면, 테스트용 설정 파일을 app/config/development/에 넣고, 라이브 서버용 설정 파일을 app/config/production/에 넣는다.

그 다음으로 사용자가 신용카드 정보를 입력하는 결제 폼이 필요하다. 애플리케이션 라우트 파일 안에 pay라는 새로운 라우트를 만들고, 해당 결제 폼이 있는 pay 뷰를 보여준다. 이 뷰에서 결제 폼을 만들때 블레이드 템플릿 엔진을 사용했다. 스트라이프 API가 결제를 위해서 요구하는 최소한의 정보는 결제할 카드 번호와 만기일이지만, 경우에 따라서는 CVV 코드 또는 사용자 주소를 받아야 할 수도 있다.

결제 폼이 포스트post되면, 해당 API 키를 가지고 스트라이프 클래스의 인스턴스를 생성한 다음, 신용카드 정보를 배열에 추가한다. 마지막으로는 이 신용카드 정보가 들어있는 배열 값, 센트 단위의 결제 금액, 통화의 종류를 배열로 묶어서 스트라이프 서버로 결제 처리할 수 있게 보낸다.

스트라이프에서 반환되는 결과는 데이터베이스에 추가하거나, 그 내용을 분석 및 추적하는 데 사용할 수 있다.

스트라이프는 신용카드 거래나 정기 구독 결제와 같은, 다양하고 사용하기 편리한 메소드들을 제공한다. 더 상세한 정보를 알려면 https://stripe.com/docs에 있는 공식 문서를 참고한다.

GeoIP 검색과 커스텀 라우팅 설정

애플리케이션은 어느 나라에서 방문자가 접속했는지에 따라 다른 내용의 페이지를 보여 줘야 할 경우가 있다. 라라벨과 맥스마인드$_{MaxMind}$의 GeoIP 데이터를 사용하면 접속한 IP 주소에 근거해, 방문자의 국가를 검색하고, 원하는 페이지로 사용자를 이동시킬 수 있다.

이 해법을 위해서 동작하는 라라벨의 표준 설치가 필요하다.

이 해법을 완성하려면 다음 절차를 따른다.

1. composer.json 파일을 열고 require 섹션이 다음 코드 조각과 같이 되도록 수정한다.

```
"require": {
  "laravel/framework": "4.0.*",
  "geoip/geoip": "dev-master"
},
```

2. 명령 행에서 콤포저 업데이트 명령을 내린다.

```
php composer.phar update
```

3. http://dev.maxmind.com/geoip/legacy/geolite/에 접속 후, 최신 GeoLite
   Country 데이터베이스를 내려받는다. 압축을 풀고 GeoIP.dat 파일을 애
   플리케이션 최상위 폴더 안으로 옮긴다.

4. app/config 디렉터리에 geoip.php라는 파일을 만들고 다음 코드를 입력
   한다.

```php
<?php

return array(
  'path' => realpath("path/to/GeoIP.dat")
);
```

5. app/filters.php 파일을 열고 다음 코드처럼 geoip 파일을 위한 필터를 추
   가한다.

```php
Route::filter('geoip', function($route, $request, $value = NULL)
{
  $ip = is_null($value) ? Request::getClientIp() : $value;
  $gi = geoip_open(Config::get('geoip.path'), GEOIP_STANDARD);
  $code = geoip_country_code_by_addr($gi, $ip);
  return Redirect::to('geo/' . strtolower($code));
});
```

6. app/routes.php 파일에 필터를 적용하는 데 필요한 라우트와 국가 코드
   를 입력받는 라우트를 만든다.

```php
Route::get('geo', array('before' => 'geoip:80.24.24.24', function()
{
  return '';
}));

Route::get('geo/{country_code}', function($country_code)
{
  return 'Welcome! Your country code is: ' . $country_code;
});
```

composer.json 파일 안에 geoip 라이브러리를 설치하는 것부터 시작한다. 해당 파일의 설치가 끝나면 MaxMind의 무료 geoip 데이터 파일을 내려받아 애플리케이션에 추가한다. 이 예제의 경우에 해당 파일을 애플리케이션의 최상위 디렉터리에 넣었다. 그런 다음 geoip 데이터 파일의 위치 값을 저장할 config 파일을 만든다.

다음으로 방문자의 IP 주소를 검사해 나라별 페이지로 이동시키기 위해, 라라벨의 before 필터를 사용한다. 해당 필터는 수동으로 전달된 IP주소가 있다면 그 값으로 $ip 변수를 설정하고, 없다면 Request::getClientIp() 메소드의 실행을 통해 IP 주소를 알아낸 다음 $ip 변수를 설정한다. (이 예제의 경우, 수동으로 IP주소를 전달했다.) IP 주소를 받은 뒤에는, 해당 IP 주소가 속한 국가의 코드를 반환하는 geoip 함수를 통해 방문자의 국가 코드를 알아낸다. 그런 다음 해당 방문자를 해당 국가 코드를 인자 값으로 하는 라우트로 이동시킨다.

그 다음, 필터를 적용할 geo 라우트를 만든다. 이 예제의 경우 IP 주소를 수동으로 필터에 전달했다. 하지만 IP 주소를 수동으로 지정하지 않은 경우, 라라벨 메소드를 이용해서 방문자의 IP 주소를 알아내서 사용한다. 다음 라우트는 국가 코드를 인자 값으로 받는다. 바로 이 부분에서 국가별 맞춤 콘텐츠를 보여 주도록 프로그램할 수도 있고, 아니면 자동으로 사용할 언어를 설정하게 프로그램할 수도 있다.

메일침프 서비스를 이용해 이메일 발송

이메일 리스트와 뉴스레터는 많은 사람들과 의사소통하는 데 아직도 인기있고 효율적인 방법으로 간주된다. 이 해법에서는 라라벨과 메일침프_{MailChimp} 서비스를 이용해, 뉴스레터 메일링 리스트를 구성하는 방법을 살펴본다.

이 해법을 위해서 동작하는 라라벨의 표준 설치와 메일침프 무료 계정에서 발급받은 API 키가 필요하다. 또한 메일침프(http://mailchimp.com)의 계정에서 적어도 메일링 리스트 한 개를 미리 생성해 놓아야 한다.

이 해법을 완성하려면 다음 절차를 따른다.

1. app 디렉터리 안에 libraries라는 새로운 디렉터리를 만든다.

2. 메일침프의 API 라이브러리를 http://apidocs.mailchimp.com/api/downloads/#php에서 내려받아 압축을 풀고 MCAPI.class.php 파일을 app/libraries 디렉터리 안으로 옮긴다.

3. 라라벨의 composer.json 파일을 열고 autoload 섹션에 해당 app/libraries 디렉터리를 추가한다. 해당 섹션은 다음 코드 조각과 유사해질 것이다.

```
"autoload": {
  "classmap": [
    "app/commands",
    "app/controllers",
    "app/models",
    "app/database/migrations",
    "app/database/seeds",
    "app/tests/TestCase.php",
    "app/libraries"
  ]
},
```

4. 명령 행에서 다음처럼 콤포저 덤프 명령을 실행한다.

```
php composer.phar dump-autoload
```

5. app/config 디렉터리 안에 mailchimp.php라는 파일을 만들고, 본인의 설정 값을 다음 예제 코드를 참고해 입력한다.

```php
return array(
  'key' => 'mykey12345abcde-us1',
  'list' => 'q1w2e3r4t5'
);
```

6. app/routes.php 파일에, 메일침프의 모든 메일링 리스트를 불러와서 그 리스트 정보를 뿌려주기 위한 lists 라우트를 다음처럼 추가한다.

```php
Route::get('lists', function()
{
  $mc = new MCAPI(Config::get('mailchimp.key'));
  $lists = $mc->lists();

  if($mc->errorCode) {
    echo 'Error loading list: ' . $mc->errorMessage;
  } else {
    echo '<h1>Lists and IDs</h1><h3>Total lists: '
    $lists['total'] . '</h3>';
    foreach($lists['data'] as $list) {
      echo '<strong>' . $list['name'] . ':</strong> ' .
      $list['id'] . '<br>';
    }
  }
});
```

7. app/routes.php 파일에 이메일 구독 폼을 보여줄 subscribe라는 라우트를 만든다.

```php
Route::get('subscribe', function()
{
  return View::make('subscribe');
});
```

8. app/views 디렉터리 안에 subscribe.blade.php라는 파일을 만들고 다음
과 같은 코드를 추가한다.

```
{{ Form::open() }}
  First Name: {{ Form::text('fname') }} <br>
  Last Name: {{ Form::text('lname') }} <br>
  Email: {{ Form::text('email') }} <br>
  {{ Form::submit() }}
{{ Form::close() }}
```

9. app/routes.php 파일에 다음 코드에서 예시한 것처럼 이메일 구독 폼을
통해 제출한 입력 값을 처리하는 라우트를 만든다.

```
Route::post('subscribe', function()
{
  $mc = new MCAPI(Config::get('mailchimp.key'));

  $merge_vars = array(
    'FNAME' => Input::get('fname'),
    'LNAME' => Input::get('lname')
  );
  $ret = $mc->listSubscribe(Config::get('mailchimp.list'),
    Input::get('email'),
    $merge_vars);

  if ($mc->errorCode){
    return 'There was an error: ' . $mc->errorMessage;
  } else {
    return 'Thank you for your subscription!';
  }
});
```

이 해법은 메일침프의 PHP 라이브러리를 추가하는 것부터 시작한다. 콤포저를 사용하지 않으므로 콤포저 비호환 라이브러리를 저장할 디렉터리를 설정해야만 한다. 여기에서는 app 폴더의 하위폴더로 libraries라는 폴더를 만들고, 그 안에 메일침프에서 제공하는 PHP 라이브러리를 복사해 넣었다.

라라벨이 이 새로운 디렉터리 안에 있는 클래스를 자동으로 로드하게 하려고 composer.json 파일을 수정하고, classmap 섹션에 해당 디렉터리 이름을 추가했다. 그런 다음에 해당 디렉터리를 포함하는 autoload 파일을 재생성하려고 composer dump-autoload 명령을 실행한다.

메일침프가 제공하는 API 사용자 키와 사용할 메일링 리스트 아이디를 저장할 메일침프용 설정 파일을 만들어서 config 디렉터리 안에 저장한다. 이 메일링 리스트 아이디는 메일침프의 대시보드에서 확인할 수도 있고, 브라우저를 통해 모든 메일링 리스트가 출력되는 lists 라우트를 방문해 확인할 수도 있다.

구독을 원하는 사용자 이메일을 얻기 위해서, 이메일 구독자 입력 폼을 갖는 뷰와 그 뷰를 보여줄 라우트를 만든다. 해당 입력 폼은 팝업 형태일 수도 있고, 모달 형태일 수도 있고, 아니면 커다란 페이지 안에 서브 뷰 형태로 들어 갈 수도 있다. 사용자가 이 입력 폼을 통해 이름과 이메일 주소를 입력하면, 그 내용이 메일침프에 POST 형태로 보내진다.

예제의 post 라우트를 보면, 메일침프 클래스의 인스턴스를 만들어서 해당 listSubscribe() 메소드의 인자 값으로 메일링 리스트 아이디, 이메일 주소, 사용자 이름 등을 전달했다. 마지막으로 메일침프로부터 전해 받은 결과 코드를 검사해 성공인지 오류인지를 출력한다.

메일침프는 이메일 리스트를 쉽게 관리할 수 있는 아주 광범위한 API를 제공한다. 메일침프 API가 제공하는 모든 내용을 살펴 보려면, http://apidocs.mailchimp.com/에 위치한 메일침프 온라인 문서를 참고한다.

아마존 S3 서비스를 활용해 클라우드 콘텐츠 사용

파일을 입출력할 때 아마존 S3와 같은 서비스를 이용하면 해당 서비스 업체의 서버 속도와 신뢰도를 활용할 수 있다. 해당 서비스에서 제공하는 번들 패키지를 이용하면, 아마존으로 업로드를 처리하는 라라벨 애플리케이션을 쉽게 구현할 수 있다.

준비

이 해법을 위해서 동작하는 라라벨의 표준 설치가 필요하다. 또한 아마존 무료 AWS 계정이 필요하며, 이는 http://aws.amazon.com/s3/에서 등록할 수 있다.

등록하고 나서 보안 접속정보Security Credentials 페이지에서 접속 키 아이디 Access Key ID와 보안 아이디Secret ID를 받아야 하며, S3 관리 콘솔management console에서 최소한 하나의 버킷bucket을 생성해야만 한다. 이 예제에서는 해당 버킷을 laravelcookbook이라고 명명했다.

예제 구현

이 해법을 완성하려면 다음 절차를 따른다.

1. 라라벨의 composer.json 파일을 열어서 아마존 SDK 패키지를 추가하고, require 섹션의 내용을 아래의 코드 조각과 비슷하게 만든다.

```
"require": {
  "laravel/framework": "4.0.*",
  "aws/aws-sdk-php-laravel": "dev-master"
},
```

2. 명령 행에서 콤포저 업데이트 명령을 사용해 해당 패키지를 설치한다.

```
php composer.phar update
```

3. 해당 패키지가 설치되고 나면 app/config 디렉터리 안에 aws.php라는 파일을 만들어서 다음에 보이는 코드 조각처럼 내용을 추가한다.

```php
<?php

return array(
    'key'    => '<YOUR_AWS_ACCESS_KEY_ID>',
    'secret' => '<YOUR_AWS_SECRET_KEY>',
    'region' => '',
    'config_file' => null,
);
```

4. app/config/app.php 파일의 providers 배열 값 하단에 다음에 주어진 코드처럼 서비스 프로바이더를 추가한다.

```php
'providers' => array(
    // ...
    'Aws\Laravel\AwsServiceProvider',
)
```

5. app/config/app.php 파일의 aliases 배열 값 하단에 다음처럼 AwsFacade에 대한 별칭을 추가한다.

```php
'aliases' => array(
    // ...
    'AWS' => 'Aws\Laravel\AwsFacade',
)
```

6. app/routes.php 파일에 다음처럼 버킷 리스트를 출력해 정상적으로 동작하는지 테스트할 수 있는 라우트를 만든다.

```php
Route::get('buckets', function()
{
    $list = AWS::get('s3')->listBuckets();
    foreach ($list['Buckets'] as $bucket) {
```

```
    echo $bucket['Name'] . '<br>';
  }
});
```

7. 버킷을 테스트하려면 http://{example.dev}/buckets에 방문해 본다. 이때
   설정한 모든 버킷들의 리스트가 출력되어야 한다.

8. app/routes.php 파일에 새로운 라우트를 만들어서 사용자가 이미지를 업
   로드할 폼을 출력한다.

```
Route::get('cloud', function()
{
  return View::make('cloud');
});
```

9. app/views 폴더에 cloud.blade.php라는 파일을 만들고 다음 코드를 추가
   한다.

```
{{ Form::open(array('files' => true)) }}
  Image: {{ Form::file('my_image') }} <br>
  {{ Form::submit() }}
{{ Form::close() }}
```

10. app/routes.php 파일로 다시 돌아가서 다음 코드와 같이 아마존 S3로 파
    일을 업로드 처리할 라우트를 만든다.

```
Route::post('cloud', function()
{
  $my_image = Input::file('my_image');
  $s3_name = date('Ymdhis') . '-' . $my_image->getClientOriginalName();
  $path = $my_image->getRealPath();

  $s3 = AWS::get('s3');
  $obj = array(
    'Bucket'    => 'laravelcookbook',
    'Key'       => $s3_name,
```

```
    'SourceFile' => $path,
    'ACL'        => 'public-read',
);

if ($s3->putObject($obj)) {
  return
    Redirect::to('https://s3.amazonaws.com/laravelcookbook/'
       . $s3_name);
} else {
  return 'There was an S3 error';
}
});
```

예제 분석

아마존의 AWS SDK를 설치하는 것부터 시작한다. 다행히도 아마존은 라라벨 4를 위해 특별히 제작한 콤포저 패키지를 배포했다. 따라서 해당 패키지를 composer.json 파일에 추가하고 콤포저 업데이트 명령을 내리면 설치가 끝난다.

패키지를 설치한 후에는 설정 파일을 만들어서 아마존 S3 서비스를 사용하는 데 필요한 사용자 키 정보를 입력한다. key 옵션에는 AWS Access Key ID를, secret 옵션에는 AWS Secret Key를 AWS 대시보드에서 복사해 사용한다. 또한 region 옵션의 경우, us-east-2과 같은 특정 AWS 지역을 수동으로 지정할 수 있지만, 이 예제에서처럼 빈칸으로 남겨놓으면 자동으로 기본 설정값인 US Standard 값을 사용한다. 그런 다음데 아마존이 제공하는 서비스 프로바이더와 파사드facade를 등록하려고 app/config/app.php 파일을 수정했다.

아마존 S3 무료 계정에 버킷들을 만들어 놓았다면, 해당 버킷들을 화면에 나열하는 데 필요한 라우트를 만들 수 있다. 이 라우트는 새로운 S3 인스턴스를 생성 후, listBuckets() 메소드를 호출하는 것으로 시작한다. 그런 다음 $list['Buckets'] 배열을 갖고 루프를 돌면서 해당 버킷 이름들을 출력한다.

다음으로 해야 할 일은, 사용자가 이미지를 추가할 수 있는 폼을 만드는 일이다. 애플리케이션 라우트 파일에 cloud 라우트를 만들어서 파일 업로드용 입력 폼을 출력하는데, 이 cloud 뷰는 하나의 file 필드를 갖고 있는 간단한 블레이드 템플릿 폼으로 만들었다. 사용자는 이 폼을 통해 cloud 라우트로 업로드하려는 이미지 파일을 POST 전송할 수 있다.

포스트 입력을 처리하는 또 다른 cloud 라우트는 Input::file() 메소드를 사용해 이미지를 받는 것으로 시작한다. 다음으로 파일 이름 앞부분에 날짜를 추가한 새로운 이름을 생성해 해당 이미지의 새 이름으로 사용한다. 이와 더불어, 아마존 S3로 전송할 파일의 정확한 위치를 알아내기 위해, 업로드된 이미지의 경로를 파악해서 $path 변수에 저장한다.

그 다음으로 S3 인스턴스를 만들고 배열을 생성해서 S3로 전송할 값들을 넣는다. 그 배열의 내용을 살펴보면 Bucket은 사용하고자 하는 S3 버킷 이름, Key는 전송할 파일의 이름, SourceFile은 전송할 파일의 경로, ACL은 해당 파일에 줄 퍼미션 정보이다. 참고로 이 예제에서는 ACL의 값을 public-read로 설정했는데, 이는 해당 이미지를 누구든지 볼 수 있게 만든다는 것을 의미한다.

마지막 단계는 putObject() 메소드를 호출하는 것인데 이는 실제로 올려 놓을upload 데이터를 S3 버킷으로 보내는 함수이다. S3로의 업로드가 성공적이면 올려 놓은 파일을 볼 수 있는 페이지로 이동하고, 실패하면 오류 메시지를 보여준다.

부연 설명

이 예제에서처럼 사용자가 아마존으로 이미지를 올려 놓는 경우, 그 작업을 처리하는 동안 대기시간이 발생하는데, 이는 큐를 사용해서 처리하기에 아주 적합한 경우다.

참고 사항

'큐 생성 후 artisan 명령을 이용해 실행' 절을 참고하자.

찾아보기

에이콘출판의 기틀을 마련하신 故 정완재 선생님 (1935-2004)

Laravel 웹 애플리케이션 개발

PHP 개발자를 위한 모던 웹 프레임워크

인   쇄 ┃ 2014년 6월 13일
발   행 ┃ 2014년 6월 23일

지은이 ┃ 테리 마툴라
옮긴이 ┃ 오 진 석

펴낸이 ┃ 권 성 준
엮은이 ┃ 김 희 정
　　　　박 진 수
　　　　김 보 람
표지 디자인 ┃ 한국어판_그린애플
본문 디자인 ┃ 최 광 숙

인   쇄 ┃ 한일미디어
용   지 ┃ 한신P&L(주)

에이콘출판주식회사
경기도 의왕시 계원대학로 38 (내손동 757-3) (437-836)
전화 02-2653-7600, 팩스 02-2653-0433
www.acornpub.co.kr / editor@acornpub.co.kr

이 도서의 국립중앙도서관 출판시도서목록(CIP)은 서지정보유통지원시스템 홈페이지(http://seoji.nl.go.kr)와
국가자료공동목록시스템(http://www.nl.go.kr/kolisnet)에서 이용하실 수 있습니다.(CIP제어번호: CIP2014017654)

책값은 뒤표지에 있습니다.